本书为教育部语合中心 2021 年度国际中文教育项目
"面向外国学生的现代汉语常用言语行为图式结构研究"
（编号：21YH56C）结项成果

Xiandai Hanyu
Changjian Xingwei Tushi
Jiegou Yanjiu

现代汉语常见行为
图式结构研究

娄开阳　张　英　袁　瑾　王银凤　张可嘉　著

中央民族大学出版社
China Minzu University Press

图书在版编目（CIP）数据

现代汉语常见行为图式结构研究 / 娄开阳等著. —北京：中央民族大学出版社，2024.5（2024.8 重印）

ISBN 978-7-5660-2150-2

Ⅰ.①现… Ⅱ.①娄… Ⅲ.①现代汉语—言语行为—研究 Ⅳ.① H146.3

中国国家版本馆 CIP 数据核字（2024）第 086736 号

现代汉语常见行为图式结构研究

著　　者	娄开阳　张　英　袁　瑾　王银凤　张可嘉
责任编辑	戴佩丽
封面设计	舒刚卫
出版发行	中央民族大学出版社
	北京市海淀区中关村南大街 27 号　邮编：100081
	电话：（010）68472815（发行部）　传真：（010）68933757（发行部）
	（010）68932218（总编室）　　　　（010）68932447（办公室）
经 销 者	全国各地新华书店
印 刷 厂	北京鑫宇图源印刷科技有限公司
开　　本	787×1092　1/16　印张：22
字　　数	327 千字
版　　次	2024 年 5 月第 1 版　2024 年 8 月第 2 次印刷
书　　号	ISBN 978-7-5660-2150-2
定　　价	118.00 元

版权所有　翻印必究

总把新桃换旧符

——序娄开阳《现代汉语常见行为图式结构研究》

娄开阳是我在中国传媒大学带的博士生。这些年开阳很勤奋，博士毕业之后耕耘不辍，发表了不少论文，出版了多部著作，特别是在新闻语篇结构研究和现代汉语图式研究两个领域，收获颇丰。语篇结构和图式结构，都属于超句法的章法问题，都在话语研究的范畴，与语言应用的关系最为密切。

近日，开阳的《现代汉语常见行为图式结构研究》稿成待印，请我做序。一开始我有推辞之意：一是我曾经为他的两部著作（2008年出版的《现代汉语新闻语篇结构的研究》、2016年出版的《美国明德汉语教学模式移植研究》）写过序，这部新著可请其他专家做序，可结新学缘；二是我这些年常为腰疾所累，去年底住院做了手术，医嘱要减负，一曰减体重，二曰减事务。

开阳对我说，图式结构是他在我的指导下带着研究生一起研究的，这个团队的研究，无论是学生开题、答辩，还是项目申请、开题，都得到我的指导。做序是对这种师生教学科研模式的支持；开阳还对我说，图式研究也是我学术兴趣所在，曾经组织开展儿童的图式发展研究，曾经呼吁语言教学要纳入图式内容，做序也可以再谈谈关于图式研究问题。平生最难事，于我而言就是"推辞"，"不"字是最不易说的，且开阳的话也的确打动了我，就答应写个短序。

在我的印象里，图式理论是20世纪80年代心理语言学将其引入国内的。人们心里都有若干个图式，这图式就像是戏剧的脚本一样，说话行事就是按照心里的脚本进行的。比如在餐馆点餐吃饭，其图式是：A、按菜谱点餐；B、服务人员上餐；C、吃饭；D、结账。再比如道歉，其图式是：A、致歉语；B、道歉缘由；C、提供补偿；D、做出承诺。

图式其实是社会规约，需要学习（包括实践）才能掌握。学习图式就是人社会化的过程，掌握图式的水平表明人社会化的水平，掌握图式的多寡显示着人社会经验的多少。学习图式有两大任务：第一，图式的各环节及其顺序；第二，实施各环节的语言规范和行为规范。图式依据的是客观事理，但不同文化社团也往往会有不同的规约，因此会出现图式差异。比如在欧美，点餐吃饭的图式中往往还有一个"给小费"的环节，按照这些地方的规定，小费是服务人员收入的一部分。而在现代中国，收小费往往是不合服务行业规定的，某些领域"收小费"甚至有受贿违法之嫌。所谓"入境问俗"，包括图式问询；语言学习也包括图式学习。

我国的语言研究，精力多集中在句子以内，对篇章、对语言应用等关注不够，图式问题更是了解有限。语言教学，不管是母语教学还是二语（外语）教学，教学内容也多是语音、文字、词汇、语法，教学训练也多是听、说、读、写、背；语言行为理论的提出已有70来年，但语言行为的教育还十分薄弱，与语言行为密切相关的图式问题，虽在语言实践中必须遵行，但因没有足够的研究成果支持，因此难以有理性的图式教育。

开阳及其团队，深入观察外国留学生的在华生活，深入研究了换钱、就餐、购物、看病等常用图式结构，分析了这些常用交际行为的常用图式和变化图式，描绘了各个环节中的高频词语和常用句。换钱、就餐、购物、看病等都是日常行为，读《现代汉语常见行为图式结构研究》，令人于习焉不察处有所察，也常令人会心一笑。这些研究，不仅为图式研究积累了大量的一手数据，为图式理论的发展做出了可贵探索，同时也为国际中文教育提供了有益借鉴。

据我所知，华东师大、暨南大学等高校的学者对图式问题也很感兴趣，也有了一些研究成果。这是很好的事情，预示着图式研究可能成为语言学研究的一个热点话题。图式研究对儿童语言发展、跨文化交际、语言教育、语言能力评价等，都有重要的理论意义和应用价值，也的确值得学界投入更多的研究精力。

大约在950多年前的今日，宋代名相王安石激情地写下这样的诗句："爆竹声中一岁除，春风送暖入屠苏。千门万户曈曈日，总把新桃换旧符。"（《元日》）宋代的政治需要除旧布新，当今的学术研究亦需要"新桃换旧符"，推陈出新，守正创新。

李宇明

2024年2月10日

甲辰大年初一

序于惧闲聊斋

目 录

第一章 绪论 1
1.1 研究缘起 1
1.1.1 国际汉语语篇教学的需要 1
1.1.2 汉语图式理论研究的需要 2
1.2 研究对象与研究语料 2
1.2.1 研究对象 2
1.2.2 研究语料 2
1.3 研究内容与研究目标 3
1.3.1 研究内容 3
1.3.2 研究目标 3
1.4 研究方法 3
1.4.1 调查法 3
1.4.2 归纳法 4
1.4.3 统计法 4
1.4.4 演绎法 4
1.5 研究意义 4
1.5.1 理论意义 5
1.5.2 实践意义 5
1.6 全文框架 5

第二章 现代汉语图式研究现状 6
2.1 "图式"本体研究 6
2.1.1 国外图式理论本体研究 7

2.1.2 国内现代图式理论本体研究 ……………………………… 8
 2.1.3 现代汉语图式结构本体研究 ……………………………… 9
2.2 "图式"应用研究 …………………………………………… 10
 2.2.1 国外现代图式理论应用研究 ……………………………… 10
 2.2.2 国内现代图式理论应用研究 ……………………………… 11
2.3 总结与思考 ………………………………………………… 13

第三章 现代汉语换钱图式研究 ……………………………… 15
3.0 引言 ………………………………………………………… 15
3.1 参数分析 …………………………………………………… 18
 3.1.1 参数概说 ……………………………………………… 18
 3.1.2 参数之一：换钱者 …………………………………… 19
 3.1.3 参数之二：服务者 …………………………………… 28
 3.1.4 参数之三：换钱场所 ………………………………… 34
 3.1.5 参数之四：汇率 ……………………………………… 54
 3.1.6 参数小结 ……………………………………………… 58
3.2 换钱总图式 ………………………………………………… 59
 3.2.1 概述 …………………………………………………… 59
 3.2.2 环节之一：换钱之前 ………………………………… 60
 3.2.3 环节之二：进行换钱 ………………………………… 67
 3.2.4 环节之三：换后致谢 ………………………………… 70
3.3 换钱变化图式 ……………………………………………… 71
 3.3.1 变式之一：询问汇率 ………………………………… 72
 3.3.2 变式之二：查验证件 ………………………………… 78
 3.3.3 变式之三：填写表单 ………………………………… 82
 3.3.4 变式之四：非现金购汇 ……………………………… 91
3.4 换钱常用图式 ……………………………………………… 95
3.5 高频词语与常用语句 ……………………………………… 95
 3.5.1 换钱之前的环节中 …………………………………… 96

3.5.2 进行换钱的环节中 ··· 97
3.5.3 换后致谢的环节中 ··· 98

第四章 现代汉语就餐图式研究 ·· 99
4.0 引言 ··· 99
4.1 参数分析 ·· 100
4.1.1 参数之一：就餐者 ··· 100
4.1.2 参数之二：餐点 ·· 103
4.1.3 参数之三：就餐地点 ·· 108
4.1.4 参数之四：就餐原因 ·· 111
4.1.5 参数之五：就餐时间 ·· 113
4.1.6 参数之六：前往方式 ·· 115
4.1.7 余论 ·· 116
4.2 外出就餐总图式 ·· 119
4.2.1 概述 ·· 120
4.2.2 必有环节之一：择地 ·· 120
4.2.3 必有环节之二：落座 ·· 122
4.2.4 必有环节之三：点餐 ·· 123
4.2.5 必有环节之四：进餐 ·· 128
4.2.6 必有环节之五：结账 ·· 128
4.2.7 非必有环节一：评价 ·· 129
4.2.8 非必有环节二：打包 ·· 130
4.2.9 非必有环节三：前往 ·· 130
4.3 外出就餐变化图式 ··· 131
4.3.1 变式之一：择地相关变式 ···································· 131
4.3.2 变式之二：点餐相关变式 ···································· 133
4.3.3 变式之三：进餐相关变式 ···································· 135
4.3.4 变式之四：落座相关变式 ···································· 135
4.3.5 变式之五：打包相关变式 ···································· 136

4.3.6 变式之六：结账相关变式 ·············· 136
4.4 外出就餐常用图式 ·············· 136
4.5 小结 ·············· 137

第五章 现代汉语购物图式研究 ·············· 138
5.0 引言 ·············· 138
5.0.1 文献回溯 ·············· 138
5.0.2 语料说明 ·············· 139
5.1 参数分析 ·············· 143
5.1.1 参数之一：买方 ·············· 143
5.1.2 参数之二：卖方 ·············· 145
5.1.3 买卖双方组合情况 ·············· 148
5.1.4 参数之三：商品 ·············· 151
5.1.5 参数之四：价格 ·············· 154
5.1.6 参数之五：地点 ·············· 161
5.1.7 参数之六：方式 ·············· 167
5.1.8 参数之七：原因 ·············· 169
5.1.9 参数之八：时间 ·············· 178
5.1.10 参数之九：小结 ·············· 180
5.2 购物总图式 ·············· 182
5.2.1 购买服装总图式结构 ·············· 182
5.2.2 购买水果总图式结构 ·············· 207
5.2.3 高频词语和重点语句汇总 ·············· 222
5.3 购物变化图式 ·············· 226
5.3.1 购买服装变化图式结构 ·············· 226
5.3.2 购买水果变化图式结构 ·············· 233
5.4 "购物"常用图式结构 ·············· 249
5.5 "购物"失败图式结构 ·············· 250

5.6 余论及小结 ··· 253
    5.6.1 小结 ··· 253
    5.6.2 余论 ··· 254

第六章 现代汉语看病图式研究 ················· 255
6.0 引言 ··· 255
6.1 看病图式参数分析 ··· 257
    6.1.1 概述 ··· 257
    6.1.2 参数之一：人物 ······································· 260
    6.1.3 参数之二：症状 ······································· 271
    6.1.4 参数之三：就医地点 ··································· 275
    6.1.5 参数之四：交通方式 ··································· 278
    6.1.6 参数之五：就医时间 ··································· 279
    6.1.7 小结 ··· 280
6.2 看病总图式与常用图式 ····································· 281
    6.2.1 看病总图式 ··· 281
    6.2.2 看病常用图式 ··· 283
    6.2.3 环节之一：挂号 ······································· 285
    6.2.4 环节之二：问诊 ······································· 288
    6.2.5 环节之三：处置 ······································· 294
6.3 看病变化图式 ··· 304
    6.3.1 "挂号"环节的变式 ···································· 304
    6.3.2 分诊 ··· 306
    6.3.3 就医地点的相关变式 ··································· 308
    6.3.4 患者需要做复杂检查 ··································· 310
    6.3.5 "处置"环节的变式 ···································· 312
    6.3.6 由于患者个人原因引起的变式 ··························· 315
    6.3.7 复诊 ··· 316
    6.3.8 看中医 ··· 318

6.3.9 急诊	322
6.3.10 "处置"环节残缺	323
6.4 小结	324

第七章 结论 ········ 326

7.1 全文总结	326
7.1.1 换钱图式结构	326
7.1.2 就餐图式结构	326
7.1.3 购物图式结构	327
7.1.4 看病图式结构	327
7.2 后续工作	327
7.2.1 教学实践方面	327
7.2.2 教师培训方面	328
7.2.3 教材编写方面	328
7.2.4 建立相关图式语料库	329

参考文献	330
附录：在华留学生日常购物情况调查	333
后　记	336

第一章 绪论

本文以在华留学生现代汉语常用交际项目换钱、就餐、购物、看病为研究对象，在搜集整理录音语料和文本语料的基础上，通过使用调查法、归纳法、统计法和演绎法等研究方法，描写上述交际项目的图式结构，同时归纳上述图式结构的高频词语与常用语句，以期为现代汉语图式理论和国际汉语教学一线实践提供借鉴。本章主要回答以下几个问题：研究缘起、研究对象与研究语料、研究内容与目标、研究方法、研究意义和全文框架。

1.1 研究缘起

笔者之所以要开展这一课题的研究主要是缘于以下两个原因：

1.1.1 国际汉语语篇教学的需要

目前，国际汉语教学界对于语音、词汇和语法的研究比较多，而对语篇方面的研究相对不足。目前的国际汉语教学界越来越重视培养留学生的言语交际能力，运用任务型教学法来训练学生的听说读写能力。而每个交际行为都是有图式结构的，人们根据不同的交际目的来选择相对应的图式结构。交际行为图式属于语篇研究的一部分，因此对交际行为图式结构的研究将有助于国际汉语语篇教学。

1.1.2 汉语图式理论研究的需要

本课题的研究属于现代图式理论研究的一部分，不过目前现代图式理论的应用研究多于本体研究，西语图式理论研究多于汉语图式理论研究。如前人对现代图式理论在我国英语教学中的应用以及在国际汉语写作和阅读教学等方面的应用均有涉猎，但对常用行为的图式结构究竟是什么似乎并不完全清楚。再如现代图式理论中多为西方文化背景之下的西语（如英语）图式结构研究，对中华文化背景下的现代汉语行为图式结构研究较少。这在一定程度上限制了国际汉语教学的发展，因此进行相关交际项目图式结构的研究是很有必要的。

1.2 研究对象与研究语料

1.2.1 研究对象

本文以在华留学生现代汉语常用交际项目换钱、就餐、购物、看病为研究对象，通过观察在华留学生日常的银行换钱、外出就餐、外出购物和医院看病等常用交际行为，描写上述交际项目的行为图式，以期为国际中文教育一线实践提供借鉴。

1.2.2 研究语料

本文各章所用语料不尽相同，后文将详细作出阐释，不过研究语料大致由录音语料和文本语料两部分构成。录音语料和文本语料各有优缺点：前者鲜活生动，是真实生活中人们使用的语言，但是有些内容过于随意，对留学生来说只能作为一种课余补充，不能作为学习的重点；后者主要来自目前使用的主流教材，这部分语料经过编写人员反复研究推敲，已是规范的语言，但是文本语料往往与真实生活存在一定的距离。本文试图将录音语料和文本语料相互结合，扬长避短。

1.3 研究内容与研究目标

1.3.1 研究内容

本文研究内容有三：第一，通过对所搜集的语料进行整理分析，归纳出换钱、就餐、购物、看病等图式的参数；第二，描写换钱、就餐、购物、看病等交际项目的总图式、变化图式和常用图式；第三，基于语料统计，归纳出该图式使用的高频词语和常用语句。

1.3.2 研究目标

研究目标有二：第一，描写上述四个交际任务的图式结构。通过分析搜集到的录音语料和文本语料，描写该交际项目的总图式、变化图式和常用图式。第二，总结上述四个行为图式的高频词语和常用语句。

1.4 研究方法

本文采用定性与定量相结合的混合式研究方法，主要包括问卷调查法、归纳法、统计法和演绎法等。

1.4.1 调查法

本文在部分章节采用了问卷调查的方法搜集相关数据（参见附录）。调查对象主要是中央民族大学国际教育学院学习汉语的部分留学生。其中一部分调查是采用面对面的纸质问卷形式，这主要是针对初级阶段的汉语学习者，还有一部分调查采取了邮件的形式，这部分则包括不同汉语水平的学习者。总体来说，由于调查对象的国籍、性别、年龄和汉语水平不同，调查结果呈现的个体差异较大，本文主要针对问卷反馈的数据进行后续研究，从留学生的实际出发，结合现阶段可能采取的方式开展研究工作。

1.4.2 归纳法

本文对目前已搜集到的录音语料和文本语料进行整理归纳。一方面得出换钱、就餐、购物、看病等交际项目的主要参数；另一方面归纳出上述交际项目的若干环节，进而描写出总图式、变化图式和常用图式；第三方面基于语料得出上述交际行为图式的高频词语和常用语句。

1.4.3 统计法

本文中参数分析部分、高频词语和常用语句的归纳采用了统计的方法，列举了可能出现的不同组合方式，旨在了解这些理论化的组合在现实中的可行性，为进一步的研究奠定基础。

1.4.4 演绎法

上述图式结构的获得还采用了演绎法，如在描写购物图式结构中变化图式时首先运用演绎法推演出了相关变式，然后通过到服装小店购买服装实地验证了这些图式是否存在。在图式描写的过程中，由于现有录音语料和文本语料较为有限，无法满足对所有理想化图式结构的举证。演绎法的运用在一定程度上弥补了相关图式研究中语料有限所带来的举证缺失问题，为丰富和完善图式结构提供了实证。

1.5 研究意义

不同的文化背景形成不同的图式结构，不同的图式结构深植于人们的日常生活。找到并激活这些图式结构，不仅有利于不同文化背景下人们相互之间的交流，而且在一定程度上减少了文化冲突带来的种种不利影响。现阶段，图式结构在汉语国际教育领域的研究还有很大的研究空间，特别是针对留学生日常交际任务的图式结构研究数量较少，不仅理论研究较为欠缺，教学实践结合的成果也较少，因此本文的研究是很有价值和意义的。

1.5.1 理论意义

目前，针对现代汉语交际任务的图式结构研究数量还比较有限，《高等学校外国留学生汉语教学大纲－短期强化》中列出了留学生需要掌握的交际项目，但到目前为止通过现代图式理论的角度研究来解构这一重要交际项目群的尚不多见。本文的研究将对现代汉语图式理论研究做出理论上的贡献。

1.5.2 实践意义

从教学实践的角度来说，任务型教学法需要建立在对现代汉语交际任务图式研究的基础之上。为了使这一教学法在教学过程中发挥更大作用，需要对涉及交际任务的内容进行图式研究，从而为这一教学法的实施提供理论参考。此外，从教材编写的角度来说。目前教材中有不少内容涉及交际任务，但建立在语料之上的研究较少，编者多借助个人经验进行教材编写。随着时代的变迁与发展，教材内容需要与时俱进。

1.6 全文框架

本文共分四部分：第一部分是引言部分，即第一章绪论；第二部分是文献综述部分，即第二章现代汉语图式研究现状；第三部分是主体部分，包括第三章现代汉语换钱图式研究、第四章现代汉语就餐图式研究、第五章现代汉语购物图式研究和第六章现代汉语看病图式研究；第四部分是结论部分，即第七章结论。

第二章 现代汉语图式研究现状

2.1 "图式" 本体研究

"图式（Schema）"指在特定文化背景下人们的高频行为模式或文本模式，最早由康德提出，后经皮亚杰、鲁梅哈特等人发展为现代图式理论。语言学关注行为中的语言图式，包括行为图式和文本图式两种，具体表现为由多个有顺序的环节构成的结构：前者如购物图式为"询问商品→选择商品→商议价格→结算付款→提取商品"；后者如新闻报道图式为"新闻事件+（新闻背景）/（新闻评析）+（新闻评析）/（新闻背景）"。

图式是人类大脑对外部世界刺激的反应，它就像一块块磁力片，有的已经组合在了一起，有的还相互分离，通过大脑的组合形成新的磁力片结构网络，即：新图式的形成，新认识的产生。图式结构一旦形成，就会相对稳定。这一组合结构既可以是平面的，也可以是立体的；既可以是单维的，也可以是多维的。形成图式的过程既是一种天赋禀性，也是一种后天习得，受外部环境影响，并推动人类思考力发展。

图式始于对人类认识这一哲学问题的思考，二十世纪七十年代，随着信息科学技术的不断发展，心理学领域也产生了深刻的变革，现代图式理论应运而生。现代图式理论在前人研究的基础上进一步指出：图式具有高低繁简之分，由于多方面影响形成的图式为高级别繁杂图式，由于单方面影响形成的图式为低级别简单图式，同时它是按照一定的顺序和规律组合形成的。图式网络结构一旦约定俗成将在很长一段时间内保持其内在的组合规律，但是随着时间的推移和外部条件的变化，图式也不是一成不变的；新的图式一旦取代旧的图式，又将持续一段时间，直到下一次变化的到来。

2.1.1 国外图式理论本体研究

国外图式理论本体研究经历了三个阶段：第一阶段是产生阶段，由德国哲学家康德首先将"图式"引入哲学领域；第二阶段是发展阶段，这一阶段出现了对图式理论的不同理解与完善，形成了现代图式理论；第三阶段是运用阶段，现代图式理论在不同领域开展了细化研究和实践运用，现在我们也正处于这一阶段。

哲学家康德在《纯粹理性批判》一文中首次将"图式"一词引用到哲学领域。它的产生源于对"经验直观"归于"纯粹知性概念"的途径思考，最终康德找到了将"范畴"运用到"现象"的媒介，即：想象力。在众多类型的"想象力"中"先验想象力"帮助形成"先验图式"，完成"经验"转化为"概念"的过程。这也是图式进入哲学领域的雏形。

存在主义的创始人海德格尔十分重视对"图式"学说的研究，他甚至将这一学说看作是康德批判理论的核心内容。海德格尔在康德的基础上，将"图式"也作为认识过程的媒介，提出了"Schema-Bild"，丰富并发展了这一学说。认知心理学家巴特利特最先提出"图式理论"。在他看来，图式是可以被"激活"的，人们的认识并不是过去的简单重复，而是通过创造性的方式被重新组合，进而形成新认识的过程。心理学家、教育家皮亚杰认为"同化"和"适应"在不同的图式结构中起到不同程度的媒介作用。为了解决通过"先验想象力"人们如何完成认识产生这一问题，皮亚杰认为通过"感知运动图式"，人类从胚胎时期开始就可以解决认识产生的问题。这一研究成果弥补了前人研究的不足，也为进一步的研究开辟了新的思路。

"图式"作为一种学说产生于哲学领域，用于解决从"经验"向"概念"的转换，"想象力"作为媒介被运用于这一转换过程，借以推动认识的产生与发展。图式是一种可被激活、可被同化或适应、可被重组的结构，这一结构在人类认识之初即存在，帮助人们相互交流和理解，进而认识世界，改造世界。

2.1.2 国内现代图式理论本体研究

近年来，国内现代图式理论的本体研究多集中在对国外图式理论进行横向比较上，同时对过往经典研究进行总结性梳理。

惠莹（2010）梳理了心理学史上的三种图式思想，包括：康德的先验图式说、皮亚杰的反射图式和认知结构理论、现代认知心理学图式观。通过比较三者之间的异同，对三种图式思想的内容进行了区分，呈现各自不同的特点：康德先验图式说的出发点是哲学层面的，他提出的图式是先验的"纯粹感性直观"形式，带有中介的性质，来源于天赋；皮亚杰的反射图式是从认识论的角度分析，它指出了遗传对于图式产生的作用，提出"同化"和"顺化"在图式重构过程中的影响，有生物学的倾向；现代认知心理学则是从学习者的角度指出人通过将陈述性知识组块进行建构产生新认识，它不依赖于先天，完全是后天学习的产物。

康立新（2011）回顾了二十世纪七八十年代到本世纪前十年之间图式理论的历史沿革，归纳得出国内图式理论研究的三个阶段性特点：纯理论研究阶段、理论研究向应用研究过渡阶段、应用研究发展阶段。随后指出国内图式理论在不同领域的研究现状和取得的丰硕成果，包括：哲学领域、心理学领域和认知科学领域。全文对30年来图式研究进行了梳理，提出了图式理论研究的不足在于研究领域过于集中，与国外图式理论研究相比缺乏广度。另外，指出在研究方法、研究内容和多样化的应用等多方面都需要进一步提高研究的综合水平。

蒋开天（2014）比较了康德和皮亚杰在图式研究上的联系与区别，指出了图式的四大特征：结构性、动态性、主体性和中介性。文章指出康德图式说与皮亚杰图式说的不同之处在于：康德用"图式"在哲学的层面上对从"经验"向"概念"的转换提供了解释；皮亚杰用实证的科学方法批判地继承与发展了康德图式说，指出认识的发生与发展过程。论文最后从中国哲学的角度再次回望图式说的意义，试图将图式学说与中国哲学结合，从而重新审视中国哲学，特别是阴阳五行的相关问题。

国内现代图式理论的本体研究主要在于梳理前人图式理论的思想内容和对不同图式理论侧重点进行比较区分。总体呈现出对图式理论研究的延续性，使人们对相关概念和理论的认识更为清晰，为这一理论的进一步发展提供了理论支持。不足之处是，相关研究并未清晰直观地描写出图式的形态。

2.1.3 现代汉语图式结构本体研究

2012年至今，国际中文教育领域的现代汉语图式结构本体研究是针对在华留学生常用交际项目进行的一系列专题研究，其主题包括问路、做客、住店、邮寄等。

李玉（2012）运用调查法、定性分析法、跨学科研究法等方法，对简单问路和复杂问路的参数进行了细致分析，归纳得出了不同的图式结构，并在教学中提出了自己的思考和下一步的工作计划。这是第一次运用鲜活的录音语料进行研究并得出了丰富的图式结构。

杨佳宁（2013）运用归纳法和文本分析法，对"做客"交际项目的图式结构进行了研究。整理出做客交际项目的图式结构以及核心词语、常用语句，为教材编写、课堂教学、跨文化交际提出了针对性建议。

孙香凝（2015）以大量录音语料和文本语料为研究对象，运用归纳法、访谈法、调查法等研究方法，分析了"住店"图式的参数，描写了其图式结构，并提炼出该图式中的核心词语与常用语句，同时编写了该主题的课文与课后练习，并做了教学设计。

王璐（2015）运用调查法、归纳法、演绎法以及统计分析法等研究方法研究了"邮寄和收取"图式，文中将录音语料和文本语料相结合作为研究对象，分析参数，描写图式，归纳词语和语句，也进行了教材编写和教学设计。

目前现代汉语图式研究领域的研究主要针对在华留学生常用交际项目的构成参数、总体图式、变化图式和常用图式等内容展开。上述论文以专题形式描写了不同交际项目的图式结构，归纳整理得出总体图式的核心词语和常用语句，已有成为系列研究的趋势。不足之处是：第一、总体来说，这样的研究在数量上还比较有限，无法对留学生日常交际项目进行较为全面的覆盖；第二、由于各单篇论文写作的水平参差不齐，也有待对这一研究中的具体内容不断深入和完善，从而真正形成系列；第三、教材编写滞后，对相关常用交际行为进行课文编写和教学设计的成果不多，无法较全面地体现现代图式理论的意义和价值。

2.2 "图式"应用研究

图式理论的应用研究是这一理论向更广泛领域发展的必经之路。国外这方面的研究范围较为广泛且更具实证性；国内在二语习得方面进行的基于图式理论的教学研究多数为个人经验的思考和总结。

2.2.1 国外现代图式理论应用研究

Pedro Macizo; M. Teresa Bajo（2009）通过三个实验发现激活图式对于专业翻译人员的重要影响。在第一个实验中，理解文章有赖于在阅读文章之前就要给出一个预设结果。但是最初呈现出来的结果在被试不得不翻译的情况下删减了很多内容。在第二个实验中，一开始就预设结果的干涉影响被重复在断断续续的翻译过程中。在第三个实验中，研究者发现这一通过结合阅读操纵工作记忆路径所产生的矛盾带来影响的必然性。这一结论的得出体现了在理解前提下图式激活假设的重要价值和益处。该文阐述了激活图式对翻译人员的重要性，是图式理论在语言教学中的运用。

Dehghan, F. & Sadighi, F.（2011）提到阅读技巧在英语学习的过程中占有重要地位。语言知识只是其中的一个方面，背景知识包括文化在其中扮演着重要的角色。这项研究调查了文化背景的影响和文化图式对于伊朗EFL学生在本土学习或环球学习的影响。共66位女性大学预科生参与了研究。最后得出结论：语言教师不是要教授学生到底应该怎么读，学生也不是要通晓高水平的阅读理解力，更重要的是要有超越语言本身的知识。

Ebrahim Khodadady（2015）在2012年的研究基础之上，对外语认同量表进行了再次研究，并从理论和实证的角度探索引起某些概念的内在因素。为此，该量表首先通过运用图式理论指导下的微观组织渠道对其进行语言和认知领域的分析，分析显示量表并不能处理所有的外语问题，而仅能针对英语进行分析，因此将量表名称作了修改。然后，研究对381名处于高级阶段的学生学习英语的情况进行了量表管理。采用方差最大正交方法旋转得出的数据显示：30种表现存在六种潜在的可变因素，例如：理想化的社会、理想化的机遇、理想化的条件、理想化的关联、理想化的属性和理想化的人格。研究最后指出，在未来的研究中需要将文化因素注入到割裂的学习中。

国外图式理论的应用研究更加注重实证，通过实验或调查获取在各自领域的数据和资料，通过分析和对比，最终得出研究结论。图式理论的应用研究内容更为广泛且注重其深层影响力。该类研究的不足在于：没有给出相对直观的图式，而是直接研究其影响力。

2.2.2 国内现代图式理论应用研究

2.2.2.1 第二语言习得教学领域

近十年来，国内二语习得教学领域的现代图式理论应用研究由最初注重其在单一科目教学中的应用研究逐渐发展为注重其在整体教学中的应用。另外从一开始就有研究者提出语料库资源在这一研究中建立与运用的重要意义。

徐曼菲、何安平（2004）提出：语料库资源能够为外语教学过程中的知识图式建构与重构提供基础，帮助学习者在学习过程中充分理解并运用有关图式理论指导下的陈述性知识和程序性知识，从而更有利于掌握外语。

刘祺（2008），从四个方面叙述图式理论在国内二语习得研究领域的研究现状和成果：第一、在词汇习得领域，提出下一步词汇研究中亟待解决的定量研究问题，同时指出图式理论对于大量习得词汇方面的重要意义；第二、在口笔译研究领域，不仅有对图式理论的进一步研究，而且有跨学科研究发展趋势的文章问世；第三、在语言文化及跨文化交际领域，图式理论作为新的热点研究被越来越多的研究者重视起来，这方面的研究成果不断涌现；第四、在成人和儿童教育、口语及写作等领域，不少研究者就图式理论的实践运用问题做了进一步的思考与探索。

陈成辉、肖辉（2014）受到整体语言教学（whole language teaching approach）理念的启发，在图式理论的框架下，提出整体教学原则，即在阅读教学过程中，将图式理论提及的三方面图式（内容、形式和语言三种图式）相互结合进行教学设计，从而将听说读写、输入与输出、知识与技能、语言与文化兼顾并重，最终达到相互渗透、相互促进的效果。

随着现代图式理论研究的不断深入，二语习得领域的图式理论应用研究呈现出两大趋势：第一、注重语料库资源在图式理论应用研究中的作用；第二、注重以图式理论为指导的整体教学方式的设计和在实际教学中运用的影响力。现代图式理论指导下的教学有别于传统意义上的教学，为新的教学途径提供了一定的参考价值。不足之处是，此类研究多为研究者个人的经验总结，对图式的描写有限。

2.2.2.2 汉语二语/外语教学领域

汉语作为第二语言教学领域的现代图式理论应用研究，近十年来主要表现在不同科目对这一理论的应用上。这种分科目的研究更加细致具体，其成果最为集中的是在阅读理解上的研究，这和传统教学注重阅读有密切的联系；同时，在交际任务和跨文化领域的研究也逐步受到研究者的重视。

戴雪梅（2003）分析了图式理论与阅读理解之间的密切联系，进一步推衍至图式理论指导下词汇教学、文化背景知识教学。最后，作者将理论运用于实践，得出将图式理论应用于对外汉语阅读教学行之有效的结论。王辉（2004）回顾了图式理论以及图式阅读理论的相关内容，提出针对对外汉语阅读教学的若干策略。明确指出图式理论在阅读教学中的重要地位，阐述了建立丰富语言图式、内容图式、结构图式的必要性和方法。文章最后指出：图式理论完全符合人们阅读理解的心理过程，是阅读教学可以依赖的理论基石。

娄开阳（2008）提出一个问题：通过一段时间的学习，具备一定语言组织能力的留学生仍然无法顺利完成交际任务。论文按照程序性知识的输入与内化、程序性知识语言变式训练、课堂实际语言交际的顺序分析了这一问题产生的原因。并提出汉语交际图式在教学中运用的三条建议，强调了标准图式结构输入的重要性，以及由此产生的变式训练与实践训练的结合等内容。此研究较早地将图式理论与汉语作为第二语言学习的交际性特征相结合，建立了一个图式理论指导下的国际汉语教学结构。

陈竹、朱文怡（2013）以图式理论为基础，结合加涅对学习的五大分类，指明了词汇学习与图式之间的关系。阐述了图式理论对词汇教学的重要意义，提出在对外汉语词汇教学中运用图式理论的思想，并提出了具体的方法。论文最后指出：运用图式理论自上而下处理信息的方法可以更有效地促进词汇教学。黄彩玉、朱淑洁（2013）首先总结了在华留学生在汉语词汇记忆方面存在的四大难题，随后回顾了图式理论的发展脉络，最后将二者结合指出图式理论在词汇记忆教学实践中的运用方式与重要价值。

何美芳（2014）简要回顾了图式理论的历史发展，特别是对这一理论在汉语作为第二语言写作教学中的应用进行了梳理。在此基础上，突显了图式理论与二语写作教学的密切联系，并进行了图式理论指导下的二语写作教学设计和实际教学考察。陈晓姿（2014）以图式理论为依托，结合对外汉语听力教学的特点，提出建立听力教学中前、中、后三个不同的图式。并通过这些图式，积极指导教师教学和学生学习，使听力教学与图式理论更好地融合，从而使教学相长。

本世纪以来，国际汉语教学领域的图式应用研究已覆盖到阅读、汉字、词汇、写作、听力、文化等诸多领域。现代图式理论在国际汉语教学领域的研究及应用使这一理论的应用性不断增强，理论与实践相互结合丰富了理论，优化了实践。此类研究不足之处仍然是多为经验总结，鲜有较具体的现代汉语图式结构的描写。

2.3 总结与思考

前人在图式理论方面的研究取得了丰硕成果，也为后人留下了进一步思考的空间：

第一、现代汉语图式结构的本体研究不足。在任务型教学法指导教学的过程中，针对在华留学生日常交际任务的图式结构研究较少。目前仅有为数不多的几篇论文对上述交际任务的总体图式、变化图式和常用图式进行了描写，并归纳了核心词语和常用语句。

第二、对中华文化背景的考虑不足。不同的文化背景之下的图式结构各有不同，同一文化不同地域之间的图式结构也会互有差异。如何使在华留学生在学习的过程中顺利完成跨文化交际任务，必须首先让大家了解客观存在的文化差异之下不同的交际行为图式结构具体包括哪些内容，以及它的结构形式。只有熟练掌握了这些与自身已有图式有所差异的现代汉语常用交际行为图式结构，才能更为恰当地进行日常生活交际活动。

第三、建立在语料研究基础之上的研究不多，尤其是缺少录音语料。录音语料来源于真实生活，是鲜活实用的交际语言，通过对录音语料的搜集整理和分析研究，可以发现文本语料的不足，进而采取文本语料和录音语料相互结合的方式得出尽可能真实且规范的研究结论，帮助在华留学生解决真实环境下的日常交际问题。

第四、随着时代的变迁，人们的日常生活悄然发生着变化，人们日常交际行为的图式结构也会随之发展，例如看病和订票的图式就产生了很大的改变，在购物图式的结算付款环节则新增了通过微信或支付宝进行支付的内容等。这些发现可以更好地帮助我们改进教材编写，保持教材内容的时效性。

第三章 现代汉语换钱图式研究

3.0 引言

换钱是外国学生常用的交际行为之一，因此对换钱图式展开研究是非常有意义和价值的。本章的语料来源于国内国际汉语教学界使用较广的主流教材，文本语料虽然是二手语料，但经过了编者及教师的精心遴选、提炼和编写，相对于未经加工的原始素材语料而言更具有典型性。

表3-1：语料教材一览表

序号	书名	出版社	版次	题目
1	《汉语900句·希腊语版》	外语教学与研究出版社	2010年4月第一版	第556-566页
2	《汉语口语基本句》上册	北京语言大学出版社	2009年12月第一版	第四课 存定期还是活期
3	《标准汉语基础教程·口语——汉语越南语对照》	世界图书出版社	2010年8月第一版	第十课 换三百人民币
4	《交际汉语2》	科学普及出版社	2009年1月第二版	第十二课 换钱
5	《学说中国话》	外语教学与研究出版社	失记	第十课 换钱
6	《商务汉语·实用口语》	对外经济贸易大学出版社	2010年1月第一版	第二部分 商务活动 一、在雅宝路 4.在雅宝路·换汇
7	《汉语100句》	上海外语教育出版社	2008年5月第一版	60.请问，哪里可以换钱？

续表

序号	书名	出版社	版次	题目
8	《情景汉语》	东北林业大学出版社	失记	第五课 在银行
9	《新丝路汉语》	新疆教育出版社	2009年1月第一版	第十三篇银行 话题四 兑换
10	《体验汉语100句·生活类》	高等教育出版社	2009年8月第一版	95、我想把欧元换成人民币
11	《汉语快速通》	天津科学出版社	失记	失记
12	《汉语会话301句》	北京语言大学出版社	2005年7月第三版	第十四课 我要去换钱
13	《体验汉语·旅游篇》	高等教育出版社	2009年9月第一版	第八课 换钱
14	《汉语教程·第一册（上）》	北京语言大学出版社	2006年7月第二版	第九课 我换人民币
15	《EEC中文快易通》	北京大学出版社	2009年1月第一版	第十五课 兑换人民币
16	《体验汉语·口语教程2》	高等教育出版社	2011年6月第一版	第八课 用美元换人民币
17	《旅游汉语》	上海大学出版社	2010年5月第一版	第十四课 换钱
18	《成功商务汉语》	高等教育出版社	2011年6月第一版	第五课 换钱
19	《汉语综合教程1》	高等教育出版社	2011年7月第一版	第12课 我去银行取钱
20	《你好，上海！——易学汉语》	人民教育出版社	2010年6月第一版	Lesson 6 In the Bank
21	《汉语常用口语句典》	北京大学出版社	2011年10月第一版	八、银行 3. 换钱
22	《旅游汉语1》	外语教学与研究出版社	2008年10月第一版	第八课 换钱
23	《实用中文·初级》	华东师范大学出版社	2009年8月第一版	第十二课 在银行
24	《新的中国》	普林斯顿大学出版社	失记	第七课 去银行换钱
25	《新实用汉语课本2》	北京语言大学出版社	2002年11月第一版	第十五课 她去了上海了

续表

序号	书名	出版社	版次	题目
26	《初级汉语课本》	北京语言大学出版社	2003年2月第一版	第二十课
27	《实用汉语口语课本》	北京语言大学出版社	2003年12月第一版	第四课 我换钱
28	《实践汉语入门——初级口语会话》	北京大学出版社	2004年10月第一版[美]陈丽安编著	第二单元 换钱 对话（一）
29	《标准汉语教程上册（二）》	北京大学出版社	1998年1月第一版	第十六课 课文（一）兑换
30	《基础口语1》	北京语言大学出版社	2002年7月第一版	第七课 你换多少人民币？
31	《魔力汉语——初级汉语口语》	北京大学出版社	2003年5月第一版	第九课 一美元换多少人民币？
32	《长城汉语·生存交际3课本》	北京语言大学出版社	2005年7月第一版	第六单元 第一课
33	《成功之路·入门篇》	北京语言大学出版社	2008年8月第一版	4.Wǒ yào huàn rénmínbì.
34	《速成汉语初级教程·综合课本》	北京语言大学出版社	1996年9月第一版	第28课
35	《经贸初级汉语口语》	北京语言大学出版社	2007年8月第一版	第七课 换钱
36	《商务汉语入门——日常交际篇》	北京大学出版社	2005年8月第一版	第8课 我要存钱
37	《基础商务汉语—会话与应用（上）》	北京语言大学出版社	2005年7月第一版	第三课 银行

本文在搜集语料时所选取的文本语料教材是符合一定取样标准的：首先，这些教材都是初级阶段使用的教材，符合本文侧重初级水平交际项目的要求；其次，这些教材的流通使用面较广，为国际汉语教学界常用教材；第三，从交际项目教学的系统性出发，完整地录入了每本教材的相关语料；最后，大部分教材都提供了交际情境，更贴近"换钱"这一实践性强的交际项目。

3.1 参数分析

3.1.1 参数概说

图式的构成参数可以从两个角度进行分类。第一种是把参数分为必有参数和非必有参数；第二种是隐性参数和显性参数。

3.1.1.1 必有参数与非必有参数

必有参数和非必有参数是根据其"是否出现在交际行为中"这一标准来判断的，如"价格"是购物图式的必有参数，但并不是换钱图式的必有参数。因此，必有参数是指在交际行为中一定要出现的参数；非必有参数是指在交际行为中可出现也可不出现的参数。换钱图式的必有参数包括换钱者（WHO1）、服务者（WHO2）、换钱场所（WHERE）和汇率（Exchange rate）；非必有参数包括换钱原因（WHY）、换钱时间（WHEN）和换钱方式（HOW）等。在实际交际中，上述各参数之间并非孤立存在，而是相互作用、相互影响、密不可分的。

3.1.1.2 隐性参数与显性参数

隐性参数和显性参数是根据其"是否直接出现在交际行为图式中"这一标准确立的，如"买方"必然出现在购物图式中，属于显性参数，而"时间"则不一定出现在购物图式中，属于隐性参数。换钱图式中的显性参数包括换钱者（WHO1）、服务者（WHO2）、换钱地点（WHERE）和汇率（Exchange rate）；隐性参数包括换钱原因（WHY）、换钱时间（WHEN）和换钱方式（HOW）等。研究表明，必有参数/非必有参数与显性参数/隐性参数这两对常常是重合的，但也不尽然：有些交际行为中必然有的参数在图式语料中却未必出现，如时间和地点。

3.1.1.3 参数的权重

参数的权重指参数对图式的影响程度。参数的权重值并不是一成不变的，它会随着情况的不同而发生改变。通常来说，必有参数构成了交际图式的基本内容，占据了比较大的权重值，它们也会被看作是重点教授的内容，例如换钱图式中的汇率。但有些看似不重要的参数在某些交际情境下也会直接影响图式的变化。例如换钱地点并不是重要参数，但一旦将其考虑其中，汇率都会发生变化——机场汇兑场所的汇率通常比银行的要低。因此，在实际教授参数的时候，应该具体问题具体分析，根据实际交际情况对参数的权重进行考虑，合理分配，而不是片面地只教授一部分参数。

3.1.2 参数之一：换钱者

在换钱交际行为中换钱者是必有的、显性的参数。换钱者的身份不同，其换钱的数额、用途也会有所不同，据所录语料分析可归纳出以下三大类：留学生、旅游者和商务人士。

3.1.2.1 在华留学生

在华留学生换钱的时候会向朋友、老师咨询，换钱场所多为银行；其兑换金额一般不大，多用于交付学费和日常生活消费等。如例3-1：

例3-1：《汉语口语基本句》上册第四课 存定期还是活期

课文一

苏珊：老师，哪里可以换人民币？

王老师：银行或酒店都可以。

苏珊：学校里不行吗？

王老师：学校里的银行不能换外汇。

苏珊：酒店和银行的汇率一样吗？

王老师：我想是一样的。

苏珊：哪个银行最近呢？

王老师：学校外面就有个中国银行。

苏珊：您说的是东门外面的吗？

王老师：对，走路10分钟左右就到了。

课文二

苏珊：您好，这里可以换外汇吗？

营业员：可以。您换美元还是欧元？

苏珊：美元。请问汇率是多少？

营业员：那边有今天的外汇汇率，您可以看看。

苏珊：我想换500美元。

营业员：请您先填一下这张单子。

苏珊：好的。

……

苏珊：您看可以吗？

营业员：可以。请您到3号柜台。

苏珊：谢谢。

在该则语料中可知换钱者是学生苏珊，向老师咨询换钱场所，在老师的建议下选择了银行。其兑换金额不太大，为500美元。

在"《标准汉语基础教程·口语——汉语越南语对照》第十课换三百人民币"中换钱者是学生范梅香，她请她的朋友王中明陪同去换钱，是用越盾换人民币。如例3-2：

例3-2：课文一

范梅香：中明，你上午有事吗？

王中明：没事啊。

范梅香：我想去银行换钱。

王中明：哦，你要换多少钱啊？

范梅香：越盾换人民币，怎么换啊？

王中明：两千五百越盾换一元。

范梅香：我换三百人民币。

王中明：好的，你想上午去？

范梅香：是啊，上午不上课。

王中明：好的，我带你去。

范梅香：太好了，谢谢中明！

王中明：不用谢，请我吃冰淇淋吧。

范梅香：哈哈，没问题。

课文二

范梅香：你好，我要换三百人民币。

服务员：您好。请问您护照带来了吗？

范梅香：带了。

服务员：请给我看一下。

范梅香：好的。

服务员：您换三百人民币是吗？

范梅香：对。

服务员：一共七十五万越盾。

范梅香：给你。

服务员：三百人民币，拿好。

范梅香：谢谢！

在"《汉语教程·第一册（上）》第九课我换人民币"中，换钱者是学生萨沙，出现了朋友娜塔莎，但并没有跟她一起去换钱。见例3-3：

例3-3：第九课 我换人民币

娜塔莎：下午我去图书馆，你去不去？

萨沙：我不去。我要去银行换钱。

（在中国银行换钱）

萨沙：小姐，我换钱。

营业员：您换什么钱？

萨沙：我换人民币。

营业员：换多少？

萨沙：二百美元。

营业员：请等一会儿……先生，给您钱。请数数。

萨沙：对了。谢谢。

营业员：不客气。

再看下面一则语料，换钱者是学生，其兑换货币的目的非常明确，即去旅行。

例3-4：《新实用汉语课本2》第十五课 她去了上海了

（一）

林娜：力波，你来得真早。

丁力波：刚才银行人少，不用排队。林娜，你今天穿得很漂亮啊。

林娜：是吗？我来银行换钱，下午我还要去王府井买东西。

丁力波：今天一英镑换多少人民币？

林娜：一英镑换十一块五毛七分人民币。明天我要去上海旅行，得用人民币。

……

丁力波：好啊。我也很想去西安旅行，你给我介绍介绍吧。看，该你了。

林娜：小姐，我想用英镑换人民币。这是五百英镑。

工作人员：好，给您五千七百八十五块人民币。请数一数。

很明显，学生林娜在银行碰到了同学丁力波，有简单的聊天，在聊天过程中林娜说了自己兑换人民币的用途，"明天我要去上海旅行，得用人民币"，所以兑换的数额较大。

在上述几则语料里分别出现了老师和同学，这些是学生日常生活中接触最多的人，在换钱过程中他们可能并未全程陪同，但换钱者和他们的对话、聊天是我们实际生活中常出现的。而在普林斯顿大学教材《新的中国》"第七课 去银行换钱"中则只出现了学生。见例3-5：

例3-5：在银行里

学生：小姐，我要换五百块美元。

职员：先填单子。

学生：填好了。这样儿行吗？

职员：您要换现金还是旅行支票？

学生：旅行支票。

职员：请您在支票上签字。有护照吗？

学生：有。这是我的支票。字也签好了。

职员：这是您的钱。请您点清楚。

从始至终，学生都是单独一个人在换钱，并且成功了。可见该学生已经很了解整个图式过程。如无特殊情况，学生换钱时的换钱场所多为银行，其金额一般不大，换得的钱可支付日常消费或者办理入学手续即可。

3.1.2.2 在华旅游者

在例3-6中我们可以看到旅行者和其他换钱者的换钱行为大体一致：

例3-6：《你好，上海！——易学汉语》Lesson 6 In The Bank

（At No.1 counter）

Clerk：下午好！

Tina：你好，我想把欧元换成人民币。

Clerk：您换多少？

Clerk：请问你要换多少？

Tina：两百欧元。现在的汇率是多少？

Clerk：十点五。一共两千一百块，请拿好。

Tina：请看看里面还有多少钱？（showing the bankbook）

Clerk：好了，给您。

Tina：谢谢，再见！

以上的例子是旅行者在银行的换钱行为，具有一定的代表性，但并不是唯一的一种。大部分在华旅游者多住在宾馆、酒店等地，在换钱场所的选择上一般会就近，如果宾馆、酒店无法提供换钱服务才会变更换钱场所。有时候在换钱过程中会出于其他目的而提出额外的要求，如换硬币以收集留念；换零钱、旅行支票等方便使用。如例3-7：

例3-7：《体验汉语·旅游篇》第八课 换钱

第一部分

杰克：请问，在这儿可以换人民币吗？

职员：对不起，我们宾馆不能换。

杰克：哪儿可以换钱呢？

职员：中国银行，或者各大宾馆。

杰克：需要护照吗？一美元可以换多少人民币？

职员：不知道，每天的比价可能不一样。你到中国银行去问问吧。

此时换钱者杰克首先问的是宾馆职员，确认是否可以换钱，得到的回答是"我们宾馆不能换"、"中国银行或者各大宾馆"可以换钱。

杰克：请问，美元和人民币的比价是多少？

职员：今天的比价是1∶8.06。

杰克：一美元能换多少人民币？

职员：八块零六分。您要换多少？

杰克：300美元。

职员：一共是2418块人民币。您数一下儿。

杰克：对。如果我回国时还剩下人民币，怎么办？

职员：您可以把剩下的人民币再换成美元。

杰克到银行进行换钱，因为在旅行，所以提出了自己的顾虑"如果我回国时还剩下人民币，怎么办？"，银行职员对此进行了回答。

在"《交际汉语2》第十二课 换钱"中我们可以看到换钱者提出了额外的要求。如例3-8：

例3-8：A（酒店前台外币兑换处）

小江：劳驾，我要换钱。

甲：请问您换多少？

小江：今天英镑与人民币的比价是多少？

甲：今天的比价是1∶13.01。

小江：请问和银行的汇率一样吗？

甲：当然一样。

小江：（自语）我换60英镑吧。

甲：请您先填一下兑换单。

小江：我可以用信用卡吗？

甲：不可以。但是您可以用旅行支票。

小江：……

甲：这是您的人民币。

小江：请问，我可以换一些硬币吗？

甲：当然可以。

小江：我喜欢集硬币。谢谢（接过硬币）。

甲：请您在这（儿）填一下您的名字。

在这则语料中小江的身份可能是旅行者，他因为"我喜欢收集硬币"

而提出了额外的要求"我可以换一些硬币吗?"这虽然也是换钱的一种,但属于同种货币之间的"以整换零",不在本文着重讨论的范围。例3-9的语料中也在换钱后出现了另外一种"以整换零"的情况:

例3-9:(出处失记)

B(银行外币兑换台)

刘明:劳驾,这(儿)可以换外币吗?

甲:可以。请问您换哪种外币?

刘明:我换美元,5000美元。

甲:请您先填一下兑换单。

刘明:今天美元对人民币的比价是多少?

甲:1:8.29。

刘明:好,比昨天换值!

甲:请问您要现钞还是旅行支票?

刘明:我要4800元旅行支票,200元现钞。

甲:好,请稍等。

刘明:劳驾,可不可以给我五张20元,10张10元的现钞。

甲:没问题。请您点一下(儿),4800元旅行支票,200元现钞。

在此换钱者刘明出于方便使用的目的提出"我要4800元旅行支票,200元现钞"、"可不可以给我五张20元,10张10元的现钞"的要求,并得到了满足。

3.1.2.3 在华商务人士

在华商务人士进行换钱的行为,其目的多是用于商务出行,通常金额较大,也会兑换旅行支票或者办理其他业务,如例3-10、3-11、3-12、3-13:

例3-10:《经贸初级汉语口语》第七课 换钱

A:小姐,我们要换钱。

B:是现金还是旅行支票?

A:是现金。

C:我的是旅行支票。

B：你们要换多少？

A：今天的汇率是多少？

B：100美元兑换789.10人民币。

A：好的，我换500美元。你换不换？

C：我不换了。

A：小姐，我刚才换了500美元的人民币。

B：有什么问题吗？

A：今天100美元兑换789.10人民币，对吗？

B：对！

A：500美元换3995.50？

B：先生，是3945.50，不是3995.50。

A：哦，是我算错了，对不起。

B：没关系。

例3-11：《商务汉语入门——日常交际篇》第8课 我要存钱

在一家银行。上午，人很少。麦克刚站在柜台前，工作人员就热情地和他打招呼。

工作人员：你好！

麦克：（因为汉语不太好有点慌乱）你好！我要存钱，还要换钱。

（工作人员等着麦克把钱递进来但麦克什么也没做）

工作人员：请给我。

麦克：什么？

工作人员：（笑）钱呀。

麦克：没有钱。

工作人员：（笑）没有钱？

麦克：有这个。（麦克才想起来从包里往外拿）

工作人员：（看）（递给麦克）支票啊。看一下你的护照。填一个单子。

麦克：（填完后）对吗？

工作人员：对。要换成人民币吗？

麦克：要，换五百美元。其他的存起来。

B

麦克去旁边的桌子上拿存款单和取款单。

工作人员：（看麦克填）红的是取款单，蓝的是存款单。

麦克：谢谢。（填完后递给工作人员）

工作人员：（指着单子）请在这里填上您的护照号码。

（麦克填好后又交给工作人员）

工作人员：请您输入密码。（麦克输密码）

工作人员：请您再输入一遍。

麦克：今天的美元汇价是多少

工作人员：（指着墙）请看墙上。

麦克：（看墙上的牌价，念）八点二九一三。

工作人员：（对麦克）这是您的存折，请拿好。这是四千一百三十五元，请数一下。这是兑换单，请拿好。

麦克：谢谢。（忙乱地整理钱和东西。）

例 3-12：《基础商务汉语——会话与应用（上）》第三课 银行
Dialogue 2 Currency Exchange 二、美元换人民币

玛丽：我想要用美元兑换人民币。

营业员：好的，请到那边的柜台填表格。这是今天的牌价。

玛丽：今天的兑换率还不错。

营业员：请问，您要用现金还是旅行支票兑换人民币？

玛丽：用现金。

营业员：要换多少钱？

玛丽：两百美元。你们除了美元，还收其他货币吗？

营业员：我们也收英镑、欧元、日元和港币、新台币。

玛丽：太好了。怎么办理手续？

营业员：请您填一下兑换表格。

玛丽：我还有一些美元想存在银行，你们有外汇存款吗？

营业员：有，我们银行提供全方位的服务。

例3-13：《商务汉语·实用口语》第二部分 商务活动 4.在雅宝路·换汇

彼得罗夫：请问，哪里可以兑换货币？

银行职员甲：前面，第三个窗口。

彼：请问今天美元对人民币的汇率是多少？

银行职员乙：1：6.8。

彼：好的，请帮我换1000美元。

银：请出示您的证件。

彼：这是我的护照。

银：请填写货币兑换单。

……

彼：您看看这样可以吗？

银：没问题，请您清点一下并签字确认。

彼：没错，谢谢。

换钱者为商务人士时的换钱场所、流程和旅游者的比较接近，其换钱目的多为进行商务出行或其他，但是因为我国的换汇政策在一般情况下外国人在华换汇是有限额的，最高限额为1000美元。该常识在我们教学过程中也应该向学习者普及。

3.1.3 参数之二：服务者

3.1.3.1 银行职员

作为正统的换钱场所，银行职员在换钱过程中出现的次数是非常多的，银行职员可大致分为两类，一类是直接为换钱者服务的银行柜员；另一类是引导换钱者进行具体换钱行为的大堂经理、保安或者咨询处人员。

A.银行柜员：银行柜员在此指代直接为换钱者服务的相关人员。如例3-14：

例3-14：《标准汉语 基础教程·口语》第十课 换三百人民币 课文二

范梅香：你好，我要换三百人民币。

服务员：您好。请问您护照带来了吗？

范梅香：带了。

服务员：请给我看一下。

范梅香：好的。

服务员：您换三百人民币是吗？

范梅香：对。

服务员：一共七十五万越盾。

范梅香：给你。

服务员：三百人民币，拿好。

范梅香：谢谢！

此处的"服务员"即"银行柜员"，整个换钱过程中"银行柜员"发挥着重要作用，与换钱者共同完成换钱行为。

B.大堂经理、保安、咨询处人员

现在银行开展的业务繁多，每个窗口、柜台分别受理不同的业务，这就催生了引导办理业务的大堂经理、保安、咨询处人员的出现。他们并不直接参与业务的办理，但会对前来办理业务者进行合理地引导。如果没有与他们进行有效地沟通，势必会影响整个换钱行为。而良好、合理的沟通可以帮助换钱者更准确、快捷地完成换钱任务，所以他们的作用也不可忽略。如例3-15：

例3-15：《汉语口语基本句（上册）》第四课 存定期还是活期

苏珊：您好，这里可以换外汇吗？

营业员：可以。您换美元还是欧元？

苏珊：美元。请问汇率是多少？

营业员：那边有今天的外汇汇率，您可以看看。

苏珊：我想换500美元。

营业员：请您先填一下这张单子。

苏珊：好的。

……

苏珊：您看可以吗？

营业员：可以。请您到3号柜台。

苏珊：谢谢。

在这则语料中的"营业员"应为咨询处人员，换钱者首先询问是否可以换外汇，在该营业员给出了肯定回答后才又进行了下一环节。如果该处不能换外汇，营业员也会告知换钱者，那么换钱者在此处的换钱行为就宣告结束。营业员协助换钱者完成了填表这一重要环节，并指引她"到3号柜台"，有效地帮助换钱者完成了换钱任务。在例3-16中我们也可以看到这种情况：

例3-16：《商务汉语·实用口语》"在雅宝路·换汇"

彼得罗夫：请问，哪里可以兑换货币？

银行职员甲：前面，第三个窗口。

彼：请问今天美元对人民币的汇率是多少？

银行职员乙：1∶6.8。

其中"银行职员甲"为大堂经理的角色，对换钱者进行引导。"银行职员乙"则是直接为换钱者服务的银行柜员。再来看例3-17中的内容：

例3-17：《你好，上海！——易学汉语》Lesson 6 In The Bank

Security man：你好，请拿号。

Tina：请问在哪里可以换钱？

Security man：请到一号窗口。请填这张单子。

在此保安（Security man）充当了指引服务者，并且是在换钱者开口前主动提供服务帮助，从他说"你好，请拿号。"就可推测，并且明晓了换钱者的目的后给出准确具体的服务地点。值得注意的是此处的保安提到了"请拿号"，这是在其他教材和语料中没有出现而在我们的现实生活中实际存在的。对比将在后文详述。

有时也会出现不是银行内部职员的人却担当了"大堂经理、咨询处人员"角色的情况，在《旅游汉语》"第十四课 换钱 在银行"中，一名导游担当了"大堂经理"的角色，为换钱者进行换钱服务的指引。如例3-18：

例3-18：游客：请问附近有银行吗？我想换点儿泰铢。

导游：有，你想用人民币换还是用美元换？

游客：用美元换，请问也可以用人民币换吗？

第三章　现代汉语换钱图式研究

导游：都可以。我们去银行换吧，在银行换，汇率要高一些。美元面值不同，兑换的汇率也不一样。大家带好护照跟我来。

（来到银行）

导游：你看，今天美元兑换泰铢的汇率是33.88，比昨天更低了。

游客：哦，真不走运啊！再低我也得换啊，我买东西要用泰铢。

导游：要换多少呢？

游客：1000美元全部换掉，应该可以换33880泰铢。

导游：这是兑换申请表，请填写姓名、护照号码什么的，写好了过来排队。

游客：写好了，今天人真多啊！我们要是早一点来就好了。

导游：现在是旅游旺季，所以游客特别多。

游客：总算轮到我了，我还有四张旅游支票，可以在这里兑换吗？

导游：可以，请在这四张支票上签个名，给我您的护照。（过了一会儿）钱换好了，一共56000泰铢，您数一下。

游客：对了，谢谢你！

导游：不客气！

该导游在此所提问、回答的语句都是以一名大堂经理的身份作答，她本身可能并没有意识到，但因为她对泰国的换钱过程非常了解，所以也可以为换钱者提供指引服务，协助他们完成换钱的行为。

3.1.3.2 服务人员

主要指宾馆、饭店的服务人员。随着国家经济政策的不断开放，一些规模较大的宾馆、饭店也可以设立货币兑换处，如此一来，可以方便人们进行兑换业务。但并不是每个酒店都有资格开展货币兑换业务。在酒店、宾馆中进行换钱时，换钱者与服务人员的交际如图3-1：

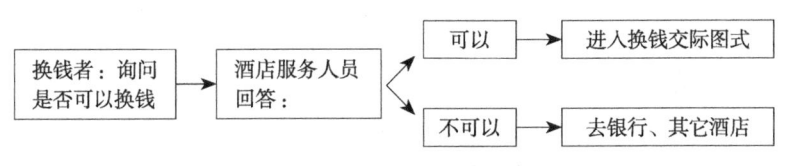

换钱者：询问是否可以换钱 → 酒店服务人员回答： → 可以 → 进入换钱交际图式
　　　　　　　　　　　　　　　　　　　　　　　　→ 不可以 → 去银行、其它酒店

图3-1：酒店换钱行为图式

我们从《体验汉语·旅游篇》中可窥见一斑，如例3-19：

例3-19：第八课 换钱第一部分

杰克：请问，在这儿可以换人民币吗？

职员：对不起，我们宾馆不能换。

杰克：哪儿可以换钱呢？

职员：中国银行，或者各大宾馆。

杰克：需要护照吗？一美元可以换多少人民币？

职员：不知道，每天的比价可能不一样。你到中国银行去问问吧。

此处的职员告知换钱者"我们宾馆不能换"，并且推荐换钱者去"中国银行，或者各大宾馆"。这时酒店职员的行为只是指引服务。而如果该宾馆、酒店可以进行兑换货币业务，酒店职员则直接为换钱者服务，共同完成换钱行为。如例3-20：

例3-20：《交际汉语2》

第十二课 换钱

A（酒店前台外币兑换处）

小江：劳驾，我要换钱。

甲：请问您换多少？

小江：今天英镑与人民币的比价是多少？

甲：今天的比价是1∶13.01。

小江：请问和银行的汇率一样吗？

甲：当然一样。

小江：（自语）我换60英镑吧。

甲：请您先填一下兑换单。

小江：我可以用信用卡吗？

甲：不可以。但是您可以用旅行支票。

小江：……

甲：这是您的人民币。

小江：请问，我可以换一些硬币吗？

甲：当然可以。

小江：我喜欢集硬币。谢谢（接过硬币）。

甲：请您在这（儿）填一下您的名字。

例3-21：《汉语会话301句》

我要去换钱。

85、钱都花了。

86、听说，饭店里可以换钱。

87、这儿能不能换钱？

88、您带的什么钱？

89、请您写一下儿钱数。

90、请数一数。

91、时间不早了。

92、我们快走吧！

例3-22：《交际汉语2》

1

玛丽：钱都花了，我没钱了。我要去换钱。

大卫：听说，饭店里可以换钱。

玛丽：我们去问问吧。

2

玛丽：请问这儿能不能换钱？

营业员：能。您带的什么钱？

玛丽：美元。

营业员：换多少？

玛丽：五百美元。一美元换多少人民币？

营业员：八块二毛一。请您写一下儿钱数。再写一下儿名字。

玛丽：这样写，对不对？

营业员：对。给您钱，请数一数。

玛丽：谢谢！

大卫：时间不早了，我们快走吧

在例3-21《汉语会话301句》、例3-22《交际汉语2》中的两则语料即是换钱者和酒店职员共同完成了换钱行为。

3.1.4 参数之三：换钱场所

换钱是留学生在华日常生活中一定会遇到的情况，并且很多时候出现在他们刚刚抵达的时候，用所持货币兑换人民币。当然，根据换钱者换钱目的的不同，进行兑换的也可能是其它币种。而选择哪些场所进行换钱行为则是我们在此需要讨论的。

根据教材和实地考察发现，可以进行换钱的场所有：银行、机场和海关、大酒店/饭店的兑换处、其它地点（包括街上的小规模兑换店、ATM机）。而这些换钱场所出现在教材中的频率差别非常大，笔者查阅了24本教材，搜集了约26则语料，分析结尾如下图所示：

各换钱场所出现次数表

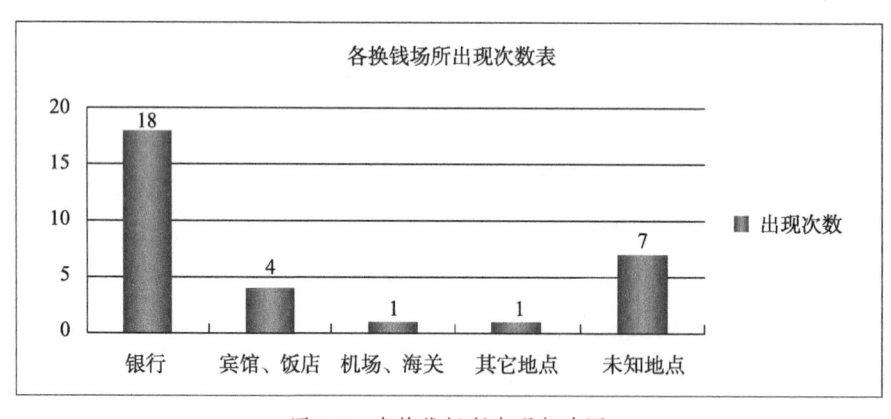

场所	出现次数
银行	18
宾馆、饭店	4
机场、海关	1
其它地点	1
未知地点	7

图3-2：各换钱场所出现频次图

由图3-2可知，教材在选编过程中倾向于将换钱交际项目行为放在"银行""宾馆、饭店"这些场所中。"其它地点"中包括街上的小规模兑换店、ATM机，但在我们搜集的24本教材、26则语料中仅出现了1次。

3.1.4.1 银行

其中银行出现的次数最多，一共出现了18次，参见例3-23至38：

例3-23：《汉语口语基本句（上册）》第四课 存定期还是活期

课文一

苏珊：老师，哪里可以换人民币？

王老师：银行或酒店都可以。

苏珊：学校里不行吗？

王老师：学校里的银行不能换外汇。

苏珊：酒店和银行的汇率一样吗？

王老师：我想是一样的。

苏珊：哪个银行最近呢？

王老师：学校外面就有个中国银行。

苏珊：您说的是东门外面的吗？

王老师：对，走路10分钟左右就到了。

课文二

苏珊：您好，这里可以换外汇吗？

营业员：可以。您换美元还是欧元？

苏珊：美元。请问汇率是多少？

营业员：那边有今天的外汇汇率，您可以看看。

苏珊：我想换500美元。

营业员：请您先填一下这张单子。

苏珊：好的。

……

苏珊：您看可以吗？

营业员：可以。请您到3号柜台。

苏珊：谢谢。

例3-24：《标准汉语 基础教程·口语》第十课 换三百人民币

课文一

范梅香：中明，你上午有事吗？

王中明：没事啊。

范梅香：我想去银行换钱。

王中明：哦，你要换多少钱啊？

范梅香：越盾换人民币，怎么换啊？

王中明：两千五百越盾换一元。

范梅香：我换三百人民币。

……

课文二

范梅香：你好，我要换三百人民币。

服务员：您好。请问您护照带来了吗？

范梅香：带了。

服务员：请给我看一下。

范梅香：好的。

服务员：您换三百人民币是吗？

范梅香：对。

服务员：一共七十五万越盾。

范梅香：给你。

服务员：三百人民币，拿好。

范梅香：谢谢！

以上两则语料是在换钱行为进行前向他人询问的情况，被询问者一般会建议换钱者去银行，或者陪同。

"《交际汉语2》第十二课换钱"中出现了A、B两篇课文，B篇是在银行兑换，A篇是在酒店兑换。同时也给出了两个常用的不同场景，可以让学生体会其中的不同。见例3-25。

例3-25：《交际汉语2》第十二课 换钱

B

（银行外币兑换台）

刘明：劳驾，这（儿）可以换外币吗？

甲：可以。请问您换哪种外币？

刘明：我换美元，5000美元。

甲：请您先填一下兑换单。

刘明：今天美元对人民币的比价是多少？

甲：1∶8.29。

刘明：好，比昨天换值！

甲：请问您要现钞还是旅行支票？

刘明：我要4800元旅行支票，200元现钞。

甲：好，请稍等。

刘明：劳驾，可不可以给我五张20元，10张10元的现钞。

甲：没问题。请您点一下（儿），4800元旅行支票，200元现钞。

例3-26：《学说中国话》第十课 换钱

1 在银行

A：您好！

B：您好！我想换钱。

A：您换什么钱？

B：我有美元，换人民币。今天美元的汇率是多少？

A：一美元换人民币八块一毛。您换多少美元？

B：二百美元。

A：请给我您的护照。请在这儿签名。

B：好的。

A：这是一千六百二十块。请您数数。

B：正好。谢谢。

2

A：您好！我想换一百块零钱。

B：换什么零钱？

A：请换十张十块钱，行吗？

B：可以，给您。

A：谢谢

在例3-26语料中，课文1中给出了在银行场所进行换钱的完整交际行为图式,在课文2中的换钱则是同币种的"以整换零。这跟本文所研究的不同货币之间的兑换不同,但有时候换钱者会在换钱过程中提出额外的、诸如此类的要求,我们在后文会分析到。

例3-27:《商务汉语·实用口语》4、在雅宝路·换汇

彼得罗夫:请问,哪里可以兑换货币?

银行职员甲:前面,第三个窗口。

彼:请问今天美元对人民币的汇率是多少?

银行职员乙:1:6.8。

彼:好的,请帮我换1000美元。

银:请出示您的证件。

彼:这是我的护照。

银:请填写货币兑换单。

……

彼:您看看这样可以吗?

银:没问题,请您清点一下并签字确认。

彼:没错,谢谢。

例3-28:《情景汉语》第五课 在银行

【情景会话】(一)

林志浩:我想开一个本外币兑换的账户。

职员:请填一下单子。

林志浩:怎么写?

职员:在这儿写一下您的姓名、地址和护照号码。在这儿签一下名。

林志浩:这样写对吗?

职员:对。请输一下密码。

林志浩:好。

职员:您的存折办好了。

林志浩:谢谢。

【情景会话】（二）

金秀珍：我有韩国汇款，到了吗？

职员：什么时候寄的？

金秀珍：一个星期了。

职员：到了，取美元还是换成人民币？

金秀珍：换成人民币，今天的汇率是多少？

职员：1比6.52，给您钱，请数数。

金秀珍：正好，谢谢！

例3-29：《新丝路汉语》第十三篇 银行 话题四 兑换

请给我兑换五万索姆的人民币。

今天的比价是多少？

我换一万元人民币。

能不能把这张旅行支票换成现金？

【情景会话】

（达哈尼在银行）

达哈尼：请问，这里可以存外币吗？

银行职员：可以。

达哈尼：我想先开个活期存款的户头。

银行职员：请给我看一下您的护照。

达哈尼：我还想办张储蓄卡，可以吗？

银行职员：当然可以。

例3-30：《体验汉语·旅游篇》第八课 换钱 第一部分

杰克：请问，在这儿可以换人民币吗？

职员：对不起，我们宾馆不能换。

杰克：哪儿可以换钱呢？

职员：中国银行，或者各大宾馆。

杰克：需要护照吗？一美元可以换多少人民币？

职员：不知道，每天的比价可能不一样。你到中国银行去问问吧。

第二部分

杰克：请问，美元和人民币的比价是多少？

职员：今天的比价是1∶8.06。

杰克：一美元能换多少人民币？

职员：八块零六分。您要换多少？

杰克：300美元。

职员：一共是2418块人民币。您数一下儿。

杰克：对。如果我回国时还剩下人民币，怎么办？

职员：您可以把剩下的人民币再换成美元。

例3-31：《汉语教程·第一册（上）》第九课 我换人民币

娜塔莎：下午我去图书馆，你去不去？

萨沙：我不去。我要去银行换钱。

（在中国银行换钱）

萨沙：小姐，我换钱。

营业员：您换什么钱？

萨沙：我换人民币。

营业员：换多少？

萨沙：二百美元。

营业员：请等一会儿……先生，给您钱。请数数。

萨沙：对了。谢谢。

营业员：不客气。

例3-32：《EEC中文快易通》第十五课 兑换人民币

A：请问，在哪儿可以换人民币？

B：在银行、饭店或者机场。

A：今天的兑换率是多少？

B：听说一美元兑换六块八毛人民币。

A：我换五百美元的人民币。

B：这是三千四百二十元。

A：谢谢。

交际会话：

1、A：请问，在哪儿可以换人民币？

B：在饭店就可以。

A：是吗？今天的兑换率是多少？

B：听说一美元可以换七块人民币。

2、A：我想换人民币。

B：你可以在中国银行换。

A：可以在机场换吗？

B：也可以。

3、A：可以在饭店换欧元吗？

B：可以。你换多少？

A：我换五百块。

B：好。

4、A：这里可以换英镑吗？

B：对不起，不可以。

A：在哪儿可以换？

B：你可以在中国银行换。

例3-33：《体验汉语·口语教程》第八课 用美元换人民币

情景：

欧文：您好，我要换钱。

职员：您换什么钱？

欧文：用美元换人民币。一美元换多少人民币？

职员：六块八毛二。

欧文：我换五百美元。

职员：这是三千四百一十元人民币。

·41·

| 现代汉语常见行为图式结构研究

欧文：请问除了银行，别的地方可以换钱吗？
职员：比较大的酒店也可以。

例3-34：《旅游汉语》第十四课 换 钱

在银行

游客：请问附近有银行吗？我想换点儿泰铢。

导游：有，你想用人民币换还是用美元换？

游客：用美元换，请问也可以用人民币换吗？

导游：都可以。我们去银行换吧，在银行换，汇率要高一些。美元面值不同，兑换的汇率也不一样。大家带好护照跟我来。

（来到银行）

导游：你看，今天美元兑换泰铢的汇率是33.88，比昨天更低了。

游客：哦，真不走运啊！再低我也得换啊，我买东西要用泰铢。

导游：要换多少呢？

游客：1000美元全部换掉，应该可以换33880泰铢。

导游：这是兑换申请表，请填写姓名、护照号码什么的，写好了过来排队。

游客：写好了，今天人真多啊！我们要是早一点来就好了。

导游：现在是旅游旺季，所以游客特别多。

游客：总算轮到我了，我还有四张旅游支票，可以在这里兑换吗？

导游：可以，请在这四张支票上签个名，给我您的护照。钱换好了，一共56000泰铢，您数一下。

游客：对了，谢谢你！

导游：不客气。

在上一则语料中，只出现了导游和游客，导游协助游客完成了换钱行为，但并不是说没有"银行职员"，只是在这里银行服务人员成为了必有隐性因素。

例3-35：《你好，上海！——易学汉语》Lesson 6 In The Bank

Security man：你好，请拿号。

Tina：请问在哪里可以换钱？

Security man：请到一号窗口。请填这张单子。

（At No.1 counter）

Clerk：下午好！

Tina：你好，我想把欧元换成人民币。

Clerk：您换多少？

Tina：两百欧元。现在的汇率是多少？

Clerk：十点五。一共两千一百块，请拿好。

Tina：请看看里面还有多少钱？

Clerk：好了，给您。

Tina：谢谢，再见！

例3-36：《旅游汉语1》第八课 换钱

黄人豪：明天咱们去哪儿吃饭？

雪梅：你说呢？是在饭店吃还是出去吃？

黄人豪：还是出去吃吧。哎，咱们吃涮羊肉怎么样？

雪梅：好！

黄人豪：我想还是应该先预定一下儿。

雪梅：对，我们还应该去换钱。

黄人豪：咱们一起去吧。

雪梅：嗯，好。

银行人员：您好，请问办理什么业务？

黄人豪：您好，我想用美元换人民币。

银行人员：请填一下儿这张单子。

黄人豪：今天的汇率是多少？

银行人员：美元的卖出价是8.26。

黄人豪：哦，换500美元吧。

银行人员：请给我看看您的护照。

黄人豪：好。

| 现代汉语常见行为图式结构研究

银行人员：请在这张单子上签字。

黄人豪：好的。在哪儿签呀？

银行人员：右下角。

雪梅：这里。

银行人员：这是您换的人民币，您点一下儿。

黄人豪：没问题，谢谢！

银行人员：不客气。

例3-37：《实用中文》第十二课 在银行

先生：小姐，一美元换多少人民币？

营业员：一美元换六元八角二分人民币。你要换多少？

先生：我换三百美元。

营业员：一共是两千零四十六元。

先生：我还要开一个账户。

营业员：请先填写申请单。

先生：填好了。

营业员：请把你的护照给我看一下。

先生：我还要存钱。

营业员：存多少？

先生：我存两千元人民币。

营业员：好了，这是你的存折。

先生：非常感谢！

例3-38：《新的中国》第七课 去银行换钱

在银行里

学生：小姐，在哪儿能换人民币啊？

职员：二楼，五号窗口。

……

学生：先生，是我先到的，请您排队。

顾客：队在哪儿啊？我在这儿等了半天了。

学生：我也等了半天了。您刚才不是在我后头吗？

顾客：我有急事，我得先办。

学生：谁不急呢？您还是排队吧！

……

学生：小姐，我要换五百块美元。

职员：先填单子。

学生：填好了。这样儿行吗？

职员：您要换现金还是旅行支票？

学生：旅行支票。

职员：请您在支票上签字。有护照吗？

学生：有。这是我的支票。字也签好了。

职员：这是您的钱。请您点清楚。

3.1.4.2 宾馆、饭店

在饭店、宾馆这些场所，一般是不会出现关于"柜台、窗口、开户、存款、汇款"等相关词语的。在本文搜集的语料中一些人也会选择饭店、宾馆等场所进行换钱，一共出现了4次：

例3-39：《交际汉语2》第十二课 换钱

A（酒店前台外币兑换处）

小江：劳驾，我要换钱。

甲：请问您换多少？

小江：今天英镑与人民币的比价是多少？

甲：今天的比价是1：13.01。

小江：请问和银行的汇率一样吗？

甲：当然一样。

小江：（自语）我换60英镑吧。

甲：请您先填一下兑换单。

小江：我可以用信用卡吗？

甲：不可以。但是您可以用旅行支票。

小江：……

甲：这是您的人民币。

小江：请问，我可以换一些硬币吗？

甲：当然可以。

小江：我喜欢集硬币。谢谢（接过硬币）。

甲：请您在这（儿）填一下您的名字。

例3-40：《汉语会话301句》我要去换钱

85、钱都花了。

86、听说，饭店里可以换钱。

87、这儿能不能换钱？

88、您带的什么钱？

89、请您写一下儿钱数。

90、请数一数。

91、时间不早了。

92、我们快走吧！

会话

1

玛丽：钱都花了，我没钱了。我要去换钱。

大卫：听说，饭店里可以换钱。

玛丽：我们去问问吧。

2

玛丽：请问这儿能不能换钱？

营业员：能。您带的什么钱？

玛丽：美元。

营业员：换多少？

玛丽：五百美元。一美元换多少人民币？

营业员：八块二毛一。请您写一下儿钱数。再写一下儿名字。

玛丽：这样写，对不对？

营业员：对。给您钱，请数一数。

玛丽：谢谢！

大卫：时间不早了，我们快走吧。

例3-41：《体验汉语·旅游篇》第八课 换钱

会话

杰克：请问，在这儿可以换人民币吗？

职员：对不起，我们宾馆不能换。

杰克：哪儿可以换钱呢？

职员：中国银行，或者各大宾馆。

杰克：需要护照吗？一美元可以换多少人民币？

职员：不知道，每天的比价可能不一样。你到中国银行去问问吧。

例3-42：《EEC中文快易通》第十五课 兑换人民币

句子

A：请问，在哪儿可以换人民币？

B：在银行、饭店或者机场。

3.1.4.3 机场、海关

在"机场、海关"这些地点基本没有出现完整的换钱交际行为图式，只是在谈话间涉及到，如例3-43：

例3-43：《EEC中文快易通》第十五课 兑换人民币

句子：

A：请问，在哪儿可以换人民币？

B：在银行、饭店或者机场。

交际会话：

2、A：我想换人民币。

B：你可以在中国银行换。

A：可以在机场换吗？

B：也可以。

机场换钱者很少，原因有以下几点：1、机场的汇率低；2、大部分人会在本国兑换一部分目标国货币；3、一些人表示在机场行李等物件太多，再到柜台进行换钱不方便；4、机场有比较完善的ATM机服务系统，部分人会选择通过ATM机直接兑换目标货币。

3.1.4.4 其它地点

包括兑换店、ATM机等。如例3-44：

例3-44:《旅游汉语》第十四课 换钱

在ATM

游客：我的泰铢不够用了，我想用人民币换泰铢，请问这里有ATM吗？

导游：有的，从这里直走，到了第一个路口左转，那里就有一个。你的银行卡是从中国带来的吧？

游客：是的，是中国的银联卡，可以用吗？

导游：有银联标志的ATM就可以用银联卡，如果卡里有人民币，按照汇率算成泰铢，显示的也是泰铢。

游客：您知道今天的汇率是多少吗？

导游：每天的汇率不一样，你可以先取出一部分泰铢，就可以算出汇率了。

游客：我去试试看。

（游客取出泰铢后。）

游客：我算出来了，今天的汇率是4.91，比昨天低了0.3。

导游：前天比昨天还高呢，前天是6.53。

游客：我要是昨天来换钱就好了。

在此次换钱交际行为中ATM机是换钱服务者的化身，整个过程中是采用"人机对话"的方式完成了该次的换钱行为。所以ATM机既是换钱的场所也是换钱的服务者。而此时换钱者需要掌握的是可以阅读ATM机上的指示性话语，完成整个换钱过程。如果在ATM机对话框中有"选择语言"一项，并且有换钱者的母语可供选择，则此次换钱行为在图式结构上将会进行地比较顺利。

3.1.4.5 未知地点

"未知地点"是在所分析的语料中没有明确标出是在何地换钱并且无法推测的一些换钱场所,此类主要侧重于常用语句和核心词语的教学,如例3-45至49:

例3-45:《汉语900句》

您要办理什么业务?

这儿可以换钱吗?

您用现金还是支票?

您换多少?

现在的汇率是多少?

1比8.03。

100美元换803元人民币。

美元又跌了。

要是上个星期换就好了。

其实也差不了多少。

真后悔。

例3-46:《体验汉语100句·生活类》我想把欧元换成人民币。

·我想把欧元换成人民币。

·换多少?

·500欧元。

我想把_____换成人民币。 美元 日元 英镑

例3-47:《成功商务汉语》第五课 换钱

A:您好,有事吗?

B:我想兑换500美元。

A:好的,给你。

B:谢谢!

例3-48：《汉语综合教程1》
营业员：先生，您要办什么业务？
维卡：这儿能换钱吧？
营业员：能。您要换什么钱？
维卡：用美元换人民币。
营业员：换多少？
维卡：500美元。今天的牌价是多少？
营业员：1美元换6.85元人民币。
维卡：谢谢。给你钱，500美元。
营业员：好的。正好500美元。您带护照了吗？
维卡：带了，给你。
营业员：给您钱，3425元人民币，请数好。
维卡：谢谢！

例3-49：《汉语常用口语句典》
你想换什么钱？
我想把美元换成人民币。
你带什么身份证明了没有？
带了。这是我的护照。
请把您的护照给我看一下，好吗？
当然可以。
请给我换一些人民币，好吗？
没问题。你想换多少？
1000美元。
我想把汇款全部换成人民币。
请您在这儿签一下字。这是1420元。
美元对人民币的兑换率是多少？
一美元兑换5块1。
你能不能告诉我今天的汇率？

当然可以。一美元换6.253元人民币。

在这些语料中并没有涉及到具体的换钱场所，只是给出了一些交际性的常用句型，用意是只要让学生掌握了该句型和核心词语，就可以进行简单的换钱行为，此类地点多默认为银行。

笔者认为，换钱场所的不同会影响换钱者的语句表达形式，并且在学习过程中，这些单独的、不成语篇的句型并不见得可以有效地帮助学生掌握。不光是换钱，还有其他一些日常交际行为，它们都不是仅仅靠一句话就可以完成的，很多时候是环环相扣，构成了一个完整的图式结构。而每一环都有自己存在的意义，如果在某一环断裂，交际者不知该如何表达或者表达错误，都会影响整个交际图式的完整进行。在以单句为基础的教学过程中辅以完整的情景教学法，有助于学生建立完整的交际图式结构。

换钱场所的不同会影响换钱者的语句表达形式。在一个没有明确标出具体换钱场所的语段对话中，我们可以通过交谈内容来判断该语段发生在哪里。如例3-50：

例3-50：《汉语口语基本句（上册）》第四课 存定期还是活期

课文二

苏珊：您好，这里可以换外汇吗？

营业员：可以。您换美元还是欧元？

苏珊：美元。请问汇率是多少？

营业员：那边有今天的外汇汇率，您可以看看。

苏珊：我想换500美元。

营业员：请您先填一下这张单子。

苏珊：好的。

……

苏珊：您看可以吗？

营业员：可以。请您到3号柜台。

苏珊：谢谢。

在此则语料中最后营业员说"可以。请您到3号柜台。"，我们通过这句话可以推断出该语段是发生在银行。一般情况下，换钱过程中在银行才会有X号柜台、X号窗口。如例3-51至52：

例3-51：《新的中国》

第七课 去银行换钱

在银行里

学生：小姐，在哪儿能换人民币啊？

职员：二楼，五号窗口。

……

例3-52：《你好，上海！——易学汉语》Lesson 6 In The Bank

Security man：你好，请拿号。

Tina：请问在哪里可以换钱？

Security man：请到一号窗口。请填这张单子。

有时候会直接出现"银行人员"，提示该语段发生在银行。如例3-53：

例3-53：《旅游汉语1》第八课 换钱

银行人员：您好，请问办理什么业务？

黄人豪：您好，我想用美元换人民币。

银行人员：请填一下儿这张单子。

黄人豪：今天的汇率是多少？

银行人员：美元的卖出价是8.26。

黄人豪：哦，换500美元吧。

银行人员：请给我看看您的护照。

黄人豪：好。

银行人员：请在这张单子上签字。

黄人豪：好的。在哪儿签呀？

银行人员：右下角。

雪梅：这里。

银行人员：这是您换的人民币，您点一下儿。

黄人豪：没问题，谢谢。

银行人员：不客气。

还有一些业务是只有银行才能提供的，我们可以通过是否有这些业务来判断语段发生在哪里，如开户、存款、汇款、转账等，一般是银行的经营范围，如例3-54至56：

例3-54：《实用中文》第十二课 在银行

对话

先生：小姐，一美元换多少人民币？

营业员：一美元换六元八角二分人民币。你要换多少？

先生：我换三百美元。

营业员：一共是两千零四十六元。

先生：我还要开一个账户。

营业员：请先填写申请单。

先生：填好了。

营业员：请把你的护照给我看一下。

先生：我还要存钱。

营业员：存多少？

先生：我存两千元人民币。

营业员：好了，这是你的存折。

先生：非常感谢。

例3-55：《情景汉语》第五课 在银行

【情景会话】

林志浩：我想开一个本外币兑换的账户。

职员：请填一下单子。

林志浩：怎么写？

职员：在这儿写一下您的姓名、地址和护照号码。在这儿签一下名。

林志浩：这样写对吗？

职员：对。请输一下密码。

林志浩：好。

· 53 ·

职员：您的存折办好了。

林志浩：谢谢。

【情景会话】

金秀珍：我有韩国汇款，到了吗？

职员：什么时候寄的？

金秀珍：一个星期了。

职员：到了，取美元还是换成人民币？

金秀珍：换成人民币，今天的汇率是多少？

职员：1比6.52，给您钱，请数数。

金秀珍：正好，谢谢。

例3-56：《新丝路汉语》第十三篇 银行 话题四 兑换

请给我兑换五万索姆的人民币。

今天的比价是多少？

我换一万元人民币。

能不能把这张旅行支票换成现金？

【情景会话】

（达哈尼在银行）

达哈尼：请问，这里可以存外币吗？

银行职员：可以。

达哈尼：我想先开个活期存款的户头。

银行职员：请给我看一下您的护照。

达哈尼：我还想办张储蓄卡，可以吗？

银行职员：当然可以。

"开户"、"存款"等业务是银行专有的，我们可通过这些业务判断出换线行为发生在银行。

3.1.5 参数之四：汇率

尽管汇率是非常重要的参数之一，但它并不是在每次换钱交际行为中都会被提及，在某些时候完全不需要提及汇率也可以成功地完成换钱交际图式行为。如例3-57至58：

例3-57：《新丝路汉语》第十三篇 银行 话题四 兑换

请给我兑换五万索姆的人民币。

今天的比价是多少？

我换一万元人民币。

能不能把这张旅行支票换成现金？

例3-58：《体验汉语100句·生活类》

96.我想把欧元换成人民币。

·我想把欧元换成人民币。

·换多少？

·500欧元。

我想把_____换成人民币。 美元 日元 英镑

以上两则语料明显是侧重于常用语句的教学，但并没有涉及到有关汇率的语句。而在《汉语教程·第一册（上）》、《成功商务汉语》、《新的中国》中都出现了没有涉及到汇率也完成了完整换钱图式行为的结构模式，如例3-59至61。

例3-59：《汉语教程·第一册（上）》第九课 我换人民币

娜塔莎：下午我去图书馆，你去不去？

萨沙：我不去。我要去银行换钱。

（在中国银行换钱）

萨沙：小姐，我换钱。

营业员：您换什么钱？

萨沙：我换人民币。

营业员：换多少？

萨沙：二百美元。

营业员：请等一会儿……先生，给您钱。请数数。

萨沙：对了。谢谢。

营业员：不客气。

例3-60：《成功商务汉语》第五课 换钱

A：先生，我要换钱。

B：好的，您要兑换多少？

A：我想兑换500美元。

B：好的，给你。

A：谢谢！

例3-61：《新的中国》第七课 去银行换钱

（在银行里）

学生：小姐，我要换五百美元。

职员：先填单子。

学生：填好了。这样儿行吗？

职员：您要换现金还是旅行支票？

学生：旅行支票。

职员：请您在支票上签字。有护照吗？

学生：有。这是我的支票。字也签好了。

职员：这是您的钱。请您点清楚。

虽然在以上换钱的过程中并没有出现汇率，但汇率作为换钱行为中不可或缺的重要因素仍在影响着整个换钱行为，我们不妨将其称为"必有隐性参数"，即一定会影响整个图式行为但不一定明显出现的参数。

影响换钱的参数有很多，其中汇率的高低直接决定了兑换后的钱数的多少。汇率不是一成不变的，它基本上每时每刻都在变化，时高时低。在汇率较低的时候进行换钱，如果有高汇率的对比，会引起换钱者的"评价"。

汇率表达方式可大致分为文字式、数字式、文字数字混合式三种。见表3-2：

表3-2：汇率表达方式归纳表

文字式		
	例句	教材
1	越盾换人民币，怎么换啊？ 两千五百越盾换一元。	《标准汉语 基础教程·口语》世界图书出版社 第十课 换三百人民币 课文一
2	今天美元的汇率是多少？ 一美元换人民币八块一毛。	《学说中国话》外语教学与研究出版社 第十课 换钱1在银行
3	一美元可以换多少人民币？	《汉语100句》上海外语教育出版社
4	22、今天卢布对美元的汇率是……？	《汉语快速通》天津科学出版社
5	一美元换多少人民币？ 八块二毛一。	《汉语会话301句》北京语言大学出版社 我要去换钱。
6	今天的兑换率是多少？ 听说一美元兑换六块八毛人民币。	《EEC中文快易通》（出版社信息失记）第十五课 兑换人民币
7	一美元换多少人民币？ 六块八毛二。	《体验汉语·口语教程》高等教育出版社 第八课 用美元换人民币
8	现在的汇率是多少？ 十点五。	《你好，上海！——易学汉语》人民教育出版社 Lesson 6 In The Bank
9	一美元换多少人民币？ 一美元换六元八角二分人民币。	《实用中文》华东师范大学出版社 第十二课 在银行 对话
数字式		
	例句	教材
1	今天英镑与人民币的比价是多少？ 今天的比价是1：13.01 。	《交际汉语2》科学普及出版社 第十二课 换钱A
2	今天美元对人民币的比价是多少？ 1：8.29 。	《交际汉语2》科学普及出版社 第十二课 换钱B
3	请问今天美元对人民币的汇率是多少？ 6.8：1 。	《商务汉语·实用口语》对外经济贸易大学出版社 4.在雅宝路·换汇
4	今天的汇率是4.91，比昨天低了0.3 。 今天美元兑换泰铢的汇率是33.88 。	《旅游汉语》（出版社信息失记）第十四课 换 钱
5	今天的汇率是多少？ 美元的卖出价是8.26 。	《旅游汉语1》（出版社信息失记）第八课 换钱

续表

\multicolumn{3}{c}{文字数字混合式}
	例句	教材
1	556. 1比8.03. 557. 100美元换803元人民币。	《汉语900句》外语教学与研究出版社
2	今天的汇率是多少？ 1比6.52。	《情景汉语》东北林业大学出版社 第五课 在银行
3	美元和人民币的比价是多少？ 今天的比价是1：8.06。	《体验汉语·旅游篇》高等教育出版社 第八课 换钱
4	今天的牌价是多少？ 1美元换6.85元人民币。	《汉语综合教程1》高等教育出版社
5	美元对人民币的兑换率是多少？ 一美元兑换5块1。	《汉语常用口语句典》北京大学出版社 3.换钱

（注：本表所做统计仅基于所搜集的24本教材、26则语料）

3.1.6 参数小结

3.1.6.1 参数的关系

上述这些参数之间互相影响、互相作用，并不是孤立存在的。汇率的高低会影响换钱者的评价，如果首次换钱场所的选择无法进行会寻找下一个场所，换钱者和服务者之间的交流等，这些都无不说明各个参数之间互相影响。

3.1.6.2 参数的权重

不同的交际情景下不同参数的权重也是不同的。如，在大部分发生在银行的换钱行为中银行柜员起的作用非常重要，超过大堂经理和保安。但在ATM机处换钱，银行柜员的作用则被机器代替。换钱者如果经常换钱，对汇率了解，则不会再询问汇率，此时汇率的作用也不甚重要。

综上，我们不能只着重教授某一部分的参数，而是要对所有的参数都有所涉及，讲解清楚，最好能在教学过程中体现出不同的交际情景中各参数的不同权重分配情况。

3.2 换钱总图式

3.2.1 概述

所谓换钱总图式是指在该图式所有环节均出现的图式结构。在此图式中往往只出现换钱者、服务者两种人，两者共同完成换钱行为后互相礼貌致谢，整个交际行为结束。其基本环节如图3-3所示：

换钱之前 → 进行换钱 → 换后致谢

图3-3 换钱总图式

当然，在实际生活中并不是所有环节都出现，因此总图式结构也有许多变化图式结构，后文中将详细阐述。换钱的总图式结构环节比较系统，是在实际教学中学习者最先应该掌握的部分。如例3-62至64：

例3-62：《交际汉语2》第十二课 换钱

B

（银行外币兑换台）

刘明：劳驾，这（儿）可以换外币吗？

甲：可以。请问您换哪种外币？

刘明：我换美元，5000美元。

例3-63：《体验汉语100句·生活类》

95.我想把欧元换成人民币。

·我想把欧元换成人民币。

·换多少？

·500欧元。

我想把_____换成人民币。　美元　日元　英镑

例3-64：《汉语综合教程1》

营业员：先生，您要办什么业务？

维卡：这儿能换钱吧？

营业员：能。您要换什么钱？

维卡：用美元换人民币。

营业员：换多少？

维卡：500美元。……

例3-62是换钱者主动询问是否可以换钱，得到肯定回答后继续进行换钱行为；例3-63是换钱者主动陈述自己的意愿，服务者在此基础上再发问，推动进入下一个环节；例3-64是服务者主动发问，换钱者进行回答或者确认性的发问，然后进入下一个环节，直至完成整个交际活动。

3.2.2 环节之一：换钱之前

在"换钱之前"环节里包含了很多细节，涉及到"询问换钱场所"和"是否可以换钱"。针对这种情况，下面对其进行了分类整理。

3.2.2.1 询问换钱场所

换钱者首先要确定的是"哪里可以换钱"。询问的对象包括老师、同学、朋友、酒店服务员、银行服务人员等。向老师、同学、朋友、酒店服务员询问换钱场所时一般得到的是比较概括的回答：如某银行、某酒店，见例3-65至69：

例3-65：《汉语口语基本句（上册）》第四课 存定期还是活期

课文一

苏珊：老师，哪里可以换人民币？

王老师：银行或酒店都可以。

苏珊：学校里不行吗？

王老师：学校里的银行不能换外汇。

例3-66：《汉语会话301句》我要去换钱

会话

1
玛丽：钱都花了，我没钱了。我要去换钱。
大卫：听说，饭店里可以换钱。
玛丽：我们去问问吧。

例3-67：《体验汉语·旅游篇》第八课 换钱 第一部分
会话
杰克：请问，在这儿可以换人民币吗？
职员：对不起，我们宾馆不能换。
杰克：哪儿可以换钱呢？
职员：中国银行，或者各大宾馆。

例3-68：《EEC中文快易通》第十五课 兑换人民币
A：请问，在哪儿可以换人民币？
B：在银行、饭店或者机场。

例3-68：《EEC中文快易通》第十五课 兑换人民币
1、A：请问，在哪儿可以换人民币？
B：在饭店就可以。
……

例3-69：《体验汉语·口语教程》
第八课 用美元换人民币
情景
欧文：请问除了银行，别的地方可以换钱吗？
职员：比较大的酒店也可以。

例3-67和例3-68询问的对象基本上为老师、同学、朋友、酒店服务人员，例3-69虽然询问的是银行职员，但是在换钱结束后询问是否还有别的换钱场所，职员给出的答案也是比较概括的"比较大的酒店也可以"。

询问所得到的基本上是比较概括的回答。一般情况下，如果询问的是银行里的服务人员，则有期望得到比较具体的回答。如例3-70至72：

例3-70：《商务汉语·实用口语》4.在雅宝路·换汇
彼得罗夫：请问，哪里可以兑换货币？
银行职员甲：前面，第三个窗口。

例3-71：《你好，上海！——易学汉语》Lesson 6 In The Bank
Security man：你好，请拿号。
Tina：请问在哪里可以换钱？
Security man：请到一号窗口。请填这张单子。

例3-72：《新的中国》第七课 去银行换钱 在银行里
学生：小姐，在哪儿能换人民币啊？
职员：二楼，五号窗口。

以上3例语料均是换钱者在银行内向服务人员询问哪里可以换钱，得到的回答具体到某柜台、某窗口。并且此时的银行服务人员和最后与换钱者直接服务的人员往往不是同一个人。

3.2.2.2 询问可否换钱

换钱场所如果有换钱标志"¥"的，可能会省略这一询问，直接进入换钱环节。换钱总图式里的该环节一般是换钱者直接询问"这里是否可以换钱"，服务者回答"可以"，然后进行换钱，但在实际生活中，并不总是换钱者主动发问，有时候服务者也会发问。询问包括以下几种情况：

一是换钱者直接询问某场所是否可以换钱。换钱者的询问不只局限于参与换钱行为的银行职员、酒店宾馆职员，也可以是身边的老师、同学、朋友、导游等人。这种情况往往和询问场所的环节糅合在一起。

二是换钱者用陈述语句告知服务者"我要换钱"。服务者二次询问"您要换什么钱？您要换多少？"这种情况一般发生在银行里，或已经确定可以换钱的酒店里。

三是服务者主动发问，换钱者回答。下面分别举例说明。

第三章 现代汉语换钱图式研究

首先是换钱者直接询问某场所是否可以换钱，如例3-73至83：

例3-73：《汉语900句》
556、这儿可以换钱吗？

例3-74：《汉语口语基本句（上册）》第四课 存定期还是活期
课文一
苏珊：老师，哪里可以换人民币？
王老师：银行或酒店都可以。
……
课文二
苏珊：您好，这里可以换外汇吗？
营业员：可以。您换美元还是欧元？
……

例3-75：《交际汉语2》第十二课 换钱
B
（银行外币兑换台）
刘明：劳驾，这（儿）可以换外币吗？
甲：可以。请问您换哪种外币？
……

例3-76：《商务汉语·实用口语》4.在雅宝路·换汇
彼得罗夫：请问，哪里可以兑换货币？
银行职员甲：前面，第三个窗口。

例3-77：《汉语快速通》
20.你们这里能兑换外币吗？

· 63 ·

例3-78:《汉语会话301句》我要去换钱。
会话
2
玛丽:请问这儿能不能换钱?
营业员:能。您带的什么钱?

例3-79:《体验汉语·旅游篇》第八课 换钱第一部分
会话
杰克:请问,在这儿可以换人民币吗?
职员:对不起,我们宾馆不能换。
杰克:哪儿可以换钱呢?
职员:中国银行,或者各大宾馆。

例3-80:《EEC中文快易通》第十五课 兑换人民币
交际会话:
1、A:请问,在哪儿可以换人民币?
B:在饭店就可以。
A:是吗?今天的兑换率是多少?
B:听说一美元可以换七块人民币。

例3-81:《你好,上海!——易学汉语》Lesson 6 In The Bank
Security man:你好,请拿号。
Tina:请问在哪里可以换钱?
S:请到一号窗口。……

例3-82:《新的中国》第七课 去银行换钱
在银行里
学生:小姐,在哪儿能换人民币啊?
职员:二楼,五号窗口。

第三章 现代汉语换钱图式研究

例3-83:《汉语100句》

60、请问,哪里可以换钱?

第二种常见的情况是换钱者直接用陈述句表达自己的换钱意愿,服务者在此基础上再进行发问。如例3-84至92:

例3-84:《标准汉语 基础教程·口语》第十课 换三百人民币

课文二

范梅香:你好,我要换三百人民币。

服务员:您好。请问您护照带来了吗?

……

例3-85:《交际汉语2》第十二课 换钱

A(酒店前台外币兑换处)

小江:劳驾,我要换钱。

甲:请问您换多少?

例3-86:《学说中国话》第十课 换钱

1在银行

A:您好!

B:您好!我想换钱。

A:您换什么钱?

例3-87:《体验汉语100句·生活类》我想把欧元换成人民币。

·换多少?

·500欧元。

例3-88:《汉语教程·第一册(上)》

(在中国银行换钱)

萨沙:小姐,我换钱。

营业员:您换什么钱?

例 3-89：《EEC 中文快易通》第十五课 兑换人民币

交际会话：

1、A：我想换人民币。

B：你可以在中国银行换。

A：可以在机场换吗?

B：也可以。

例 3-90：《体验汉语·口语教程》第八课 用美元换人民币

情景：

欧文：您好，我要换钱。

职员：您换什么钱? ……

例 3-91：《成功商务汉语》第五课 换钱

A：先生，我要换钱。

B：好的，您要兑换多少?

例 3-92：《你好，上海! ——易学汉语》Lesson 6 In The Bank

（At No.1 counter ）

Clerk：下午好!

Tina：你好，我想把欧元换成人民币。

Clerk：您换多少?

像该情景一般是在换钱者已经明确知道该场所可以换钱的情况下发生的，在明确知道该场所可以换钱后，运用陈述语句表达自己的需求，服务者在此基础上再进行发问，换钱者回答，进而推动换钱行为继续下去。

第三种情况是服务者直接向换钱者提问，见例 3-93 至 95：

例 3-93：《旅游汉语1》第八课 换钱

银行人员：您好，请问办理什么业务?

黄人豪：您好，我想用美元换人民币。

……

例3-94：《汉语常用口语句典》3.换钱

你想换什么钱？

我想把美元换成人民币。

例3-95：《汉语综合教程1》

营业员：先生，您要办什么业务？

维卡：这儿能换钱吧？

营业员：能。您要换什么钱？

在例3-93和例3-95的语料中，都是服务者主动向换钱者发问、提供服务，换钱者此时不再是发问者，而是回答者。这就要求我们的学生不仅要掌握如何去问，还要掌握如何回答，两者缺一不可。

3.2.3 环节之二：进行换钱

在实际生活中"进行换钱"这一环节会衍生出一些其它环节，我们将在变化图式中详述。在此只讨论"进行换钱"这一环节中最基本的"以钱易钱"的图式结构，如图3-4。

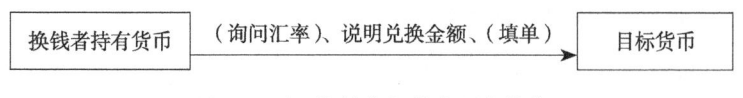

| 换钱者持有货币 | （询问汇率）、说明兑换金额、（填单） → | 目标货币 |

图3-4："以钱易钱"基本图式结构

在这个过程中询问汇率和填单环节不一定出现，但兑换金额是一定存在的。此处的兑换金额可以是持有货币的金额，也可以是目标货币的金额。如，例3-96：

例3-96：《汉语教程·第一册（上）》

（在中国银行换钱）

萨沙：小姐，我换钱。

营业员：您换什么钱？

萨沙：我换人民币。

营业员：换多少？

萨沙：二百美元。

营业员：请等一会儿……先生，给您钱。请数数。

萨沙：对了。谢谢。

营业员：不客气。

该语料中，换钱者持有货币为美元，目标货币为人民币，兑换金额：持有货币二百美元。

例3-97：

《标准汉语 基础教程·口语》 第十课 换三百人民币

课文二

服务员：您换三百人民币是吗？

范梅香：对。

服务员：一共七十五万越盾。

范梅香：给你。

服务员：三百人民币，拿好。

例3-97中，换钱者持有货币为越盾，目标货币为人民币。兑换金额：目标货币三百人民币，持有货币七十五万越盾。

例3-98：《汉语常用口语句典》3.换钱

（7）请给我换一些人民币，好吗？

（8）没问题。你想换多少？

（9）1000美元。

例3-98中，换钱者持有货币为美元，目标货币为人民币。兑换金额：持有货币1000美元。

例3-99：《体验汉语100句·生活类》

95.我想把欧元换成人民币。

·我想把欧元换成人民币。

·换多少？

·500欧元。

该语料中很明显，换钱者持有货币为欧元，目标货币为人民币，兑换金额：持有货币500欧元。

例3-100：《EEC中文快易通》第十五课 兑换人民币

1、A：我换五百美元的人民币。

B：这是三千四百二十元。

A：谢谢。

例3-100中换钱者持有货币为美元，目标货币为人民币，兑换金额：持有货币五百美元，目标货币三千四百二十元。

以上五则语料是没有涉及到填表、询问汇率、证件查验等环节的简单基本图式中的"进行换钱"，这是在换钱交际行为中换钱者应该首先掌握的基本能力。换钱交际行为的特殊性往往在于语法表达没有问题，但语义要结合整个语境才能准确把握。如例3-96至例3-98中出现的：

我换人民币。（例3-36）

您换三百人民币是吗？（例3-37）

请给我换一些人民币，好吗？（例3-38）

单看句子语法表达是没有问题的，但是从语义上我们不能清晰地判断以上3个例句中出现的货币是换钱者持有币种还是换钱者要换的目标币种。但是放在整个语境中则一目了然，换钱者持有货币、目标货币、兑换金额都可以判断出来，不会造成歧义。也有一句话就把持有货币、目标货币表述地清楚明了的如例3-39至3-40：

我想把欧元（A）换成人民币（B）。（例3-39）

我换五百（X）美元（A）的人民币（B）。（例3-40）

"我想把欧元换成人民币"中，欧元为换钱者持有货币，人民币为目标货币。"我换五百美元的人民币"中，美元为换钱者持有货币，人民币为目标货币。这种"我想把A换成B"和"我换XA的B"（X为数额）的句型与此前例句相比略显高级，应用在实际教学中，对学生在实际生活中的帮助更大。但对一些只强调掌握句型的课文或会话来说，在语义的推断上则不是特别的严谨，如例3-101至102：

例3-101：《EEC中文快易通》第十五课 兑换人民币

交际会话：

1、A：可以在饭店换欧元吗？

B：可以。你换多少？

A：我换五百块。

B：好。

换钱者持有货币、目标货币区分不明显，兑换金额：五百块。

例3-102：《成功商务汉语》第五课 换钱

A：您好，有事吗？

B：我想兑换500美元。

A：好的，给你。

B：谢谢！

换钱者持有货币是否为500美元不能清晰判断，目标货币为美元还是人民币有歧义，兑换金额：500美元。

在单独阅读这两则语料时我们往往不能准确地把握其所要传达的信息，在教学中如果只是机械地操练，不从整个语义和图式环节上去分析，可能会让学生产生疑惑。在实际生活中借助货币实物的出现会对换钱者与服务者之间的沟通起辅助作用，也不会对整个交际行为造成阻断。但在教学以及交际练习中我们应该对此重视，使其日臻完善、精准。

3.2.4 环节之三：换后致谢

初中级水平的学生，已经熟练掌握了一些常用的致谢用语和礼貌用语，如"请"、"稍等"、"谢谢"等。在整个换钱行为结束后，换钱者出于礼貌会向服务者致谢。如例3-103至107：

例3-103：

《学说中国话》第十课 换钱1在银行

……

A：这是一千六百二十块。请您数数。

B：正好。谢谢。

例3-104：《商务汉语·实用口语》4、在雅宝路·换汇

……

彼：您看看这样可以吗？

银：没问题，请您清点一下并签字确认。

彼：没错，谢谢。

例3-45：《标准汉语 基础教程·口语》

……

服务员：三百人民币，拿好。

范梅香：谢谢！

例3-106：《汉语教程·第一册（上）》

……

营业员：请等一会儿…… 先生，给您钱。请数数。

萨沙：对了。谢谢。

营业员：不客气。

例3-107：《EEC中文快易通》第十五课 兑换人民币

1、A：我换五百美元的人民币。

B：这是三千四百二十元。

A：谢谢。

以上语料中致谢用语变化较少，是出于个人礼貌增加的环节，单看与换钱并无大的关联，但是从实际出发，出现在交际行为结束时的频率很高。

3.3 换钱变化图式

变化图式简称变式，是在总图式基础上变化出来的亚类图式类型。

3.3.1 变式之一：询问汇率

此前我们对汇率这一重要的必有隐性参数做了分析。在总图式结构中，询问汇率是非必有环节，但并不是说汇率对整个换钱交际行为没有影响。在换钱变化图式中，对汇率的询问是在总图式结构中环节进一步的显现，是从隐性变为显性的一个过程。

3.3.1.1 变化图式结构

如图3-5所示：

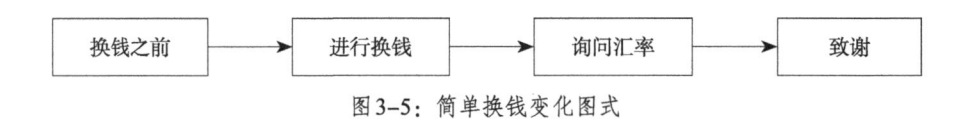

换钱之前 → 进行换钱 → 询问汇率 → 致谢

图3-5：简单换钱变化图式

询问汇率的方式有很多，汇率的表达方式也有很多。在前文中笔者将所收集的语料中的汇率表达方式简单分为三类：文字式、数字式、文字数字混合式。其中，文字式的表达方式最为常见，数字式和文字数字混合式略少于文字式。如图3-6：

常见汇率表达方式统计

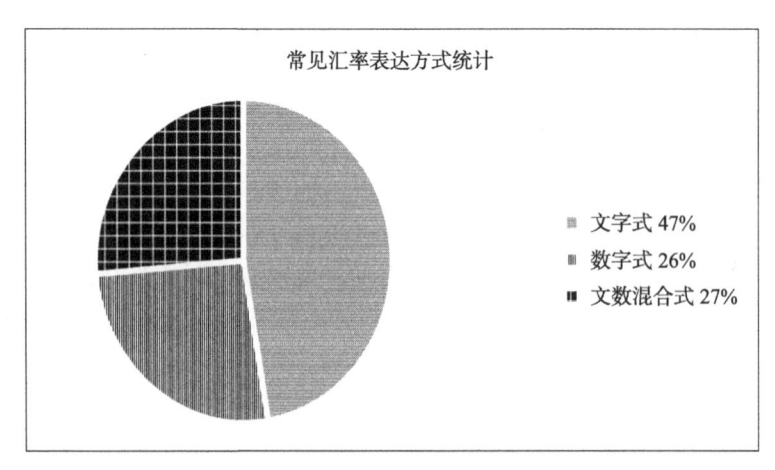

- 文字式 47%
- 数字式 26%
- 文数混合式 27%

图3-6：常见汇率表达方式统计表

第三章 现代汉语换钱图式研究

例句见表3-3：

表3-3：汇率表达方式一览表

一	文字式	来源教材
1	越盾换人民币，怎么换啊？ 两千五百越盾换一元。	《标准汉语 基础教程·口语》世界图书出版社 第十课 换三百人民币 课文一
2	今天美元的汇率是多少？ 一美元换人民币八块一毛。	《学说中国话》外语教学与研究出版社 第十课 换钱1在银行
3	一美元可以换多少人民币？	《汉语100句》上海外语教育出版社
4	22、今天卢布对美元的汇率是……？	《汉语快速通》天津科学出版社
5	一美元换多少人民币？ 八块二毛一。	《汉语会话301句》北京语言大学出版社 我要去换钱。
6	今天的兑换率是多少？ 听说一美元兑换六块八毛人民币。	《EEC中文快易通》（出版社失记）第十五课 兑换人民币
7	一美元换多少人民币？ 六块八毛二。	《体验汉语·口语教程》高等教育出版社 第八课 用美元换人民币
8	现在的汇率是多少？ 十点五。	《你好，上海！——易学汉语》人民教育出版社 Lesson 6 In The Bank
一	文字式	来源教材
9	一美元换多少人民币？ 一美元换六元八角二分人民币。	《实用中文》华东师范大学出版社 第十二课 在银行 对话
二	数字式	来源教材
1	今天英镑与人民币的比价是多少？ 今天的比价是1：13.01。	《交际汉语2》科学普及出版社 第十二课 换钱A
2	今天美元对人民币的比价是多少？ 1：8.29。	《交际汉语2》科学普及出版社 第十二课 换钱B
3	请问今天美元对人民币的汇率是多少？ 1：6.8。	《商务汉语·实用口语》对外经济贸易大学出版社 4.在雅宝路·换汇
4	今天的汇率是4.91，比昨天低了0.3。 今天美元兑换泰铢的汇率是33.88。	《旅游汉语》（出版社失记）第十四课 换 钱
5	今天的汇率是多少？ 美元的卖出价是8.26。	《旅游汉语1》（出版社失记）第八课 换钱

续表

三		文字数字混合式	来源教材
1		556.1比8.03. 556.100美元换803元人民币。	《汉语900句》外语教学与研究出版社
2		今天的汇率是多少？ 1比6.52。	《情景汉语》东北林业大学出版社 第五课 在银行
3		美元和人民币的比价是多少？ 今天的比价是1∶8.06。	《体验汉语·旅游篇》（出版社失记）第八课 换钱
4		今天的牌价是多少？ 1美元换6.85元人民币。	《汉语综合教程1》高等教育出版社
5		美元对人民币的兑换率是多少？ 一美元兑换5块1。	《汉语常用口语句典》北京大学出版社 3.换钱

（1）文字式回答：

例3-108：《体验汉语·旅游篇》第八课 换钱 第二部分

会话

杰克：请问，美元和人民币的比价是多少？

职员：今天的比价是1∶8.06。

杰克：一美元能换多少人民币？

职员：八块零六分。

在例3-108中明显先出现了数字式回答，后在换钱者的追问下服务者又给出了文字式的回答。本文之所以将其归纳在文字式回答中是因为数字式回答所包含的信息并没有被换钱者杰克完全吸收理解，所以他需要再次询问，得到自己可以明白、理解的答案，这时服务者"职员"才又给出了文字式的作答，杰克理解后才激活了图式环节，进入了下一环节。

例3-109：《EEC中文快易通》第十五课 兑换人民币

A：今天的兑换率是多少？

B：听说一美元兑换六块八毛人民币。

交际会话：

A：请问，在哪儿可以换人民币？

B：在饭店就可以。

A：是吗？今天的兑换率是多少？

B：听说一美元可以换七块人民币。

例3-110：《体验汉语·口语教程》第八课 用美元换人民币

情景：

欧文：您好，我要换钱。

职员：您换什么钱？

欧文：用美元换人民币。一美元换多少人民币？

职员：六块八毛二。

例3-111：《实用中文》第十二课 在银行

对话

先生：小姐，一美元换多少人民币？

营业员：一美元换六元八角二分人民币。

例3-109至例3-111换钱者的询问有直接询问的，也有用两种货币来询问的。服务者都给出了文字式的回答，这种回答是最接近口语的，换钱者不需要像数字式的回答那样在脑中进行从书面到口语的转换过程。换钱者理解该信息后则进行下一步的交际行为。

（2）数字式回答

例3-112：《交际汉语2》第十二课 换钱

A

小江：今天英镑与人民币的比价是多少？

甲：今天的比价是1∶13.01。

B

（银行外币兑换台）

刘明：今天美元对人民币的比价是多少？

甲：1∶8.29。

例3-113：

《旅游汉语1》第八课 换钱

黄人豪：今天的汇率是多少？

银行人员：美元的卖出价是8.26。

例3-114：

《旅游汉语》第十四课 换钱

在ATM

游客：您知道今天的汇率是多少吗？

导游：每天的汇率不一样，你可以先取出一部分泰铢，就可以算出汇率了。

游客：我去试试看。

（游客取出泰铢后。）

游客：我算出来了，今天的汇率是4.91，比昨天低了0.3。

在数字式回答中需要特别提一下的是"："这个符号，读"bǐ"。比价、卖出价等都是汇率的其它叫法。

（3）文数混合式回答：

例3-115：《汉语900句》

556、现在的汇率是多少？

557、1比8.03.

例3-116：《汉语综合教程1》

维卡：用美元换人民币。

营业员：换多少？

维卡：500美元。今天的牌价是多少？

营业员：1美元换6.85元人民币。

例3-117：《汉语常用口语句典》3.换钱

（12）美元对人民币的兑换率是多少？

（13）一美元兑换5块1。

（14）你能不能告诉我今天的汇率？

（15）当然可以。一美元换6.253元人民币

　　文字数字混合式的回答在提及数字时全用阿拉伯数字，其余的都用文字。这种表达方式是我们在书写过程中经常采用的。这三种常见的汇率表达方式不管哪一种都与换钱者对数字的熟悉掌握有关，带小数点的数据、有":"的数据、钱数的读法，都应该是我们教学时应该训练留学生练习到位的。

（4）无直接回答：

例3-118：《汉语100句》

60、一美元可以换多少人民币？

我要换五百美元，今天美元的汇率是多少？

例3-119：《汉语快速通》

21、今天的汇率是多少？

22、今天卢布对美元的汇率是……。

例3-118和例3-119主要强调的是询问汇率和回答时的句型，并没有给出具体的数字回答等，旨在让学生掌握句型。

例3-120：《汉语口语基本句（上册）》第四课 存定期还是活期

课文二

苏珊：您好，这里可以换外汇吗？

营业员：可以。您换美元还是欧元？

苏珊：美元。请问汇率是多少？

营业员：那边有今天的外汇汇率，您可以看看。

例3-120中服务者"营业员"并没有直接对汇率做出回答，而是让换钱者自己查看汇率。这种情况在课本教材中的语料中不多见，但是在实际生活中，银行大厅都会有一张显示板，来显示当日的各种汇率。所以，如果换钱者在银行大厅就可以通过显示板知晓当日汇率，不会再问。

3.3.1.2 常用生词语句

汇率有不同的叫法，在语料中出现的常用词语有汇率、卖出价、牌

价、比价、兑换率。

直接询问：今天、现在（A货币）的汇率、牌价、兑换率、比价是多少？

① 今天美元的汇率是多少？
② 现在的汇率是多少？
③ 今天的牌价是多少？
④ 今天的兑换率是多少？

出现持有币种（A）和购汇币种（B）：A对B的比价、汇率、兑换率是多少？

⑤ 美元对人民币的比价是多少？
⑥ 美元对人民币的汇率是多少？
⑦ 美元对人民币的兑换率是多少？

直接用持有币种（A）和购汇币种（B），不出现专业词语：一A换多少B？A换B，怎么换？

⑧ 一美元换多少人民币？
⑨ 越盾换人民币，怎么换啊？

对此类问句的回答即是汇率的表达方式，前面已经详细分析过，在此不再赘述。

3.3.2 变式之二：查验证件

关于询问汇率和查验证件严格来说应该是"进行换钱"环节中的小环节。在换钱者确认该场所可以换钱后，其之后的行为在换钱结束之前我们都可以将之归纳在"进行换钱"之内，但在"进行换钱"这一环节中不仅仅是简单地问答就可以完成整个交际行为，还会涉及到汇率和证件。

查验证件这一环节经常出现在询问汇率之后（也有在之前的情况，但不多见），紧密相连。对于所查验的证件一般是可以证明本人身份的证件，有身份证、护照等，因为研究对象是外国人在中国进行换钱，所以一般要求查验的是换钱者的护照。在走访多家银行后得知：在办理兑换业务时必须出示可证明身份的证件，方可进行换钱。实际生活中查验证件是必不可少的重要环节，相反，询问汇率倒不总是显性地出现。

3.3.2.1 变化图式结构

询问汇率和查验证件均涉及到的变式结构环节如图3-7：

换钱之前 → 进行换钱 → { 询问汇率 / 查验证件 } → 换后致谢

图3-7：换钱变式结构环节

"换钱之前"和"致谢"环节在此与基式中的大体相同，以下所举例子主要针对发生变化的"进行换钱"环节，包含"询问汇率"和"查验证件"，偶尔有涉及换钱结束后的致谢。

例3-121：《学说中国话》第十课 换钱

1 在银行

B：我有美元，换人民币。今天美元的汇率是多少？

A：一美元换人民币八块一毛。您换多少美元？

B：二百美元。

A：请给我您的护照。

例3-122：《商务汉语·实用口语》4、在雅宝路·换汇

彼：请问今天美元对人民币的汇率是多少？

银行职员乙：1：6.8。

彼：好的，请帮我换1000美元。

银：请出示您的证件。

彼：这是我的护照。

例3-123：《汉语综合教程1》

维卡：500美元。今天的牌价是多少？

营业员：1美元换6.85元人民币。

维卡：谢谢。给你钱，500美元。

营业员：好的。正好500美元。您带护照了吗？

维卡：带了，给你。

营业员：给您钱，3425元人民币，请数好。

维卡：谢谢！

例3-124：

黄人豪：今天的汇率是多少？

银行人员：美元的卖出价是8.26。

黄人豪：哦，换500美元吧。

银行人员：请给我看看您的护照。

黄人豪：好。

例3-125：《标准汉语 基础教程·口语》第十课 换三百人民币
课文二

范梅香：你好，我要换三百人民币。

服务员：您好。请问您护照带来了吗？

范梅香：带了。

服务员：请给我看一下。

范梅香：好的。

例3-121至例3-125都是发生在较完整的语境中，出现的证件均为护照。服务者会主动询问换钱者是否有带护照，进行查验。如果服务者询问，换钱者回答没有护照，不能及时出示证件，那么此次换钱活动会宣告结束。当然，在我们的一些教材中对于"查验证件"并没有特别强调，教材中的语境、对话都完成了换钱活动。从现实的角度出发，将"查验证件"的环节加入会更真实，更贴近生活。

例3-126：《汉语常用口语句典》3、换钱

（3）你带什么身份证明了没有？

（4）带了。这是我的护照。

（5）请把您的护照给我看一下，好吗？

……

（12）美元对人民币的兑换率是多少？

（13）一美元兑换5块1。

（14）你能不能告诉我今天的汇率？

（15）当然可以。一美元换6.253元人民币。

在例3-126中主要是语句理解和操练。

例3-127：《体验汉语·旅游篇》旅游篇 第八课 换钱 第一部分

杰克：需要护照吗？一美元可以换多少人民币？

职员：不知道，每天的比价可能不一样。你到中国银行去问问吧。

例3-127中换钱者考虑到证件问题，向酒店职员询问，职员没有告诉他是否需要护照，给出了建议："你到中国银行去问问吧。"但是在接下来的课文编排中并没有涉及到这个问题，直接进行了换钱。如例3-128：

例3-128：《体验汉语·旅游篇》旅游篇 第八课 换钱第二部分

会话

杰克：请问，美元和人民币的比价是多少？

职员：今天的比价是1∶8.06。

杰克：一美元能换多少人民币？

职员：八块零六分。您要换多少？

杰克：300美元。

职员：一共是2418块人民币。您数一下儿。

杰克：对。如果我回国时还剩下人民币，怎么办？

职员：您可以把剩下的人民币再换成美元。

在此，上文的"需要护照吗？"并没有给出明确的回答，这一点似乎是个疏漏，未能做到前后照应。

3.3.2.2 常用生词语句

常用名词：护照、身份证明、证件

常用动词：出示、请、看看、看一下

常用语句：

① 请给我您的护照。
② 请给我看看您的护照。
③ 请出示您的证件。
④ 请给我看一下。
⑤ 您带护照了吗?
⑥ 请问您护照带来了吗?
⑦ 请把您的护照给我看一下,好吗?
⑧ 你带什么身份证明了没有?
⑨ 带了。
⑩ 这是我的护照。

3.3.3 变式之三：填写表单

3.3.3.1 变化图式结构

在一些酒店宾馆的兑换处、外币兑换点以及ATM机处进行换钱时一般不强制要求填写表单，最后会给换钱者一张换钱凭证。在银行里，大部分都是需要填写表单的，如中国农业银行、中国工商银行、中国银行等。填写表格时要求换钱者可以阅读理解表单上的信息，并准确填写。这对换钱者的书面阅读能力和书写能力都有一定的要求。"填写表单"也是"进行换钱"这一主要环节中的分环节，如图3-8。

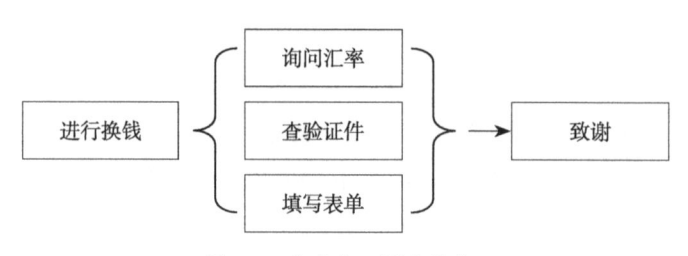

图3-8：变式之三图式结构1

填表的情况有三种：一、兑换之前填表，兑换之后签字确认；二、仅在兑换之前填表单；三、仅在兑换之后进行签字确认。

第一种情况：兑换之前填表，兑换之后签字确认，如图3-9。

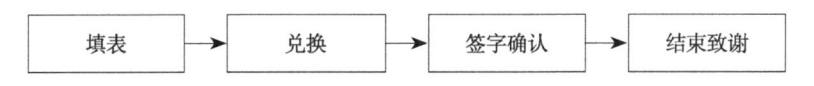

```
┌──────┐    ┌──────┐    ┌──────────┐    ┌──────────┐
│ 填表 │ →  │ 兑换 │ →  │ 签字确认 │ →  │ 结束致谢 │
└──────┘    └──────┘    └──────────┘    └──────────┘
```

图3-9：变式之三图式结构2

例3-129：《旅游汉语1》第八课 换钱

银行人员：您好，请问办理什么业务？

黄人豪：您好，我想用美元换人民币。

银行人员：请填一下儿这张单子。

黄人豪：今天的汇率是多少？

银行人员：美元的卖出价是8.26。

黄人豪：哦，换500美元吧。

银行人员：请给我看看您的护照。

黄人豪：好。

银行人员：请在这张单子上签字。

例3-130：

《商务汉语·实用口语》4、在雅宝路·换汇

彼：请问今天美元对人民币的汇率是多少？

银行职员乙：1：6.8。

彼：好的，请帮我换1000美元。

银：请出示您的证件。

彼：这是我的护照。

银：请填写货币兑换单。

……

彼：您看看这样可以吗？

银：没问题，请您清点一下并签字确认。

彼：没错，谢谢。

例3-131：

《新的中国》第七课 去银行换钱在银行里

学生：小姐，我要换五百块美元。

职员：先填单子。

学生：填好了。这样儿行吗？

职员：您要换现金还是旅行支票？

学生：旅行支票。

职员：请您在支票上签字。有护照吗？

学生：有。这是我的支票。字也签好了。

职员：这是您的钱。请您点清楚。

例3-132：《旅游汉语》第十四课 换 钱

导游：要换多少呢？

游客：1000美元全部换掉，应该可以换33880泰铢。

导游：这是兑换申请表，请填写姓名、护照号码什么的，写好了过来排队。

游客：写好了，今天人真多啊！我们要是早一点来就好了。

导游：现在是旅游旺季，所以游客特别多。

游客：总算轮到我了，我还有四张旅游支票，可以在这里兑换吗？

导游：可以，请在这四张支票上签个名，给我您的护照。钱换好了，一共56000泰铢，您数一下。

游客：对了，谢谢你！

导游：不客气！

以上除了填写兑换单外，又在旅行支票上进行签字确认，这是最接近真实情况的一种。

第二种情况：仅在兑换之前填表单，如图3-10。

填表 → 兑换 → 结束致谢

图3-10：变式之三图式结构3

例 3-133：《汉语口语基本句（上册）》第四课 存定期还是活期

苏珊：我想换 500 美元。

营业员：请您先填一下这张单子。

苏珊：好的。

……

苏珊：您看可以吗？

营业员：可以。请您到 3 号柜台。

苏珊：谢谢。

例 3-134：《交际汉语 2》第十二课 换钱

A（酒店前台外币兑换处）

小江：劳驾，我要换钱。

甲：请问您换多少？

小江：今天英镑与人民币的比价是多少？

甲：今天的比价是 1∶13.01。

小江：请问和银行的汇率一样吗？

甲：当然一样。

小江：（自语）我换 60 英镑吧。

甲：请您先填一下兑换单。

例 3-135：《交际汉语 2》第十二课 换钱

B

（银行外币兑换台）

刘明：劳驾，这（儿）可以换外币吗？

甲：可以。请问您换哪种外币？

刘明：我换美元，5000 美元。

甲：请您先填一下兑换单。

例3-136：《你好，上海！——易学汉语》Lesson 6 In The Bank

Tina：请问在哪里可以换钱？

S：请到一号窗口。请填这张单子。

Clerk：请问你要换多少？

Tina：两百欧元。现在的汇率是多少？

Clerk：十点五。一共两千一百块，请拿好。

第三种情况：仅在换钱后签字确认，如图3-11。

```
兑换 → 签字确认 → 结束致谢
```

图3-11：变式之三图式结构4

例3-137：《汉语会话301句》我要去换钱

玛丽：请问这儿能不能换钱？

营业员：能。您带的什么钱？

玛丽：美元。

营业员：换多少？

玛丽：五百美元。一美元换多少人民币？

营业员：八块二毛一。请您写一下儿钱数。再写一下儿名字。

玛丽：这样写，对不对？

营业员：对。给您钱，请数一数。

玛丽：谢谢！

例3-138：《汉语常用口语句典》

3.换钱

（11）请您在这儿签一下字。这是1420元。

一般情况下，所填表单上是中英双语，包含的信息有姓名、证件、证件号码、兑换货币及金额、签名处等。换钱者根据需要进行填写，不会特别复杂。如果换钱者是英语母语者则此环节出现问题的几率会更小。

对此，笔者转录了中国农业银行的"个人购买外汇申请书"，如下：

中国农业银行
AGRICULTURAL BANK OF CHINA
个人购买外汇申请书
Application for Individual Foreign Exchange Purchase

中国农业银行_____分行：

本人现按国家外汇管理局有关规定向贵行提出购汇申请，并随附有关凭证，请审核并按当时牌价办理售汇。

To Agricultural Bank of China,   Branch：

I hereby apply or foreign exchange purchase at your current rate, attached are documents required by SAFE for your examination.

表3-4：中国农业银行个人购汇申请表

购汇人姓名 name	购汇币种及金额 Foreign Currency and Amount	大写： Amount in words	第一联 银行结算部门留存
		小写： Amount in figures	
证件类型 Type of ID	证件号码 Number of ID		
换汇种类 Method of Drawing	□提取现钞 Cash　　　□旅行支票 Traveler's cheque □外币汇票 Draft　　　□境外电汇 Telegraphic transfer □信用卡 Credit card　　□其它 Others		
购汇支付方式 Type of Payment	□现金 by Cash □支票 by Cheque（号码：Number：　　　） □扣帐 Debit（人民币账号：RMB Account Number　　　） □其它 Others		

·87·

续表

购汇用途 Purpose	□ 额度内购汇 Purchase within quota □ 探亲会亲 Visiting relatives □ 国际交流 International intercommunions □ 朝觐 Pilgrim □ 境外就医 Medical treatment □ 商务考察 Business □ 自费留学 Study abroad at own expense □ 港澳游 Travel to Hong kong and or Macao □ 缴纳国际组织会费 Membership fees to international organizations □ 其它出境学习 Other kinds of overseas studies	□ 境外培训 Training □ 外派劳务 Labor service □ 境外直系亲属救助 Aid to Overseas lineal relatives □ 出国游 Travel abroad □ 出境定居 Settle abroad □ 被聘工作 Employment □ 境外邮购 Overseas mail order □ 其他 Others
附件 Appendices	□ 户口本 Residence certificate □ 因私护照（或通行证） Private passport (or pass) □ 境外使领馆证明 Certificates of embassies and consulates abroad □ 公安机关户口证明 Residence certificate from police station □ 直系亲属关系证 Certificate of lineal relatives □ 国际组织证明文件 Documents from international organizations □ 人民币保证金回执 Receipt of RMB margin □ 正式录取通知书 Formal enrollment notice □ 留学费用通知单 Notice of relative fee for studying abroad □ 收费凭证 Charge certificate	□ 身份证 ID card □ 前往国家签证 Visa to destination country □ 授权委托书 Authorized letter □ 团队名单表 Name list of team □ 学费收据 Receipt of tuition fee □ 购汇单 Amount list of team □ 在读证明 Study certificate □ 缴费证明 Payment certificate □ 其他 Others

续表

申请人栏 for Applicant	银行专用栏 for Bank Use Only		
联系电话：Tel：	当时汇率 Current Exchange Rate	折合 人民币 RMB Equivalent	大写： Amount in words
			小写： Amount in figures
申请人（代办人）签名： Signature of Applicant （Agent）： 年 月 日 （MM）（DD） （YY）	银行审批意见：Bank approval 经办：Operator 复核：Checker 年 月 日 （MM）（DD）（YY）		

注：此表格一式三联，第一联结算部门留存、第二联会计部门留存、第三联为客户回执。

Note：This form is in triplicate. The first and second copies are for bank file. The third copy is for client

在"中国农业银行个人购汇申请书"上相对应的中文都有英文解释，并且多为勾选，不必写过多的文字，这在一定程度上减轻了换钱者的阅读和填写困难，可以使换钱活动更顺畅地进行下去。

以下是中国银行换汇结束后留存的外汇兑换水单图片：

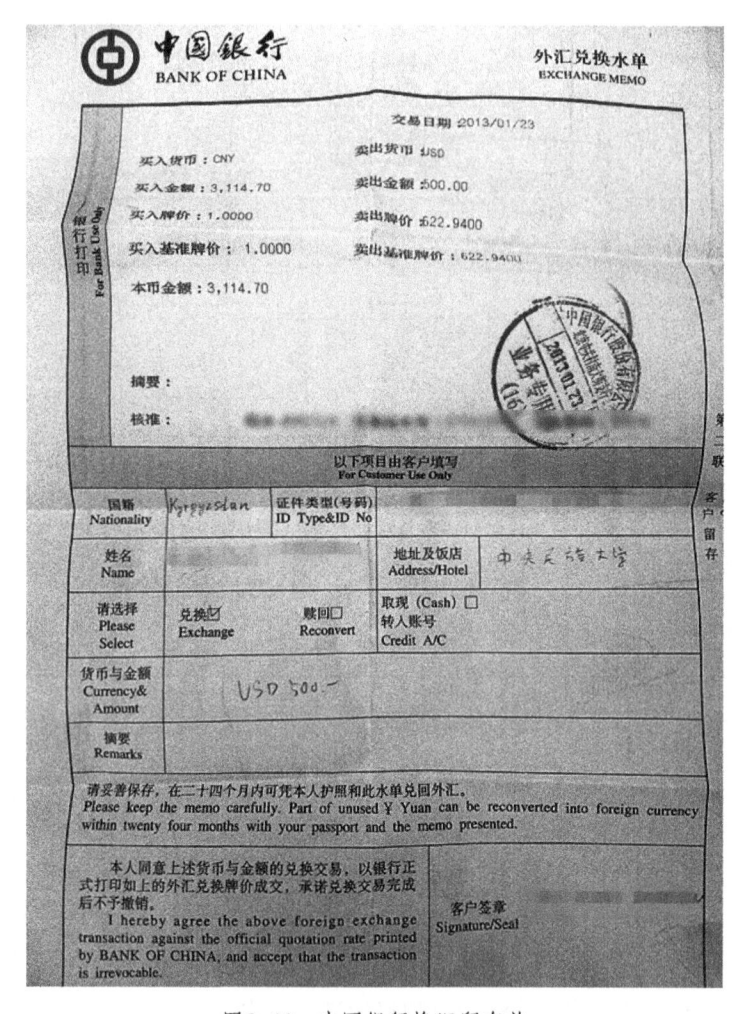

图3-12：中国银行换汇留存单

在这张换汇留存单中，换钱者需填写自己的国籍、证件号码（为护照号码），这是和中国人换汇的差异之处，即有签名处。

3.3.3.2 常用生词和语句

A.常用名词：货币兑换单、兑换申请表、姓名、护照号码、兑换单、钱数

B.常用动词：填、签字、填写、确认、写

C.常用语句：请先填（写）……单子。

1）先填单子。

2）请填一下儿这张单子。

3）请填写货币兑换单。

4）请您先填一下这张单子。

5）请您先填一下兑换单。

6）请填这张单子。

7）这是兑换申请表，请填写姓名、护照号码什么的。

8）请您……签（一下）字（确认）。

9）请您在这儿签一下字

10）请在这张单子上签字。

11）请您清点一下并签字确认。

12）请您写一下儿钱数。再写一下儿名字。

13）以下两例是在支票上签名：

14）这是我的支票。字也签好了

15）请在这四张支票上签个名。

3.3.4 变式之四：非现金购汇

这里的非现金购外汇包含旅行支票、外国汇款和币种选择等多种形式。

3.3.4.1 变化图式结构

随着经济的发展，购换外汇不再只局限于现金交易，换钱者可以选择多种方式来换钱。在常见的换钱场景如银行可以提供通过现金、旅行支票、银行卡等方式购买外汇的服务。而在一些规模不大的兑换处则只提供现金兑换。"以钱易钱"是简单换钱行为的基本操作，在此基础上发生变化的是"现金"变为"旅行支票"、"汇款"等。我们把兑换现金称为基式，其余的情况称为变式。

基式：

图3-13：购买外汇基式流程图

变式1：

图3-14：购买外汇变式流程图1

例3-139：《交际汉语2》第十二课 换钱

B

（银行外币兑换台）

刘明：劳驾，这（儿）可以换外币吗？

甲：可以。请问您换哪种外币？

刘明：我换美元，5000美元。

甲：请您先填一下兑换单。

刘明：今天美元对人民币的比价是多少？

甲：1∶8.29。

刘明：好，比昨天换值！

甲：请问您要现钞还是旅行支票？

刘明：我要4800元旅行支票，200元现钞。

甲：好，请稍等。

刘明：劳驾，可不可以给我五张20元，10张10元的现钞。

甲：没问题。请您点一下（儿），4800元旅行支票，200元现钞。

在例3-139中换钱者刘明要购买外汇5000美元，在向银行职员甲询问后，购买外汇旅行支票4800元，现钞200元。不仅有现金也有旅行支票。

变式2：

```
┌────────┐  购买外汇  ┌────────┐
│ 旅行支票 │─────────→│  现金  │
└────────┘            └────────┘
```

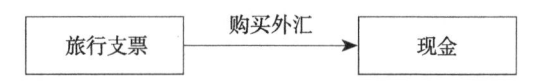

图3-15：购买外汇变式流程图2

例3-140：《汉语900句》
556、您用现金还是支票？

例3-141：《交际汉语2》 第十二课 换钱
A……
小江：我可以用信用卡吗？
甲：不可以。但是您可以用旅行支票。
小江：……
甲：这是您的人民币。

例3-142：《新丝路汉语》第十三篇 银行 话题四 兑换
能不能把这张旅行支票换成现金

例3-143：《旅游汉语》第十四课 换钱
游客：总算轮到我了，我还有四张旅游支票，可以在这里兑换吗？
导游：可以，请在这四张支票上签个名，给我您的护照。钱换好了，一共56000泰铢，您数一下。
游客：对了，谢谢你！
导游：不客气！

例3-144：《新的中国》第七课 去银行换钱 在银行里
……
职员：您要换现金还是旅行支票？
学生：旅行支票。

职员：请您在支票上签字。有护照吗？

学生：有。这是我的支票。字也签好了。

职员：这是您的钱。请您点清楚。

例3-140至例3-144虽然对话难易程度略有不同，但均为用旅行支票兑换现金。

例3-145：《情景汉语》第五课 在银行

【情景会话】

金秀珍：我有韩国汇款，到了吗？

职员：什么时候寄的？

金秀珍：一个星期了。

职员：到了，取美元还是换成人民币？

金秀珍：换成人民币，今天的汇率是多少？

职员：1比6.52，给您钱，请数数。

金秀珍：正好，谢谢。

例3-145既没有用现金也没有用旅行支票，而是外国汇款——"我有韩国汇款。"从服务者职员的询问："取美元还是换成人民币？"可以判断汇款是美元，换钱者金秀珍购买外汇为人民币，在取汇款的环节直接完成了兑换。

例3-146：《你好，上海！——易学汉语》Lesson 6 In The Bank

（At No.1 counter）

Clerk：下午好！

Tina：你好，我想把欧元换成人民币。

Clerk：您换多少？

Security man：你好，请拿号。

Tina：请问在哪里可以换钱？

S：请到一号窗口。请填这张单子。

Clerk：请问你要换多少？

Tina：两百欧元。现在的汇率是多少？

Clerk：十点五。一共两千一百块，请拿好。

Tina：请看看里面还有多少钱？

Clerk：好了，给您。

Tina：谢谢，再见！

例3-146较为特殊，换钱者Tina在换钱后询问"请看看里面还有多少钱？"，她指的是银行卡中还有多少钱，所以我们可以判断此次换钱她是使用的是银行卡，没有支票、汇款、现金。

3.3.4.2 常用生词和语句

A.常用生词：现钞、支票、旅行支票、汇款、现金

B.常用语句：

（1）选择疑问句：您要（换）、用A还是B？

① 请问您要现钞还是旅行支票？

② 您要换现金还是旅行支票？

③ 您用现金还是支票？

（2）陈述句：

④ 我要4800元旅行支票，200元现钞。

⑤ 这是您的钱。

通过对这些常用生词和语句的总结，可以为编写教材和课堂教学提供借鉴。

3.4 换钱常用图式

换钱的常用图式也就是其总图式，包括三个环节：换钱之前、进行换钱和换后致谢，兑换频率最高的是现金（通常是带外币兑换成人民币）。由于前文已经详细介绍过，在此不再赘述了。

3.5 高频词语与常用语句

此处分三个环节来逐个阐述，分别是换钱之前、进行换钱和换后致谢。

3.5.1 换钱之前的环节中

在"换钱之前"的环节，因为是该交际行为的第一个环节，会出现一些礼貌性的寒暄话语，除此还会有涉及到换钱的一些专业词语，总结分类如下：

（1）礼貌用语：请问、您好、你好、劳驾、请、对不起、下午好、谢谢；

（2）称谓语类常用词语：你、您、先生、小姐；

（3）疑问词类、代词类常用词语：这里、这（儿）、哪里、哪儿；

（4）与换钱有关的专业词语：换、兑换、办、办理、业务、换钱、外汇、货币、外币、人民币、欧元、英镑、泰铢、美元、越盾；

此环节的常用语句可以从服务者和换钱者的不同角度出发整理。首先是换钱者在询问场所及是否可以换钱的常用语句：

① 哪里可以换人民币？

② 请问，哪里可以兑换货币？

③ 请问，哪里可以换钱？

④ 请问，在这儿可以换人民币吗？

⑤ 哪儿可以换钱呢？

⑥ 请问，在哪儿可以换人民币？

⑦ 请问除了银行，别的地方可以换钱吗？

⑧ 请问附近有银行吗？我想换点儿**。

⑨ 请问在哪里可以换钱？

⑩ 小姐，在哪儿能换人民币啊？

其次，是换钱者陈述性表达自己的换钱意向，以得到服务者的协助：

① 我要换三百人民币。

② 劳驾，我要换钱。

③ 我想换钱。

④ 我想把欧元换成人民币。

⑤ 我想换人民币。

⑥ 我要换钱。

⑦ 我想把欧元换成人民币。

⑧ 我想用美元换人民币。

⑨ 我想把美元换成人民币。

⑩ 我想兑换500美元。

第三，出自服务者之口，换钱者需要理解这些问句并做出正确的回答：

① 您带的什么钱？

② 您想换什么钱？

③ 请问您换多少？

④ 您换什么钱？

⑤ 换多少？

⑥ 您好，有事吗？

⑦ 您好，请问办理什么业务？

⑧ 先生，您要办什么业务？

3.5.2 进行换钱的环节中

在该环节涉及到的生词与前面环节的生词大体一致，只是新出现了"数额+币种"的短语表达，如：二百美元、三百人民币、七十五万越盾、500欧元、500美元、1000美元等：

① 我换钱。

② 您换什么钱？

③ 我换人民币。

④ 您换三百人民币是吗？

⑤ 请给我换一些人民币，好吗？

⑥ 我想把欧元换成人民币。

⑦ 我换五百美元的人民币。

3.5.3 换后致谢的环节中

主要是"谢谢""感谢""非常感谢""太感谢您了!"之类表示感谢的词语和语句,此处不赘。

第四章　现代汉语就餐图式研究

4.0 引言

外出就餐是外国学生常用的交际行为之一，因此对就餐图式展开研究是非常有意义和价值的。本章所使用的语料均为文本语料，都来自于现行主流国际汉语教学教材，颇具参考性。详见表4-1：

表4-1：语料一览表

序号	书名	出版社	日期	备注
1	《体验汉语口语教程1》	高等教育出版社	2010年3月	
2	《互动式汉语口语入门》	外语教学与研究出版社	2008年6月	
3	《祝你成功——生活交际篇》	外语教学与研究出版社	2008年7月	
4	《体验汉语基础教程3》	高等教育出版社	2008年9月	
5	《成功之路起步篇》	北京语言大学出版社	2008年8月	
6	《大学汉语初级口语（上）》	华语教学出版社	2009年1月	
7	《轻松学中文3》	北京语言大学出版社	2008年10月	
8	《魅力汉语（第一册）》	广西师范大学出版社	2010年5月	
9	《体验汉语生活篇》	高等教育出版社	2007年11月	
10	《初级商务汉语口语》	外语教学与研究出版社	2007年9月	
11	《跟我学汉语》	人民教育出版社	2009年6月	
12	《成长汉语》	北京语言大学出版社	2008年6月	
13	《汉语交际口语1》	高等教育出版社	2008年5月	

续表

序号	书名	出版社	日期	备注
14	《实用汉语1》	上海译文出版社	2009年8月	
15	《留学中国——汉语综合教程1》	高等教育出版社	2011年7月	
16	《体验汉语口语教程2》	高等教育出版社	2010年3月	
17	《实用汉语：一日一课基础篇1》	北京语言大学出版社	2005年12月	
18	《实用汉语：一日一课基础篇2》	北京语言大学出版社	2006年2月	
19	《日常口语》	北京语言大学出版社	2002年7月	
20	《基础口语》	北京语言大学出版社	2002年7月	
21	《汉语口语速成入门篇（上）》	北京语言大学出版社	2005年7月	
22	《汉语口语速成基础篇》	北京语言大学出版社	2000年5月	
23	《成长之路——起步篇》	北京语言大学出版社	2008年8月	
24	《汉语教程（1）》	北京语言大学出版社	2009年12月	
25	《实用汉语教程（二）》	上海教育出版社	2010年8月	
26	《中文听说读写（level2 part2）》	波士顿剑桥出版社	2005年	
27	《快乐学中文》	北京大学出版社	2001年12月	
28	《创智汉语（中学生课本第五册）》	泰国国家教育出版社	2010年3月	

4.1 参数分析

通过对所搜集到的语料进行的分析可以得出，外出就餐图式的主要参数有就餐者（WHO）、餐点（WHAT）、就餐地点（WHERE）、就餐原因（WHY）、就餐时机与就餐时间（WHEN）以及前往就餐地点的交通方式（HOW）等几个参数。

4.1.1 参数之一：就餐者

就餐者是就餐图式中的必有参数，在实际交际中，就餐者出现的频率最高。就餐者的喜好、兴趣、生理需求、客观条件等都会影响到就餐内容，从而影响到交通方式等多个方面。就餐者可以是单人或多人。

4.1.1.1 单人就餐

例 4-1：《祝你成功 — 生活交际篇》第五课

服务员：请问，您想吃什么？

马丁：比萨，要一份中号的，再要一份蔬菜沙拉。

服务员：您喝点什么？

马丁：一杯苹果汁，饭后要一杯咖啡。

马丁：小姐（先生），结账。

例 4-2：《体验汉语－生活篇》第四课

服务员：这是菜单，请点菜。

迪米特里斯：要一个宫保鸡丁，一个土豆饼。

服务员：还要别的吗？

迪米特里斯：再要一碗米饭。

服务员：您喝什么？

迪米特里斯：要一壶花茶。

4.1.1.2 两人就餐

两个人就餐的情况比较常见，通常二人的关系大致可分为：

（1）平辈二人：包括同学、朋友、恋人等关系等；

（2）长幼二人：包括师长、我长他幼、他长我幼等关系。

例 4-3：《祝你成功 — 生活交际篇》第五课对话二

服务员：欢迎光临，您几位？

朋友：两位。

服务员：请坐这儿。

马丁：有没有靠窗户的座位？

服务员：对不起，靠窗户的座位已经满了。

在例 4-3 语料中已经清楚地交代了两人是朋友关系。再如例 4-4：

例 4-4：《大学汉语初级口语上》第十五课补充对话

服务员：欢迎光临！请坐，这是菜单。

小明：我要白菜粉条。爷爷，您呢？

爷爷：再来个辣子鸡，我喜欢吃辣的。

服务员：要不要来点饮料？

小明：给我一瓶可乐，给我爷爷一壶茶。

爷爷：好，再来两碗面条，就先这些吧。

服务员：好，请稍等。

此段语料中便是长幼二人，亲属之间的关系。但情况又不尽然，有时两人的关系很难判断，只能得到一些模糊的界定。如例4-5：

例4-5：《互动式汉语口语——入门》第六课

李红：今天我们吃川菜，怎么样？

山田：我请客，这是菜单，你想吃什么？

李红：我喜欢吃辣的，这里的蘑菇很好吃。

山田：可以，我来叫服务员。（画了一张蘑菇的画给服务员）

李红和山田的关系可以是朋友，也可以是同学。

4.1.1.3 多人就餐

多人就餐情况多是班级聚会、家庭聚餐、生日聚会或单位聚餐等。如例4-6：

例4-6：《大学汉语初级口语（上）》第十五课

服务员：欢迎光临！请问，您几位？

杰夫：三位。

服务员：请这边坐。这是菜单，吃点儿什么？

山田：来盘麻辣豆腐。

张明：我要宫保鸡丁。

杰夫：一个西红柿炒鸡蛋，再来一个酸梅汤吧。

有的语料中并没有显示出几个就餐者，但从语料的用词中可以大致推断出就餐者的人数或关系，如例4-7：

例4-7：《轻松学中文3》第四单元第十二课

服务员：各位好，这是菜单……请问可以点菜了吗？

爸爸：我们都很饿了。我们现在就点。来半只烤鸭、一个炒肉丝、一个红烧豆腐、一个蒸鱼。再来一个炒青菜。

服务员：要不要米饭？

爸爸：来三碗米饭吧。

服务员：请问，想喝点什么？

爸爸：来两杯绿茶，再来两瓶可乐。

由服务员的话语中"各位好"，及"来三碗米饭吧"，可以推测出是三个或以上的人就餐，就餐者的关系是父亲和子女。在大多教材语料中，两个就餐者的关系多是朋友或同学关系，但在实际生活中，就餐者之间的关系就不只局限于朋友之间了。就餐者之间不同的关系会对就餐内容有一些影响，比如在点餐时，如果两人关系很近，那么就可根据自己的想法来点餐，不必有所顾忌。但如果不是很熟，那么两人点餐时就会相对客气一些，对餐点的选择也会因各种原因而慎重考虑。因此，在课堂教学中，教师和学生都应注意到这种情况。在教材编写时，也应尽量做到内容全面，不要局限在某一方面。

4.1.2 参数之二：餐点

餐点，即吃什么，是参数中的必有参数。所搜集到的语料中，从国别这个角度可以先笼统地分为中餐、非中餐和中西式餐。中餐又可以细分为炒菜、小吃、地方风味等；非中餐又可分为泰国菜、印度菜等。中西式餐大多以自助餐为主。

4.1.2.1 中餐

（1）火锅、炒菜（这里主要指川菜、鲁菜、苏菜和粤菜等四大菜系）

例4-8：《互动式汉语口语 — 入门》第六课

李红：今天我们吃川菜，怎么样？

山田：我请客，这是菜单，你想吃什么？

李红：我喜欢吃辣的，这里的蘑菇很好吃。

例4-8中的餐点是四大菜系中的川菜，一般说来，川菜在中国是最普遍，也是最受欢迎的菜系之一，因此在教材语料中出现的频率很高。

例4-9：《创智汉语》（中学生课本第五册）第十一课

服务员：先生，请点菜。

爸爸：要一份麻婆豆腐和一份西红柿炒鸡蛋。

李波：我点一份清蒸鱼和一份凉拌黄瓜。

李丹：我点个宫保鸡丁。

服务员：要什么汤？

妈妈：要冬瓜汤。

服务员：主食要米饭还是饺子？

妈妈：米饭。

服务员：你们喝点儿酒吗？

爸爸：我们不喝酒。我们要一扎西瓜汁。

服务员：还要点儿别的吗？

爸爸：菜够了，点多了我们也吃不完。

在所搜集到的语料中，没有找到有关火锅的语料，但在现实交际中，并不能排除这一情况，毕竟火锅是中国人生活中很有特点也很大众化的一种饮食，而且吃火锅的变式结构与吃炒菜有所不同，后文会谈及。

（2）中式快餐：包括肉夹馍、包子、煎饼果子、杭州小笼包、麻辣串、馄饨、米线等。

例4-10：《日常口语》第二课

艾克：牛奶有吗？

服务员：有，鲜牛奶、酸牛奶都有。

艾克：馒头怎么卖？

服务员：六毛钱一个。

艾克：那就来一瓶鲜牛奶、一瓶酸牛奶，加两个馒头。

生活中，留学生在中国也有可能吃到其他餐点，但我们搜集到的现有语料中没有出现，此处简单讲一讲。

（3）民族风味

我国是一个多民族的国家，最大的民族菜系当属"汉菜系"，这里所说的民族风味是指除汉族菜系以外的其他民族菜系。考虑到宗教这一因素，我们可以将民族风味笼统地分为清真和非清真。按照各民族的饮食习惯和特点来分，又可以分为傣族风味、回族风味、蒙古族风味、朝鲜族风味、满族风味等,其他各地不同的民族虽有各自独具特色的食俗,但因人数较少,故尚未形成自己的菜系,这里暂且不作讨论。在本书搜集到的语料中并没有出现有关民族风味的语料,但在实际生活中,留学生也有可能吃到这些餐点,所以有必要在此提及。

(4)地方风味

地方风味饮食是中国饮食文化中不可或缺的一个组成部分,由于各地区气候条件、地理位置、文化积淀都不尽相同,使得每个地区都形成了各具特色的饮食文化,从而使中国的饮食生活更加丰富、绚烂。因地方饮食种类繁多,这里仅罗列中国最具代表性的几个地方风味饮食,且以小吃居多。北京具有代表性的饮食有北京烤鸭、仿膳宫廷菜、炒肝、豆汁、老北京炸酱面等;上海特色风味有浦东鸡、蟹壳黄、小绍兴鸡粥、油氽馒头等;广州有炒田螺、金丝烩鱼翅、烤乳猪等;青岛有高粱饴、奶油气鼓、酱什锦菜等;武汉有武昌鱼、四季美汤包、老大兴鲷鱼等;成都有夫妻肺片、麻婆豆腐、肥肠粉、麻辣兔丁、三台泥等;桂林有鸳鸯马蹄、珍酱脆皮猪、南乳肥羊等。因地区较多,在此恕不一一罗列了。

(5)海鲜

中国自古就有"山珍海味"一说,可见,海鲜从古至今都是中国人饮食生活中很重要的部分。海鲜种类繁多,名称各异,做法不一,所以在这里单独谈及。海鲜主要以蛤蜊、扇贝、虾、蟹等为主。如果是在青岛、烟台、天津、上海、广州等沿海城市的留学生,则不可避免地要接触到各类海鲜食品。虽然在现有语料中还没有这部分内容,但是在实际生活中很可能会遇到此类情况。

4.1.2.2 非中餐

西餐:这里的西餐是由地理位置决定的,其中包括法式、美式、英式、意式、俄式等,如例4-11至12。

例4-11:《快乐学中文》课本第六册第十二课

妈妈:你们要吃什么?

大龙:我要汉堡包、薯条、可乐。

美美:我要沙拉和炸鸡

妈妈：你们吃冰淇淋吗？

美美：我要香蕉冰淇淋。

大龙：我吃巧克力冰淇淋。

美美：妈妈，真好吃，我吃饱了。

大龙：我也吃饱了。

例 4-12：《祝你成功 — 生活交际篇》第五课对话一

服务员：请问，您想吃什么？

马丁：比萨，要一份中号的，再要一份蔬菜沙拉。

服务员：您喝点什么？

马丁：一杯苹果汁，饭后要一杯咖啡。

（2）东南亚菜：在中国，东南亚菜主要以泰国菜、越南菜、缅甸菜等为主。下面这则语料就是有关泰国菜的：

例 4-13：《实用汉语教程》（二）第十四课

（邓力和李天龙、丁秀梅走进泰菜馆）

服务员：欢迎光临，请坐。这是菜单。

邓力：天龙、秀梅，想吃点儿什么？你们点菜吧。

李天龙：泰国的海鲜很有名，尝尝海鲜吧。

邓力：好啊！

李天龙：来一个炸鱼饼，一个凉拌蚶肉。

丁秀梅：来一个凉拌木瓜丝，一个炒空心菜。

邓力：这里还有什么名菜？请介绍一下。

服务员：咖喱炒蟹，烤大虾。

邓力：好！再来一个咖喱炒蟹，一个烤大虾。

（3）韩国菜：韩国料理店在中国也是很常见的。留学生外出就餐时也会经常吃这种菜肴。

例 4-14：《成长汉语》第十二课

金美英：珍妮，你吃不吃泡菜？这儿的泡菜不错。

珍妮：泡菜辣不辣？我不喜欢吃太辣的东西。

金美英：这儿的泡菜有点儿辣。吃烤肉怎么样？

珍妮：太好了，我特别想吃烤肉。

下面的几种菜系虽然未在语料中出现，但是在现实生活中是很普遍的，日本料理和韩国料理在中国已经屡见不鲜了，在东亚文化圈中，饮食文化也是互相影响的。留学生尤其是日韩留学生在实际生活中更需要了解并掌握这一部分。

（4）日本菜：日本菜又被称为"日本料理"，它借鉴了中国菜肴和西方菜的制作方法并使之本土化，其影响也仅次于中餐和西餐。在中国的留学生也经常光顾日本餐馆。

（5）印度菜：印度菜以其特殊的调料和独特的烹饪方式成为独特的菜系。在中国，印度餐馆虽没有日韩等餐馆盛行，但依旧有留学生会选择吃这种餐点。

（6）咖啡厅：在实际生活中，咖啡厅应该是留学生喜欢光顾的地方之一，因为它的环境和氛围都很好，很适宜休憩小坐。但现有语料中还未涉及这部分内容，有待进一步探索与研究。

4.1.2.3 中西结合

中西结合餐馆以经营自助餐的居多，可以兼有中西餐点，例如：

例4-15：《轻松学中文3》第四单元第十二课

A：我们星期天下午去红山饭店吃自助餐了。

B：你们吃了什么？喝了什么？

A：我们吃了甜点，有蛋糕、饼干、冰淇淋等。我们还吃了寿司、炒面和炒饭。

B：有水果吗？

A：当然有。我们吃了西瓜、苹果和香蕉。

B：在那里吃饭贵不贵？

A：还可以，每位一百五十块。

在现有语料中，中西结合式的餐点出现的频率很低，只有这一篇语料是关于中西式餐点的。但在日常生活中，这类餐点可能出现的频率还是比较高的。

4.1.3 参数之三：就餐地点

就餐地点是图式中的必有参数，根据餐点品类不同大致可以分为中餐馆、非中餐馆、中西结合式餐馆、港式茶餐厅、自助餐厅、咖啡厅。在教材中，中餐馆出现的频率是最高的，在实际生活中，留学生为了感受中国饮食文化，去中餐馆吃饭的几率也是最大的，但一些咖啡厅或中西结合式餐厅（包括自助餐厅）也是留学生经常光顾的地方。各个就餐地点在教材中出现的频率如图4-1所示：

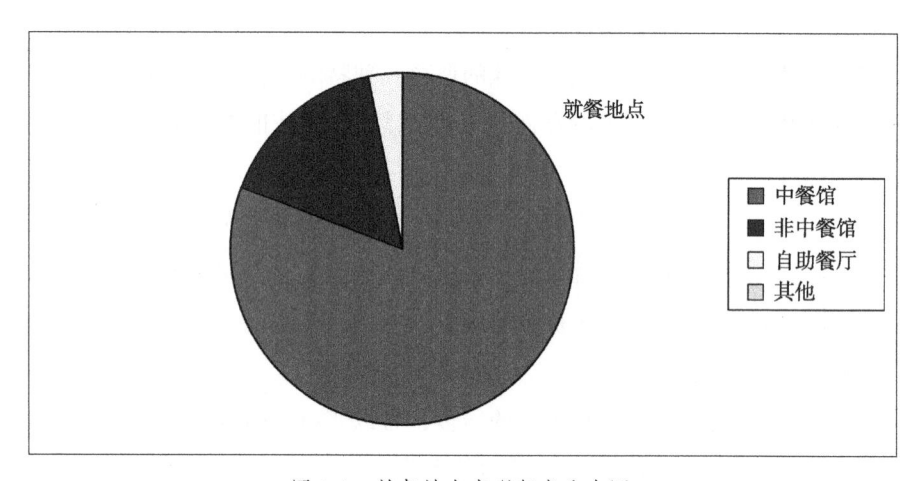

图4-1：就餐地点出现频率分布图

4.1.3.1 中餐馆

中餐因菜系种类繁多，比如八大菜系等，细分较繁琐，在这里暂且不做细致划分，一并归为中餐馆。因例子较多，故只选取几例说明。

例4-16：《体验汉语口语教程2》第四课对话二

春香：服务员，点菜。

服务员：你们想吃点儿什么？

李红：今天有什么特价菜？

服务员：水煮鱼和炒土豆丝。

李红：鱼和土豆我都喜欢。

春香：那就点这两个菜吧。

李红：再要一个鸡蛋炒饭。

服务员：还要别的吗？

春香：够了。不要了。

李红：水煮鱼不要太辣。

春香：请少放一点儿盐。

例4-17:《中文听说读写level2 part2》第三课

服务员：这是菜单。

柯林：谢谢。丽莎，天明，你们想吃点儿什么？

张天明：这儿什么菜好吃？

柯林：这儿鸡做得不错，鱼也很好，特别是清蒸鱼，味道好极了。

林雪梅：芥兰牛肉也挺好，又嫩又香。

丽莎：可以点一个汤吗？

柯林：当然可以，这儿的菠菜豆腐汤做得很好，叫一个吧。

例4-18:《大学汉语初级口语上》第十五课对话二

（在餐馆吃饭）

张明：你们觉得中国菜好吃吗？

杰夫：好吃极了。这个麻辣豆腐味道很好，不过有点儿辣。

山田：西红柿炒鸡蛋又酸又甜，太好吃了。

张明：中国菜还有很多种呢，都很好吃。

山田：中国菜好吃是好吃，不过油太多，我都胖了。今天又吃多了。

杰夫：我也是。

4.1.3.2 非中餐馆

非中餐馆在教材中出现的频率不是很高，而且以泰国菜、韩国菜和非中式快餐（如麦当劳、肯德基等）为主。下面两则语料是发生在泰菜馆：

例4-19:《实用汉语教程二》第十四课

（邓力和李天龙、丁秀梅走进泰菜馆）

服务员：欢迎光临，请坐。这是菜单。

邓力：天龙、秀梅，想吃点儿什么？你们点菜吧。

李天龙：泰国的海鲜很有名，尝尝海鲜吧。

邓力：好啊！

例4-20：《实用汉语教程三》第四课

宋才：请允许我以公司的名义，为我们的友好合作干杯！

全体：干杯！

宋才：今天请诸位尝一尝泰餐，不知合不合口味儿？

江明：很好吃。

宋才：是吗？如果喜欢，就请多用一点儿。

江明：谢谢！

下面这则是就餐者在韩国菜馆：

例4-21：《成长汉语》第十二课

金美英：珍妮，你吃不吃泡菜？这儿的泡菜不错。

珍妮：泡菜辣不辣？我不喜欢吃太辣的东西。

金美英：这儿的泡菜有点儿辣。吃烤肉怎么样？

珍妮：太好了，我特别想吃烤肉。

再如例4-22，西式快餐店如肯德基、麦当劳可谓在中国占据了很大的市场份额，无论城市大小，基本上都是随处可见的。

例4-22：《快乐学中文》课本第六册第十二课

大龙：妈，我饿了，我想吃麦当劳。

妈妈：我们去吃麦当劳。

妈妈：你们要吃什么？

大龙：我要汉堡包、薯条、可乐。

美美：我要沙拉和炸鸡。

4.1.3.3 自助餐厅

这一就餐地点在教材中只出现过一次。自助餐厅所涉及到的交际项目图式环节不多，往往如点餐、催菜等环节都可以省略，所以从教材编写及教学角度来讲,这一类就餐地点是不会被采用的。

例 4-23:《轻松学中文 3》第四单元第十二课

A:我们星期天下午去红山饭店吃自助餐了。

B:你们吃了什么?喝了什么?

A:我们吃了甜点,有蛋糕、饼干、冰淇淋等。我们还吃了寿司、炒面和炒饭。

B:有水果吗?

A:当然有。我们吃了西瓜、苹果和香蕉。

在教材语料中,有一些餐馆并没有出现,像中西结合式餐馆、港式茶餐厅、咖啡厅、酒吧(以他业为主,兼营简餐)等,但在实际生活中,这些都是留学生很有可能会去的地方。所以在以后的教材编写中,也应该考虑把这几类就餐地点也纳入编写范围,对于教师来讲,也可以加强学生这方面的交际训练。

4.1.4 参数之四:就餐原因

就餐原因是非必有参数,在对现有教材语料的分析中,发现就餐原因这一参数出现的频率比较低,很多教材中并没有涉及到这一方面。有些参数情况并没有语料支撑,但可作为一个参考因素。

4.1.4.1 一个人的原因

一个人就餐的原因大致有生理需要("饿"了或是"馋了")、兴趣需要、客观原因(陪同人员原因、节日需要、不得不外出就餐:家里煤气没了等)等。

例 4-24:《汉语交际口语 1》第六单元对话一

服务员:您吃点儿什么?

杰克:来一个红烧肉。

服务员:还要什么?

杰克:再来一个炒白菜。

服务员:要什么主食?

杰克:一碗米饭。

例4-24语料中并没有提及就餐原因，所以其原因就有很多可能性：或许是生理需要、兴趣需要或其他一些客观原因等。通过对语料的分析，一个人就餐大多是由于生理需要或个人兴致才会选择外出就餐，其他原因出现的频率相对较低。

4.1.4.2 两个人的原因

这种情况多是由于社交原因（工作或生活等方面）、约会、叙旧、兴趣等。

例4-25：《体验汉语基础教程3》第二十八课

惠美：你今天怎么这么高兴啊？

甘雅：你猜猜。

慧美：这次演讲比赛你得了第一名？

甘雅：你猜对了，今天我请客，你吃什么？

惠美：那怎么好意思呢？

甘雅：这段时间你也给了我很多帮助，我得谢谢你！

惠美：你太客气了，我们是朋友嘛！

此段语料中涉及了两个原因，就餐者有就餐的兴致及社交。

4.1.4.3 多个人的原因

聚会、联谊、生理需求和兴趣等。多人就餐的原因大多数是由于聚会、联谊等需求。例4-26语料则是出于公司商业往来方面的就餐例子：

例4-26：《祝你成功——生活交际篇》第五课

主人：人都来齐了，我们开始吧。我先说两句，马丁先生不远万里来到中国，我代表公司向马丁先生表示热烈的欢迎，希望我们合作愉快！我提议，为我们的友好合作干杯！

马丁：干杯！非常感谢您的热情款待！

例4-27语料则是由于生理需求（"馋了"）。

例4-27：《初级商务汉语口语》第五课

（课后，同学们一起去饭馆儿吃饭）

渡边：今天，咱们一起去饭店吃饭吧，我请客。

大卫：你为什么请客？有什么要庆祝的吗？

渡边：没什么特别的，只是馋了。

又如例4-28《实用汉语1》第十课，则是兴趣原因：

例4-28：《实用汉语1》第十课

玛丽：是吗？听说上海现在有很多川菜馆。

李明：对啊，我们学校附近就有好几家呢！我还有一张"辣不怕"的优惠券。

汤姆：我喜欢吃辣的，咱们去尝尝吧！

大家：好主意！

有的语料则兼有生理需求（"饿了"）和兴趣两个原因，如例4-29：

例4-29：《快乐学中文》课本第六册第十二课

大龙：妈，我饿了，我想吃麦当劳。

妈妈：我们去吃麦当劳。

通过对语料的分析可以得出：一个人就餐的原因主要是生理需求或兴致，但总体说来，一个人外出就餐的原因在很多教材中出现的频率都是极低的；两个人和多个人外出就餐则大多是由于社交原因、亲友聚会等。虽然有的就餐原因出现频率比较低，比如一些客观原因导致不得不外出就餐，或是叙旧等，但在日常生活中实际出现的几率还是不容忽视的。因此，对就餐原因充分的考虑对行为图式结构的分析还是有很大帮助的。

4.1.5 参数之五：就餐时间

此处的时间是广义的，包括大体时机和具体时间。就餐时机与时间是非必有参数，时机与时间不同：时机是具有时间性的客观条件，特定时间的特殊机会；时间则是事件从发生到结束的时间间隔，就定义来讲它是人类用来描述物质运动过程或事件发生过程的一个参数，并不受外界影响。两者是不同的，但在归纳抽取参数时均可归入时间范畴。

4.1.5.1 一个人的时机

大多数是由于生理需要（"饿"或"馋"的时候）、兴致、节气、天气、节日等。在教材中并没有这部分的语料，但一个人外出就餐的时机与时间大致也包含在上述情况中了。

4.1.5.2 两个人的时机

大致可分为特殊日期和非特殊日期：前者如生日、结婚纪念日、毕业纪念日或某个庆祝性时机等；后者没有什么特别，只是出于社交需要或兴趣需要（因没有吃过而想尝尝等）。如例4-30就是由于兴趣需要，在时机上没有什么特别的：

例4-30：《体验汉语基础教程3》第28课课文一

甘雅：你吃过北京烤鸭吗？

惠美：没吃过。

甘雅：我也没吃过，咱们去尝尝吧。

惠美：好吧。

甘雅：晚上六点半在校门口见面。

4.1.5.3 一群人的时机

就餐时间大多在纪念日、单位年会、公休日（周末或各种假期等）、各种聚会（同学聚会、同事聚会、家庭聚会等）。如例4-31就是家庭聚会，时间多是在周末：

例4-31：《轻松学中文3》第四单元第十二课

我们一家三口上个周末去吃自助餐了。我们吃了龙虾、三文鱼、寿司、烤牛排、炒面等。我们还吃了很多甜品，有奶酪、巧克力蛋糕和水果沙拉。我们都吃得很饱。我们一共花了三百多块，挺便宜的。

下面这则语料明确说明外出就餐的时间大多是在周末：

例4-32：《初级商务汉语口语》第五课

（周末，同学们商量去哪儿吃饭）

李力：你们常在哪儿吃饭？

阿年色：午饭我们一般都在食堂吃，饭菜很便宜，味道也不错。晚饭不是去饭馆儿，就是自己做饭吃。

李力：你还会做饭啊？能干。做中国菜呢？还是做你们国家的菜？

阿年色：当然是做我们国家的菜啦。我做意大利面，日本同学做寿司，韩国同学做酱汤，我们不出房间就能吃到各国的美味了。

大卫：周末我们常常去饭馆儿吃中国菜，中国菜又好吃又实惠。

再如：

例4-33：《实用汉语1》第四单元第十一课

汤姆：四川菜真好吃！

玛丽：对，我也觉得不错。特别是回锅肉，太好吃了！

谢芳：这儿离学校很近，我们以后有时间再来吃。

汤姆：没问题。

谢芳：现在几点？

玛丽：八点一刻。

李明：那咱们买单吧。今天我请客。

汤姆、玛丽：好，周末我们请你们吃西餐。

李明：好！我们请王老师一起去！服务员，买单！

这段语料发生的时间大致是晚上，一般来讲，留学生在晚上出去就餐的情况比较多，结束了一天紧张的生活，人们大多都会选择在晚上出来放松一下。

通过对语料的分析，就餐者外出就餐的时间大多是在假日（以周末居多），其他诸如聚会、兴趣需要、纪念日等次之。具体时间以晚上的频率最高，中午次之，早上的概率则少之又少。

4.1.6 参数之六：前往方式

指前往就餐地点的方式。前往就餐地点的交通方式是非必有参数，现有语料中没有提及，但在实际生活中，就餐者一旦确定就餐地点以后，必然会涉及到怎么去的问题。从出发地和就餐地点之间距离的远近考虑，可以分为单种交通方式和多种交通方式。如果出发地距就餐地点较近，那么就可采用单种交通方式，有时就餐者为了方便，即使距离较远，也会采取单种交通方式（比如自驾出行等）；如果出发地距就餐地点较远或一些客观原因无法直接到达，则需采用多种交通方式结合。

4.1.6.1 单种交通方式

包括以下几种方式：（1）步行；（2）骑自行车；（3）坐公共汽车；（4）坐地铁；（5）坐出租汽车；（6）自驾车。

4.1.6.2 多种方式结合

这种方式包括的情况有很多种，将单种交通方式组合起来比如可以先步行再坐公共汽车，再坐地铁；先坐地铁后步行，再坐公共汽车等，因组合方式很多，此处不赘。

4.1.7 余论

4.1.7.1 食堂

关于就餐地点其实还有一种情况就是在食堂。在教材语料中，有一些提到了学生在食堂就餐的情况。如例4-34至35：

例4-34：《成长汉语》第九课

（在教室里）

杰克、珍妮：中午你们去哪儿吃饭？

朴龙宇、金美英：我们去食堂吃饭。你们呢？

杰克、珍妮：我们去麦当劳吃汉堡。

（在食堂里）

食堂师傅：你们吃点儿什么？

朴龙宇：我吃馒头。

食堂师傅：你要几个？

朴龙宇：一个。金美英，你呢？

金美英：我不吃馒头，我要一碗米饭。

例4-35：《汉语教程1》第八课

（在教室）

麦克：中午你去哪儿吃饭？

玛丽：我去食堂。

本文所谈到的"外出就餐"指学生不在自己的住处用餐而是去饭馆用餐，也包括不在校内食堂用餐。因为学校食堂是学生的主要用餐地点，而且在食堂买饭和在校外的餐馆吃饭图式结构是不同的，所以这里仅讨论学生在校外餐馆吃饭的情况。

4.1.7.2 侍者

侍者即服务员,在现有的教材语料中,服务员是每则语料中都必定会出现的。在实际生活中,服务员在餐馆中也扮演着重要角色,是不可缺少的。服务员虽然不是参数,但是有必要提及,在实际交际中,留学生也应该了解这一部分内容,比如服务员用语等,否则会影响双方的交际。

4.1.7.3 菜单

菜单虽不算是参数,但是在餐馆中基本上是必会出现的,菜单中的菜名及图片、菜的价格都会作为就餐者参考的依据。所以在研究"外出就餐"图式结构时也应把菜单考虑其中,在教学中也可以加强学生对这方面的了解,比如菜名等。

例4-36:《互动式汉语口语——入门》第六课

李红:今天我们吃川菜,怎么样?

山田:我请客,这是菜单,你想吃什么?

李红:我喜欢吃辣的,这里的蘑菇很好吃。

例4-37:《体验汉语基础教程3》第二十八课

服务员:欢迎光临。请问,几位?

马克:两位。

服务员:里边坐。这是菜单。你们喝点儿什么?

马克:我们喝点儿啤酒吧。

例4-38:《祝你成功——生活交际篇》第五课

朋友:请问,今天有什么特色菜?

服务员:香酥鸡,今天半价。

朋友:来一个香酥鸡。马丁,你喜欢什么?

马丁:我喜欢糖醋鱼。

朋友:再要一个糖醋鱼。

虽然上述语料中并没有提到菜单,但是就餐者所点菜品都已涵盖在菜单中。

4.1.7.4 价格

就餐者往往会对餐馆的价格进行比较，一般可分为三种情况：在同类商品比较中，价格偏高、价格适中和价格偏低。其中餐馆的地点、环境、成本、菜的味道等因素都会影响到餐馆对价格的定位以及就餐者对价格的判断，也会影响就餐者对就餐地点的选择。

例4-39：《大学汉语初级口语上》第十五课

张明：服务员，买单。

山田：再给我们两张餐巾纸。

服务员：一共是三十五块钱。

杰夫：才三十五块钱，真便宜。

例4-39中顾客通过比较，认为这家餐馆价格很便宜。再如例4-40：

例4-40：《成长汉语》第十二课

（下课后，在路上）

珍妮：金美英，中午你去哪儿吃饭？

金美英：中午我去学校门口的那家饭馆儿吃饭。

珍妮：那儿的菜怎么样？

金美英：挺好吃的，还特别便宜。

珍妮：太好了，我们一起去吧。

有的消费者则认为价格适中，可以接受，如例4-41：

例4-41：《轻松学中文3》第四单元第十二课

A：我们星期天下午去红山饭店吃自助餐了。

B：你们吃了什么？喝了什么？

A：我们吃了甜点、有蛋糕、饼干、冰淇淋等。我们还吃了寿司、炒面和炒饭。

B：有水果吗？

A：当然有。我们吃了西瓜、苹果和香蕉。

B：在那里吃饭贵不贵？

A：还可以，每位一百五十块。

虽然以上所列几点都不属于参数，但在实际交际中都是一定会出现的，而且是非常重要的，所以我们也可以有如下思考：

（1）从现有教材中关于外出就餐这一部分来看，教材中所包含的信息量还是略有局限的。毕竟在实际生活中，学生不会只局限在某类就餐地点或餐点，因此在教材编写中，有必要考虑全面性和系统性，可以对参数进行调整，增加补充词语和练习等，以便给学生多方面参考。

（2）在教学过程中，教师也可以将以上几点考虑其中，结合参数，一并应用到教学中，使课堂教学更加丰富。

4.2 外出就餐总图式

外出就餐图式的参数会构成外出就餐图式的各个环节。各环节按照一定的顺序组合就可以构成外出就餐图式结构。根据参数和实际情况的变化，外出就餐图式可分为简单外出就餐图式和复杂外出就餐图式。简单外出就餐图式中所涉及到的参数相对简单：就餐人数不超过两人，就餐地点不超过一个，餐点不超过一种，结账方式也较单一。复杂外出就餐图式中所涉及的参数相对复杂：就餐人数由单人或两人变成多人，就餐地点由一个变成多个，餐点由单一餐种变成多种，结账方式也由单一变成复杂等等。本文仅讨论简单外出就餐图式结构。

环节又可分为必有环节与非必有环节。在教材中和实际生活中，必有环节和非必有环节出现的频率是不一样的。在教材中，必有环节包括择地、落座、点餐、进餐、结账这几个环节；非必有环节大致有前往就餐地点、评价、打包这几个环节。而在实际生活中，必有环节包括择地、前往、落座、点餐、结账等；非必有环节则包括评价、打包等。本文仅以在教材语料中的出现频率为依据来说明。

在简单外出就餐图式结构中，又可分为总图式结构和变化图式结构（简称"变式"）。在实际交际中，交际图式并不是一成不变的，每个大环节下也包含诸多小环节，任何一个小环节都会随着语境、主客观条件等因素而发生变化，进而产生相应的变化图式，情况也变得复杂。下面我们先分析简单外出就餐总图式结构，然后再分析总图式结构之下的变化图式结构，并根据出现频率确定常用图式结构。

4.2.1 概述

简单外出就餐总图式包括择地、前往、落座、点餐、进餐、评价、打包和结账等环节，通常顺序不能打乱。参见图4-2：

```
择地
 ↓
前往
 ↓
落座
 ↓
点餐
 ↓
进餐
 ↓
评价
 ↓
打包
 ↓
结账
```

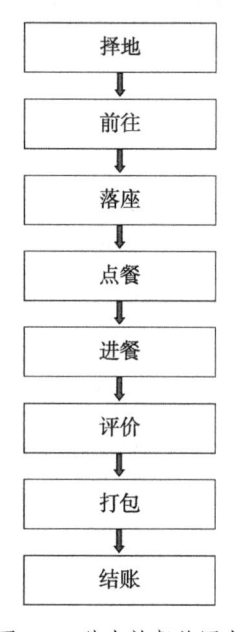

图4-2：外出就餐总图式

4.2.2 必有环节之一：择地

4.2.2.1 常用生词

在这一环节中，学生首先应掌握一些基本词语，如与地点相关的词语及一些餐点类词语。只有掌握了这些词语才能顺利进行后续的环节。

（1）地点类：饭馆儿、饭店、酒店、食堂、餐厅、小吃店、包子铺、大排档、自助餐馆、麦当劳、肯德基、快餐店、日本料理、韩国料理、泰国菜馆等。

例4-42:《成长汉语》第九课

(在教室里)

杰克、珍妮:中午你们去哪儿吃饭?

朴龙宇、金美英:我们去食堂吃饭。你们呢?

杰克、珍妮:我们去麦当劳吃汉堡。

(2)方位类:附近、门口、东边、南边、东南角、对面等。

例4-43:《成长汉语》第九课

珍妮:金美英,中午你去哪儿吃饭?

金美英:中午我去学校门口的那家饭馆儿吃饭。

4.2.2.2 常用语句

在选择就餐地点之前,就餐者会根据个人喜好或其他原因而对就餐地点有大致的考虑,一个人就餐对于就餐地点的选择不涉及到此类语句,如果是两人外出就餐,便会彼此沟通协商,达到目标一致。这里仅以两个人就餐为例,这一环节常用的语句可以分为两类:

(1)商量式:"咱们去哪吃呢?"、"你觉得哪家饭馆的菜不错?"这是就餐者心中没有初步打算,来询问对方的意见的情况。"咱们去×××吃还是去×××吃?"这个句型是当就餐者的选择不止一个时常用的。

例4-44:《成长汉语》第九课:

珍妮:金美英,中午你去哪儿吃饭?

金美英:中午我去学校门口的那家饭馆儿吃饭。

珍妮:那儿的菜怎么样?

金美英:挺好吃的,还特别便宜。

珍妮:太好了,我们一起去吧。

金美英:好。

(2)建议式:"我们去……吃吧。"、"咱们去……尝尝吧。"就餐者直接提出与另一就餐者共同去某地就餐,以征求对方的同意。

例4-45:《体验汉语基础教程3》第二十八课课文一

甘雅:你吃过北京烤鸭吗?

惠美:没吃过。

甘雅：我也没吃过，咱们去尝尝吧。

4.2.3 必有环节之二：落座

就餐者在选择座位时往往根据餐馆的环境、个人喜好等挑选自己喜欢的座位。

4.2.3.1 常用生词

常用生词包括一些服务员的招呼用语和与座位相关的词语。如欢迎光临、座位、靠窗户、靠门口、靠过道、里边、中间、包间、东/西/南/北边、满了、坐、几位、这边、桌子、坐不下等。

4.2.3.2 常用语句

一般来说，这个环节有两种方式：一种是就餐者自己询问或挑选；另一种是服务员推荐座位。这部分需要学生积累一定的基础语句以及和方位有关的知识点。

A. 就餐者常用语句：

（1）询问式：

1）"咱们坐哪？"就餐者不确定座位的位置，通过彼此询问来决定座位。

2）"有没有……的座位？"、"你们有包间吗？"、"我们坐那儿行不行？"这种情况是就餐者心中有拟定的座位，但是不确定现实情况是否允许，因此来向服务员询问。

例4-46：《祝你成功——生活交际篇》第五课对话二

服务员：欢迎光临，您几位？

朋友：两位。

服务员：请坐这儿。

马丁：有没有靠窗户的座位？

服务员：对不起，靠窗户的座位已经满了。

（2）建议式："咱们坐那吧。"就餐者已经选定好目标座位，以期获得另一就餐者的同意。在教材语料中，还未出现这种情况，但在实际生活中，这是普遍存在的现象。

B.服务员常用语句：

外国学生在选择座位时，不但要能有效地输出，还要熟练掌握一些服务员用语，这样才能保证彼此沟通顺利进行。一般来说，服务员在选择座位这一环节涉及到的语句大致有以下三种：

（1）询问式：

"你们有预定吗？"服务员在不确定就餐者是否已提前预定好座位的情况下进行信息确认，因为在一些大饭店或是很热门的饭店是需要提前预定好座位的。"您靠窗坐行吗？"服务员提出建议征询就餐者的意见。

（2）回答式：这种情况是在就餐者询问以后，服务员给出回答。如"对不起，没有座位了。"、"……的座位已经满了。"

（3）建议式："坐……吧"、"请这边坐"等。一些就餐者对座位并没有特定要求，因此服务员便可根据实际情况直接给就餐者指定座位。

例4-47：《体验汉语口语教程2》第四课对话一

服务员：您好！请问几位？

欧文：两位。

服务员：坐这边吧。

例4-48：《体验汉语基础教程3》第二十八课课文二

服务员：欢迎光临。请问，几位？

马克：两位。

服务员：里边坐。这是菜单。

4.2.4 必有环节之三：点餐

点餐是外出就餐图式中非常重要的环节，也是学生最应该熟练掌握和运用的。具体在这一环节使用的词语有以下几类，如：常见主食名称、常见蔬菜名称、常见菜肴名、常见汤品名称、常见饮品名称等。因食物种类繁多，这里仅以各大教材中使用频率教高的为例。

4.2.4.1 常用生词

常见主食名称：米饭、蛋炒饭、面条、包子、饺子、烙饼、馒头、馄饨、粥等。

常见蔬菜名称：豆角、茄子、土豆、西红柿、黄瓜、辣椒、萝卜、白菜、菠菜、苦瓜、西葫芦、大蒜、油菜等。

常见菜名：有中餐馆类的，如北京烤鸭、西红柿炒鸡蛋、鱼香肉丝、宫保鸡丁、麻婆豆腐、酸辣土豆丝、炒白菜、红烧肉、红烧茄子、糖醋鱼、香酥鸡、京酱肉丝等；有非中餐馆类的如牛排、奶酪、巧克力蛋糕、水果沙拉、寿司、意大利面、披萨、蔬菜沙拉、三文鱼等。

常见汤品名称：酸辣汤、鸡蛋汤、冬瓜汤、三鲜汤等。

常见饮品名称：苹果汁、西瓜汁、咖啡、茶、花茶、绿茶、矿泉水、可口可乐、百事可乐、啤酒、白酒、葡萄酒等。

调料类：糖、醋、盐、味精、酱油等。

其他：菜单、点菜、餐巾纸、盘儿、碗、盘、特色菜、饮料等。

4.2.4.2 常用语句

就餐者常用语句：

（1）要菜单："服务员，我们要点餐。""请给我菜单。"

例4-49：《体验汉语口语教程2》第四课对话二

春香：服务员，点菜。

服务员：你们想吃点儿什么？

例4-50：《大学汉语初级口语上》第十五课补充对话一

服务员：欢迎光临！请坐，这是菜单。

小明：我要白菜粉条。爷爷，您呢？

爷爷：再来个辣子鸡，我喜欢吃辣的。

在教材中并没有涉及要菜单的语料，所有与菜单相关的语料都是服务员事先已将菜单拿给食客。但在实际生活中，要菜单的情况还是会时常发生的。

（2）点餐：

①直接点餐："来一个（份/盘）……。"、"我要一个（份/盘）……。"这是这一环节中最常用、最基础的句型。

例4-50:《体验汉语 生活篇》第四课对话一

服务员:这是菜单,请点菜。

迪米特里斯:要一个宫保鸡丁,一个土豆饼。

服务员:还要别的吗?

迪米特里斯:再要一碗米饭。

服务员:您喝什么?

迪米特里斯:要一壶花茶。

例4-51:《祝你成功 — 生活交际篇》第五课对话一

服务员:请问,您想吃什么?

马丁:比萨,要一份中号的,再要一份蔬菜沙拉。

服务员:您喝点什么?

马丁:一杯苹果汁,饭后要一杯咖啡。

②询问式:"有 …… 吗?"、"有没有 …… ?"、"这儿有什么?",当就餐者心中已经选定餐点后,便可用这个语句进一步询问是否有这种餐点,或是通过询问来考虑自己的餐点。

例4-52:《跟我学汉语》第一册第二十五课

服务员:先生,您吃点儿什么?

扬:有饺子吗?

服务员:有,要多少?

扬:二十个饺子。

服务员:好。您喝什么饮料?

扬:我不要饮料,要一碗鸡蛋汤。

服务员:好。

例4-53:《成长之路 —— 起步篇》

服务员:请这边坐。两位吃点儿什么?

李小明:这儿有什么?

服务员:有米饭、饺子、包子。

李小明：有没有面条？

服务员：没有。

③请求推荐："你推荐一下吧。"就餐者不确定自己的餐点时，可以向服务员请求推荐特色菜或特价菜等。

例4-54：《实用汉语1》第四单元第十一课

服务员：请这边坐。这是菜单，你们看一下。现在点菜吗？

玛丽：你推荐一下吧。

服务员：回锅肉是我们的特色菜，又香又软，客人们都喜欢。

谢芳：那来一个。

（3）商量："别放……。"、"请给我……。"、"不要太咸/辣……。"由于人们的饮食习惯、禁忌和个人喜好都不同，因此在点餐中对于餐点便会有一些要求，如不要放味精、菜不能太辣等。

例4-55：《体验汉语生活篇》第四课对话二

雅典娜：小姐，别放味精。

女服务员：好。

雅典娜：请给我一张餐巾纸。

女服务员：好。给您。

例4-56：《汉语交际口语1》第六单元对话一

杰克：请不要放味精。

朱丽：请少放一点儿盐。

服务员：好的。

（4）点餐之后：在点餐之后，就餐者可能会遇到一些特殊情况，如上菜速度较慢或需要加菜等情况。因此，留学生也应了解这一部分内容。

①催菜："……能快点儿吗？"

例：4-57：《体验汉语生活篇》第四课对话二

雅典娜：小姐，我的菜还没上，能快点儿吗？

女服务员：我去看看。

②加菜："再来一个……"

例4-58：《日常口语》第二课对话一

格林：再来一碗米饭。有包子吗？

服务员：有。肉包和豆沙包都有。您要哪一样？

格林：再来两个肉包。

4.2.2.3.3 服务员常用词语

欢迎光临、几位、请坐、请问、稍等、等一下、马上、半价、喜欢、慢用、忌口、别的、点菜、需要等。

4.2.2.3.4 服务员常用语句

（1）点餐：

①询问：一般情况下，点餐环节都是以服务员询问的方式来展开的，就餐者的回答可以分为两种，一种是肯定式，直接说出自己要点的餐点；另一种则是通过疑问式来确定是否有自己需要的餐点。

例：4-59：《汉语交际口语1》第六单元对话一

服务员：您吃点儿什么？

杰克：来一个红烧肉。

服务员：还要什么？

杰克：再来一个炒白菜。

服务员：要什么主食？

杰克：一碗米饭。

②商量："有什么忌口吗？"在日常交际中，就餐者点完餐以后，服务员通常会询问一句是否有忌口，如对酸、辣、味精等是否有要求。但在教材语料中并未提及这一部分。

4.2.2.3.5 点茶水

通常情况下，选择西餐饭店是没有茶水服务的，在大多数中餐店和大饭店有茶水服务，可分为收费茶和免费茶。这一部分在教材中也是没有语料的，但是一些茶的名称还是有必要知道的，如龙井、铁观音、普洱茶、菊花茶、大麦茶、绿茶、红茶、花茶等。这一环节涉及到的常用生词是免费、收费以及茶的名称等。

4.2.5 必有环节之四：进餐

进餐是外出就餐的必有环节，但是在教材中很少提到这一环节，一个主要的原因是这个环节可拓展性较高，进餐过程中可涉及到的内容可能超出外出就餐所涉及的范围。但是在实际生活中，就餐者在进餐过程中也可能会对餐点进行评价或提一些要求，如需要加盐等，或因不合口味而要求餐馆处理一下餐点等。

例4-60：《初级商务汉语口语》第五课

（菜上齐）

渡边：今天咱们点的这菜都不错，色香味都好。

阿年色：什么叫色、香、味？

渡边：色就是颜色，红的肉、绿的菜、白的豆腐，看着就好吃。香就是香味儿，鼻子一闻就有食欲了。味就是味道，什么甜的、酸的、辣的，还有又酸又甜的。

阿年色：快点儿大饱口福吧，我已经等不及了。

这则语料就是在进餐过程中，就餐者对餐点进行评价。虽然在教材中这部分内容出现的频率很低，但是在实际生活中却是很重要的环节之一，而且在进餐过程中，可能会出现很多种情况，因此，熟练掌握这一部分内容可以帮助学生更顺利地完成交际。进餐过程中所说的常用词语和语句通常属于评价范畴，在此恕不赘述了。

4.2.6 必有环节之五：结账

结账是必有环节，学生应掌握一些与货币交易相关的知识，包括了解支付方式、货币金额等，还有一部分跨文化交际方面的知识，如在中国是不需要付小费的等等。

4.2.6.1 常用生词

买/埋单、结账、AA制、现金、刷卡、小费、账单、一共、找钱、发票等。

第四章 现代汉语就餐图式研究

4.2.6.2 常用语句

包括"服务员，结账/买单。""您要刷卡还是付现金？""这是您的发票。"等。

例4-61：《祝你成功 — 生活交际篇》第五课对话一

马丁：小姐（先生），结账。

服务员：先生，这是账单。您这是100，找您7块。欢迎您再来。

例：4-62：《体验汉语 生活篇》第四课

雅典娜：小姐，结账。

女服务员：一共56块。

4.2.7 非必有环节一：评价

有的就餐者在进餐结束后会对就餐情况进行评价，比如餐点的味道，菜量、服务的好坏等。这一环节也可以在就餐过程中或结账买单之前出现。

4.2.7.1 常用生词

菜量、色、香、味、太咸/淡/辣/酸、不错、很好、不太好、不好、有点儿、贵、便宜等。

4.2.7.2 常用语句

（1）询问："……怎么样？""……（不）咸/辣吗（吧）？"

（2）评价：

①质量："……真好吃。""……挺不错。""……不太好吃。""有点儿……。"

②数量："菜量挺多的。""菜量太少了。"

③服务："这家饭馆的服务挺好/不错的。""上菜太慢了。""服务不太好。"

例4-63：《日常口语》第二课对话二

艾克：菜的味道怎么样？

格林：挺不错，就是有点儿辣。

艾克：汤不咸吧？

格林：不咸，还淡了一点儿。

艾克：鱼有点儿酸吧？

格林：有点儿酸，还有点儿甜。

艾克：今天的面条味道怎么样？

格林：真好。我还想再添一点儿。

4.2.8 非必有环节二：打包

在实际就餐中，就餐者有时会将多余的餐点打包带走，如例4-64：

例4-64：《体验汉语生活篇》第四课

雅典娜：这个菜打包。

女服务员：好。

4.2.8.1 常用生词

包括打包、餐盒、塑料袋等。

4.2.8.2 常用语句

包括"服务员，打包""麻烦拿个餐盒，我要打包"等。

4.2.9 非必有环节三：前往

"前往"即前往就餐地点。在教材中，没有语料提到前往就餐地点这一环节，但是在生活中，这一环节是必有环节，而且它涉及到很多交通方式，比如步行、公交、地铁、自驾车等，如果留学生不能很好地掌握这一部分就无法顺利完成外出就餐这一交际项目。按照出发地与就餐地点距离的远近，可以采取单种交通工具或多种交通工具叠加使用，所以学生还要适当积累一些交通方面的词语及相应的交际能力。

常用生词和语句基本上是以交通类的为主，例如：公交、地铁、步行、自驾车、直达、转车、换乘等。

4.3 外出就餐变化图式

简单外出就餐变化图式结构（变式）是相对于总图式而言的，各个环节由参数组合而成，每个大环节又包含若干个小环节，一但参数内容发生了变化就会引起某些环节随之发生变化。在现实生活中，情况往往是很复杂的，因此实际生活中的图式与教材中所反映出来的会有一些不同。留学生最终的目的是要能够在实际生活中顺利完成交际，因此掌握变式结构是非常有必要的。

4.3.1 变式之一：择地相关变式

就餐地点的不同会使得图式结构有不同的变化，如果饭店是主人或组织者事先定好的，就不存在选择就餐地点的环节。因此，在实际生活中，有些环节是会省略的。就餐地点可大致分为以下几类：

4.3.1.1 路边摊

就餐环境相对随意，总体环节大致包括落座、点餐、进餐、买单、打包。其中，评价、打包是非必有环节，一般茶水为免费茶，点餐中无需点收费茶水环节。打包环节有时也可省略。

4.3.1.2 特色风味店

包括各地风味小吃、民族特色小吃，经营各种特色风味食品。如羊肉、牛肉、兔头、粗粮等。总体环节与上述基本无太大差别。

4.3.1.3 小饭馆

包括各种小饭馆，如饺子馆、包子馆、砂锅米线馆、大排档等。就餐步骤基本与外出就餐大环节相符，落座、茶水、点餐、进餐、打包、买单。每个环节都是可实现环节，其中，落座、点餐、进餐为必要环节，其他环节为非必要环节。

4.3.1.4 大饭店

星级大饭店、各色风味大饭店等。相对来说，大饭店的服务好，质量高，各个环节都是可以实现的。茶水一般都有免费和收费的两种。就餐者可以根据是否需要进行点收费茶水的环节。总体环节如图4-3：

```
落座
 ↓
点茶
 ↓
点餐
 ↓
进餐
 ↓
评价
 ↓
打包
 ↓
结账
```

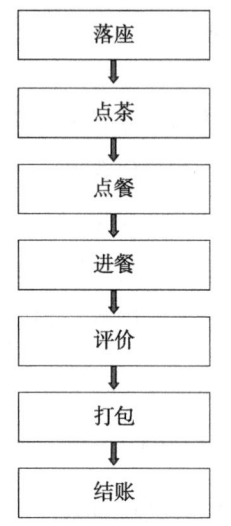

图4-3：在大饭店就餐图式结构

4.3.1.5 非中餐店

通常在非中餐店，茶水服务是没有的，因此点餐环节中无点茶水环节。其他环节都是可以实现的，总体环节如图4-4：

```
落座
 ↓
点餐
 ↓
进餐
 ↓
评价
 ↓
打包
 ↓
结账
```

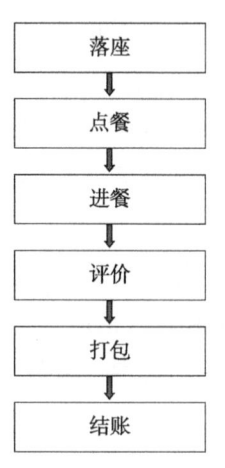

图4-4：在非中餐店就餐图式结构

一般来说，如果就餐地点是就餐者比较熟悉、经常光顾的，评价环节也是可以省略的。

4.3.2 变式之二：点餐相关变式

所选的就餐地点不同，点餐的程序也不同。吃中餐和吃西餐的点餐顺序不同，即使同样是吃中餐，点餐的图式也不尽相同，比如吃炒菜和吃火锅的点餐顺序便不同：吃火锅时，服务员通常会先询问要什么火锅底料和调料，吃炒菜就无此环节。由此可见，在大环节基式不变的情况下，根据不同情况和实际需要，各项小环节就会有不同的变化。现将炒菜、火锅、西餐的一般点餐顺序呈现如下：

4.3.2.1 吃炒菜的点餐顺序

包括凉菜、热菜（荤素搭配）、汤、主食、酒水饮料等。在实际生活中，点餐的顺序也常常取决于点餐者的主观想法和服务员的引导语，情况往往是变化的。如例4-65：

例4-65：《体验汉语基础教程3》第二十八课 课文二

服务员：里边坐。这是菜单。你们喝点儿什么？

马克：我们喝点儿啤酒吧。

张华：你喝吧。我喝茶。

马克：你们这有什么特色菜吗？

服务员：我们这儿的鱼香肉丝、京酱肉丝、麻婆豆腐什么的，都挺不错的。

马克：好吧。给我们来个京酱肉丝和麻婆豆腐。

在这个语料中，服务员首先询问就餐者喝什么，因此就餐者就先点了酒水饮料，然后才开始点菜。可见，即使就餐地点相同，点餐的顺序也不一定都相同，都是随着主客观情况而发生改变的。

4.3.2.2 吃火锅的点餐顺序

包括锅底、小料、荤菜、素菜、酒水饮料等。

4.3.2.3 吃西餐的点餐顺序

包括前菜、主菜、拌菜、汤、甜品、小吃等。如例4-66：

例4-66：《祝你成功——生活交际篇》第五课 对话一

服务员：请问，您想吃什么？

马丁：比萨，要一份中号的，再要一份蔬菜沙拉。

服务员：您喝点什么？

马丁：一杯苹果汁，饭后要一杯咖啡。

在实际生活中，点餐顺序并不是一成不变的，有时价格也会对点餐顺序有影响：

例4-67：《祝你成功 — 生活交际篇》第五课对话三

朋友：请问，今天有什么特色菜？

服务员：香酥鸡，今天半价。

朋友：来一个香酥鸡。马丁，你喜欢什么？

马丁：我喜欢糖醋鱼。

朋友：再要一个糖醋鱼。

服务员：你们两个人要半只鸡就够了。

马丁：好吧。

顾客在点餐时并没有遵循一般的炒菜点餐顺序，而是先点了特色菜。在"外出就餐"交际图式环节中，不同环节根据实际情况也可以省略，如在自助餐厅就餐，点餐环节就可以省略了。如果是朋友饭后外出小酌，则只点酒水不需要点主食。如果外出就餐只是吃主食比如说面食、饺子，就不需要点菜的环节。例如：

例4-68：《跟我学汉语》第一册第二十五课

服务员：先生，您吃点儿什么？

扬：有饺子吗？

服务员：有，要多少？

扬：二十个饺子。

服务员：好。您喝什么饮料？

扬：我不要饮料，要一碗鸡蛋汤。

服务员：好。

4.3.3 变式之三：进餐相关变式

在进餐过程中，需要考虑的因素也有很多，比如餐点质量（色、香、味、量）、进餐中的一些突发情况（菜不合口味、太咸等）、餐馆的服务好坏、价格是否划算等。如果就餐者对所去餐馆非常熟悉，通常无需评论。

虽然在教材中基本上对于进餐环节没有任何提及，但是在实际生活中，这是很重要的必要环节。有的餐馆为了提高餐馆声誉及服务质量往往会采取一些策略，比如赠送物品给消费者。如例4-69：

例4-69：《实用汉语一日一课·基础篇2》第十四课

服务员：榨菜肉丝汤来了，你们点的菜上齐了。

朋友：真好吃，我们把菜都吃完了。

麦克：你把南瓜饼也吃了吧。

服务员：这是赠送的水果。

麦克：谢谢。

朋友：谢谢。

4.3.3.1 常用生词
这种情况下的常用生词没有太大变动，多数是一些评价性词语。

4.3.3.2 常用语句
"……真好吃"、"……挺不错"、"有点儿……"、"菜量挺多的"、"菜量太了"、"上菜太慢了"、"服务不太好"等。

4.3.4 变式之四：落座相关变式

落座环节也是存在很多变式的，有些快餐店点完餐后直接打包则无需此环节，存在可选的变式有：①靠窗，②中间，③靠过道，④靠门口，⑤包间，⑥大桌，⑦小桌，⑧圆桌，⑨方桌。就餐者可根据实际情况和个人偏好选择合适的座位。

4.3.5 变式之五：打包相关变式

就餐者是否打包取决于饭菜有没有剩下，分多种情况：剩下的饭菜全部打包；剩下也不打包；剩下的饭菜一部分打包，一部分不打包。

常用生词和语句与基式的打包环节基本无异。

4.3.6 变式之六：结账相关变式

结账的变式结构也有多种情况，如果两个人一起去吃饭其中一人请客，则有人不需要买单。如果就餐地点的主人与就餐者相识，也可免单。如需要买单也要考虑到买单形式：公款、AA制、其中一个人请客或被免单等；付款方式：现金，刷卡，优惠券，代金券等；如果用餐后集体结账，则不存在付款买单的环节。在常用词语基础上，还要多掌握一些词语，如优惠券、代金券等，并知道如何使用。

例4-70：《实用汉语1》第四单元第十课

李明：在四大菜系中，鲁菜口味儿比较重，苏菜清淡。

谢芳：是的，粤菜比较甜，川菜很辣。

玛丽：是吗？听说上海现在有很多川菜馆。

李明：对啊，我们学校附近就有好几家呢！我还有一张"辣不怕"的优惠券。

汤姆：我喜欢吃辣的，咱们去尝尝吧！

大家：好主意！

4.4 外出就餐常用图式

常用图式本质上也是变化图式的一种，只不过是出现频率最高的变式。根据所搜集到的语料统计分析发现，简单外出就餐的常式为：择地→点餐→结账。这是一种极简变式，也是最常出现的变式：一个人或两个人到经常光顾的饭馆吃饭，无须择座，也没有评价、打包等环节，点完餐之后，吃完结账就走。

4.5 小结

在"外出就餐"总图式结构中,每一个图式下面由于参数内容发生了变化,都会有多个变式。在"外出就餐"交际图式环节中,不同环节根据不同情况可以有个别环节的省略,分为大环节的省略和小环节的省略两种情况,而小环节的省略最为常见。总之,学生要在掌握了最基本的总图式结构后,再深入学习了解变化图式。对于教师来说,在课堂中要把握好先后顺序、坚持有主有次、循序渐进的原则,在学生掌握了基式结构以后,再使学生进一步深入学习和掌握变式,同时在练习中也可逐步增加对变式结构的训练,以帮助学生达到运用自如的水平。

第五章 现代汉语购物图式研究

5.0 引言

5.0.1 文献回溯

购物是在华留学生常用的交际行为之一,因此对购物图式展开研究是非常有意义和价值的。殷晓琴(2012)借助现代图式理论,研究现代汉语作为第二语言教学过程中"购物"交际图式的相关问题,得出了"购物"图式的主要参数、基本图式、常用句式等,是研究购物图式较早的一篇论文,但也存在某些缺陷与不足:

(1)从研究对象来看,该文是以"购物"为例,面向初级汉语学习者的汉语常用交际项目图式研究,由于篇幅和层次的问题,仅将一些素材和语料进行了简单的陈述,未做深入分析,未能很好地完成对研究对象的思考。(2)从研究语料来看,第三章参数分析部分无语料支撑,仅为参数的罗列;第四章"购物"的基本图式部分所引26篇语料均来自教材,没有一手的录音语料。(3)从研究方法来看,文章拟定运用文本分析法、文献研究法和跨学科研究的方法,但在研究中对三种研究方法的运用效果有待商榷:文本分析中没有对词语的归纳,仅有部分名词的罗列出现在参数分析一章里;没有常用句式的归纳,仅将大量的句子呈现在第四章第二节中;文献研究法有别于该文对文献的阅读和研究,这一方法未能得以充分体现;跨学科研究的方法也未能在文中体现。(4)从研究内容来看,该文对购物图式的参数研究明显缺失,比如没有买方和卖方;缺少购物的总体图式描写；购物的基本图式描写有误；重点词语和常用语句的分析归纳未进行必要梳理；同时没有进行课文编写和教学设计。总之，关于现代汉语常用交际项目"购物"的图式本体研究需要进一步修改、补充与完善。

5.0.2 语料说明

本章以在华留学生现代汉语常用交际项目"购物"为研究对象，选取通过调查和筛选后得出的留学生主要购物地点及主要购买商品范围内的购物内容进行图式结构的描写，希望通过此项研究以点带面，为在华留学生常用交际项目购物图式的研究提供借鉴。

本章研究语料由两部分构成，包括录音语料（选自三个录音地点：购物中心、服装小店、水果摊）和文本语料。录音语料和文本语料各有优势和不足：录音语料属于一手语料，鲜活生动，是真实生活中人们使用的语言，但是有些内容过于随意，对留学生来说只能作为一种课余补充，不能作为学习的重点；文本语料主要来自目前使用的主流教材，这部分语料经过编写人员反复研究推敲，是规范的语言，但是文本语料往往与真实生活存在一定的距离。本文试图将录音语料和文本语料相互结合、扬长避短。

5.0.2.1 录音语料

本文录音语料的搜集方向是根据留学生在华购物情况的调查问卷最终确定的。本文选取了在购物中心购买服装、在服装小店购买服装和在水果摊购买水果三方面内容进行购物交际项目的语料录音工作。录音语料的优势是鲜活，在录音完成后进行了不经修改的转写，但是录音语料的随意性又是留学生无需重点掌握也无法较好掌握的，所以在分析研究录音语料的过程中，本文过滤掉了录音语料中的部分内容，例如：与购买商品无关的拉家常等。详见表5-1：

表5-1：录音语料相关情况

录音时间	2014年秋—2015年秋
录音地点	购物中心（西单大悦城/万达购物中心） 服装小店（西单明珠/西单地下商城） 水果摊（民大西门水果摊/市场水果摊）
录音媒介	手机&录音笔
录音类型	视频&音频
录音语料数量和使用情况	■录音未使用（14条）　■录音已使用（26条） 35%　65%

5.0.2.2 文本语料

本文的文本语料来自目前使用的主流教材（参见表5-2）。这部分教材中的文本语料经过编者们的精心编写，是对相关内容的高度概括，集中体现了不同交际项目的特点，无论是词语和常用语句的拟定，还是语法点的选择都是书面化的规范用语，是留学生在汉语学习中亟待掌握的知识，为本文的研究提供了有益的借鉴。正如没有哪种语料是完美的语料一样，文本语料在现实交际中的局限性或多或少会在留学生的实际交际活动中显露出来，这就需要借助录音语料不断完善。

表5-2：文本语料相关情况一览表

序号	教材名称	课文名称	编写者	出版时间	出版社
1	《博雅汉语初级起步篇》	9多少钱一瓶	李晓琪	2013年4月第1版	北京大学出版社

第五章 现代汉语购物图式研究

续表

序号	教材名称	课文名称	编写者	出版时间	出版社
2	《初级汉语口语1》	第八课 一共多少钱	戴桂芙	2004年7月第1版	北京大学出版社
3	《发展汉语 初级汉语口语》（上）	第四课（1）第九课 购物（2）第二十六课 购物（3）	陈晨	2004年9月第1版	北京语言大学出版社
4	《尔雅中文 初级汉语综合教程1》（上）	第九课 那件比这件便宜两百块	全军	2013年6月第1版	北京语言大学出版社
5	《跟我学汉语》（综合课本）	第4课 买水果和电话卡	王志刚	2008年3月第1版	北京大学出版社
6	《汉语教程》（第一册下）	第十九课 可以试试吗	杨寄洲	2003年3月第1版	北京语言大学出版社
7	《汉语初级口语教程》（上）	第四课 这条牛仔裤多少钱？第十四课 我可以试试吗？	杨寄洲 贾永芬	2007年6月第1版	北京语言文化大学出版社
8	《汉语口语速成》（基础篇）	第十一课 购物	马箭飞	2008年8月第1版	北京语言文化大学出版社
9	《汉语口语速成》（入门篇）	第12课 要红的还是要蓝的 第13课 您给我介绍介绍	马箭飞	2007年6月第1版	北京语言文化大学出版社
10	《魅力汉语》（第一册）	第14课 多少钱	姜丽萍	2009年8月第1版	广西师范大学出版社
11	《魔力汉语》	第九课：换季打折喽，请随便看看	姚晓琳	2004年	北京大学出版社
12	《轻松学汉语》	第六课 购物	马亚敏 李欣颖	2006年7月第1版	北京语言大学出版社
13	《实用汉语1》	第四课 桔子多少钱一斤？	洪俊	2009年8月第1版	上海译文出版社
14	《体验汉语口语教程》	第3课 我买这个	陈作宏	2010年3月第1版	高等教育出版社
15	《体验汉语 生活篇》	第4课 我想换一件	朱晓星 褚佩如	2011年7月第1版	高等教育出版社
16	《我们的汉语教室》（初级1）	第9课 购物	徐文静	2011年9月第1版	上海译文出版社

· 141 ·

续表

序号	教材名称	课文名称	编写者	出版时间	出版社
17	《我们说中文》（初级2）	第8课 逛街	宋可音	2013年12月第1版	北京大学出版社
18	《新实用汉语课本》（入门篇）	第十课 我在这儿买光盘	刘珣	2009年8月第1版	北京语言大学出版社
19	《中文在手》（生活篇）	7 购物 8 介绍物品	冯丽娟	2013年8月第1版	人民教育出版社
20	《走遍中国》（学生用书）	第8课 可以便宜点儿吗？	齐少艳	2011年10月第1版	麦克米伦公司和外语教学与研究出版社

经过统计汇总，本文搜集语料共计104条。其中，录音语料40条，已使用26条，已用语料占所搜集语料的25%；文本语料64条，已使用30条，已用语料占所搜集语料的29%，语料整体使用率为54%。[①] 详见图5-1

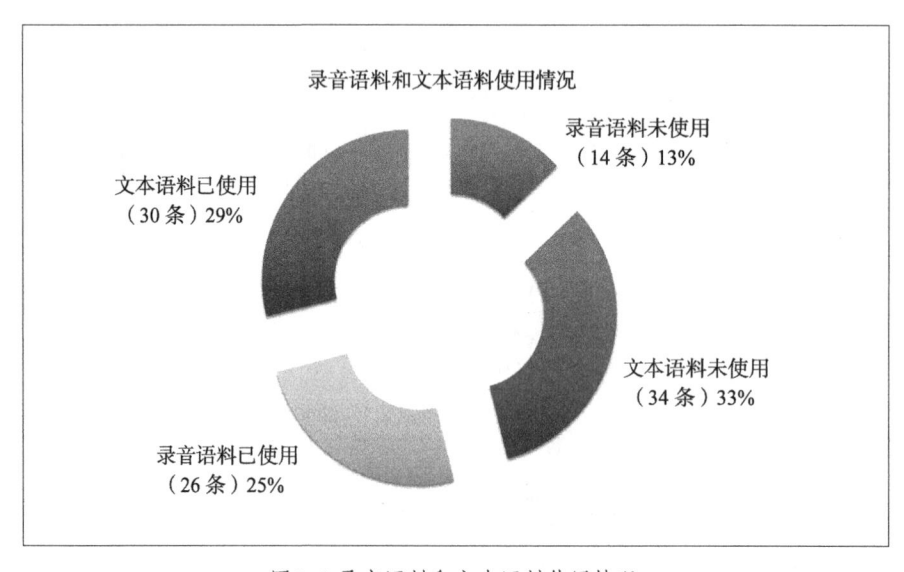

图5-1 录音语料和文本语料使用情况

[①] 未使用的录音语料主要由于内容重复或录制效果欠佳；未使用的文本语料主要由于内容重复。

5.1 参数分析

购物图式的参数主要包括买方（WHO1）、卖方（WHO2）、商品（WHAT）、价格（PRICE）、地点（WHERE）、方式（HOW）、原因（WHY）和时间（WHEN）。

5.1.1 参数之一：买方

购物过程中会涉及很多人物（WHO），主要包括买方（WHO1）和卖方（WHO2），另外还包括买方陪同者（WHO1'）和卖方同伴（WHO2'）等。本文是针对在华留学生购物进行的相关研究，因此买方（WHO1）特指在华留学生。人物（WHO）是购物图式中的显性参数，买方和卖方是出现在语料中的必有参数，陪同者和卖方同伴则为非必有参数。在购物图式的六大环节（A询问商品、B选择商品、C商议价格、D结算付款、E提取商品和F退换商品，参见后文）中都有买方（WHO1）和卖方（WHO2）在语料中直接出现。

5.1.1.1 买方本人

买方，指购物交际过程中购买商品的一方，本文特指在华留学生。

例5-1：

卖水果的：想买点儿什么？

爱德华：荔枝怎么卖？

卖水果的：六块一斤。

爱德华：来两斤吧。

卖水果的：还要别的吗？

爱德华：不要了。

这则语料中买方仅为一人（爱德华）。买方（爱德华）用直接询问商品价格的方式提出购物需求（A询问商品：爱德华：荔枝怎么卖？），因为他的购买目标明确，采取了主动选择商品的方式（B选择商品：爱德华：来两斤吧。）。本语料虽然没有明确出现C、D、E环节，但是从买方和卖方的对话可以看出，买方购买荔枝的交际过程是成功的，买方参数始终贯穿于购物交际过程。

5.1.1.2 买方陪同者

通过对留学生购物交际行为的前期调查，发现在日常的购物过程中近70%的留学生会选择在购物时结伴的方式，即买方为一人，外带陪同者的情况（此处仅讨论外带一位陪同者的情况）。

例5-2：（在商店）

杰夫：我要买这种自行车，什么颜色的好？

安妮：黑的怎么样？

杰夫：黑的好吗？我喜欢蓝色。

安妮：请问，这种车有蓝色的吗？

售货员：哪种？

杰夫：这种。

售货员：有。蓝的、黑的都有。

杰夫：我要一辆蓝的。多少钱？

售货员：三百四。

这则语料中买方为一人（杰夫），外带陪同者一人（安妮）。有陪同者时，买方选择商品时常会征求陪同者的建议，有时会影响到对商品的选择（陪同者的出现对环节B选择商品产生影响），有时则不会影响到买方对商品的选择，例如本则语料中买方在咨询陪同者意见时用语含蓄，以问句出现（杰夫：我要买这种自行车，什么颜色的好？/黑的好吗？我喜欢蓝色。）；陪同者在表达意见时，用语委婉，也运用了问句形式（安妮：黑的怎么样？）。有陪同者出现，多因买方身边已有咨询对象，因此少有与卖方过多的攀谈互动，也因此，陪同者的意见对买方购物行为产生重要影响。陪同者的出现不仅会对选择商品产生影响，还可能对后续的C、D、E环节产生影响，例如：帮助买方砍价、结算时为买方提供零钱或者提取商品时帮助买方再次检查商品等。

例5-3：[录1]

买方陪同者：你都买了还买一样的吗？

卖方：秋天来了，这种衣服必不可少。

买方：七十。

卖方：交钱吧。

买方陪同者：六十吧。

卖方：交钱，过来交钱吧。

本则语料中的陪同者帮助买方砍价，直接影响到商品的价格（C商议价格环节）。在购物交际活动中，还有买方为两人或两人以上，互为对方陪同者的情况。总体来讲，陪同者的出现一方面会对买方的购物行为产生或多或少的影响，另一方面也对整个购物环节产生影响，进而影响到购物图式。陪同者多为提出建议，也有代替买方完成购物某环节任务的情况，特别是在帮助买方砍价的时候。

5.1.2 参数之二：卖方

5.1.2.1 卖方本人

卖方，指购物图式中出售商品的一方。

例5-4：[文3]

店员：小姐，您要买鞋吗？

玛丽：我看一下儿。

店员：我们的鞋很多，也很漂亮。您可以试一下儿。

玛丽：我可以试试那双吗？

店员：可以。

店员：这双怎么样？

玛丽：这双有点儿大，有小一点儿的吗？

店员：有。这双小一点儿。您试试。

玛丽：这双可以，可是颜色有点儿深。还有别的颜色吗？

店员：还有白色。您再试试白色的吧！

玛丽：这双白色的很漂亮。我要这双。

在购物交际活动中，卖方也是贯穿购物图式始终的必有参数和显性参数，例如在例5-4语料中的卖方（店员）。卖方在整个购物图式中有推动购物环节不断继续下去的趋势，比如本则语料中，卖方首先询问买方是否需要购物（店员：小姐，您要买鞋吗？），接下来极力推介合适的商品希望买方尝试（店员：您可以试一下儿。→您试试。→您再试试白色的吧!），最终使买方成功购买商品（玛丽：这双白色的很漂亮。我要这双。）。卖方作为与买方直接对话的一方，在整个购物交际活动中不仅影响买方对商品的选择，还掌握了商品的价格（特别是在可以议价的购物场所），与买方协商合适的结算付款方式，帮助买方成功提取商品，甚至在退换商品中也起到重要作用，可以说卖方对整个购物活动A、B、C、D、E、F所有环节都产生影响。

5.1.2.2 卖方同伴

在对现实购物场所进行走访观察时发现，卖方经常出现不止一人的情况。

例5-5：[录2]

买方：老板，甘蔗是上火的还是降火的。

卖方（女）：甘蔗是降火的，甘蔗是凉性的。

买方：清热的，降火的啊?

卖方（女）：性凉的，这不像那个芒果。芒果就是热性，火气大。

买方：现在，柚子还好吃吗?

卖方（女）：柚子好吃，大面积上市。

买方：是吧，那你帮我挑个柚子。

卖方（女）＋卖方同伴（男）：（女）好的。（男）你相信我吧?

买方：挑的都好甜那!

卖方（女）＋卖方同伴（男）：（女）木瓜是凉性的。（男）听我说啊，芒果和橘子是上火的，其它都是降火的。（女）还有个柿子。（男）柿子不是，柿子是驱寒的。

买方：我也上火，所以要吃点儿降火的。

卖方同伴（男）：所有的水果当中，芒果和橘子是上火的，其它都是降火的。

买方：哦，拿个柚子吧。橘子也上火对吧？

卖方同伴（男）：橘子上火的。

买方：橙子呢？

卖方同伴（男）：橙子是降火的。

买方：橘子跟橙子不是长一样吗？

卖方（女）+卖方同伴（男）：（女）品种不一样。橙子是橙子，橘子是橘子。（男）橙子也不上火，只有橘子。

买方：现在木瓜贵吗？

卖方同伴（男）：贵啊。

买方：我这两天不能吃，过两天再吃。

卖方（女）+卖方同伴（男）：（女）木瓜可以放。（男）你拿回去放一放。

买方：那就放你这儿吧。吃完这个再来买。香蕉呢？我能少拿点儿吗？

卖方同伴（男）：可以。

买方：能拿两根吗？

卖方同伴（男）：可以。

在例5-5语料中，开始时卖方为一人（女），后来出现卖方同伴（男），卖方同伴和卖方相互配合，共同回答买方的询问，推动销售行为的进程，共同完成售卖商品的行动。本则语料中的卖方同伴影响到买方对商品的选择（B选择商品），另外卖方同伴还可能影响到购物环节的C、D、E、F各个方面。和买方陪同者一样，虽然卖方同伴也并不总是出现在购物各环节中，但是一旦出现将可能更有利于推介和销售商品，而买方往往会因为这样的售卖形式"超额"购物。在社会分工越来越精细的今天，更多情况下不是单个人完成全部销售任务，比如在大型商场购物时，卖方在柜台售卖商品，卖方同伴可以是柜台里的其他卖方；到了结算付款环节，卖方同伴变为收银台的收款员；如果需要包装商品或者送货，卖方同伴还包括总服务台的服务人员或送货员等；如果需要退换商品，在原先卖方改变的情况下，退换商品时柜台里的卖方也是原先卖方的同伴，帮助买方完成商品退换及后续。因此，卖方同伴作为一个群体对购物中的各个环节都将产生影响，本文仅考虑卖方同伴为一人且帮助销售的卖方同伴。

在不同的地点购物，卖方会有不同的名称。在食堂，通常称呼卖方为服务员。在商场，通常称呼卖方为售货员。在售票处，通常称呼卖方为售票员。在小店（小摊），通常称呼卖方为师傅或老板。在小商品市场，通常称呼卖方为老板或摊主。在商店，通常称呼卖方为店员、老板或服务员。

5.1.3 买卖双方组合情况

买方和卖方的组合形式是对购物图式人物参数考量的重要一环，因为它的变化极大地影响购物行为的顺利完成。下面我们来看几个组合方式：

5.1.3.1 买方（一人）+卖方（一人）

这种情况有四种组合方式（参见表5-3），这是最简单的人物参数组合方式，在搜集的录音语料中有这种组合形式。

表5-3：买方（一人）+卖方（一人）

卖方 买方	男	女
男	买方（男）+卖方（男）	买方（男）+卖方（女）
女	买方（女）+卖方（男）	买方（女）+卖方（女）

5.1.3.2 买方（一人）+卖方（两人或多人）

这种情况有六种组合方式（参见：表5-4）。当买方为一人，卖方为两人或多人时，买方有可能被多个卖方的销售方式影响，从而购买原本未打算购买的商品；当然也可能产生反作用或不产生影响。这种影响存在，但并非必然，因而对购物图式的影响也如此。在搜集的录音语料中存在这种组合方式。

表5-4：买方（一人）+卖方（两人或多人）

卖方 买方	男／男……	男／女……	女／女……
男	买方（男）+卖方（男／男……）	买方（男）+卖方（男／女……）	买方（男）+卖方（女／女……）
女	买方（女）+卖方（男／男……）	买方（女）+卖方（男／女……）	买方（女）+卖方（女／女……）

5.1.3.3 买方（一人）+陪同者（一人）+卖方（一人）

这种情况有八种组合方式（参见表5-5）。在录音语料和文本语料中都存在这种人物参数组合方式，陪同者的出现对买方乃至整个购物图式会产生影响。这种影响随时出现，随时终止。

表5-5：买方（一人）+陪同者（一人）+卖方（一人）

卖方 买方+陪同者	男	女
男＋男	买方（男）+陪同者（男）+卖方（男）	买方（男）+陪同者（男）+卖方（女）
男＋女	买方（男）+陪同者（女）+卖方（男）	买方（男）+陪同者（女）+卖方（女）
女＋男	买方（女）+陪同者（男）+卖方（男）	买方（女）+陪同者（男）+卖方（女）
女＋女	买方（女）+陪同者（女）+卖方（男）	买方（女）+陪同者（女）+卖方（女）

5.1.3.4 买方（两人或以上）+卖方（一人）

这种情况有六种组合方式（参见表5-6）。此类组合和"买方为一人，有陪同者（陪同者为一人时），卖方为一人"有重叠之处，可进行合并研究。

表5-6：买方（两人或以上）+卖方（一人）

买方＼卖方	男	女
男／男……	买方（男／男……）+卖方（男）	买方（男／男……）+卖方（女）
男／女……	买方（男／女……）+卖方（男）	买方（男／女……）+卖方（女）
女／女……	买方（女／女……）+卖方（男）	买方（女／女……）+卖方（女）

5.1.3.5 买方（一人）+陪同者（一人）+卖方（一人）+卖方同伴（一人）

这种情况有十二种组合（参见表5-7）。

表5-7：买方（一人）+陪同者（一人）+卖方（一人）+卖方同伴（一人）

买方+陪同者＼卖方+同伴	男／男	男／女	女／女
男／男	买方（男）+陪同者（男）+卖方（男）+卖方同伴（男）	买方（男）+陪同者（男）+卖方（男）+卖方同伴（女）	买方（男）+陪同者（男）+卖方（女）+卖方同伴（女）
男／女	买方（男）+陪同者（女）+卖方（男）+卖方同伴（男）	买方（男）+陪同者（女）+卖方（男）+卖方同伴（女）	买方（男）+陪同者（女）+卖方（女）+卖方同伴（女）
女／男	买方（女）+陪同者（男）+卖方（男）+卖方同伴（男）	买方（女）+陪同者（男）+卖方（男）+卖方同伴（女）	买方（女）+陪同者（男）+卖方（女）+卖方同伴（女）
女／女	买方（女）+陪同者（女）+卖方（男）+卖方同伴（男）	买方（女）+陪同者（女）+卖方（男）+卖方同伴（女）	买方（女）+陪同者（女）+卖方（女）+卖方同伴（女）

5.1.3.6 买方（两人或以上）+卖方（一人）+卖方同伴（一人）

这种情况有九种组合方式（参见表5-8）。此种方式和"买方为一人，有陪同者（陪同者为一人时），卖方为一人，有卖方同伴（卖方同伴为一人时）。"有重叠之处，可进行合并研究。

表5-8：买方（两人或以上）+卖方（一人）+卖方同伴（一人）

买方＼卖方+同伴	男/男	男/女	女/女
男/男……	买方（男/男……）+卖方（男）+卖方同伴（男）	买方（男/男……）+卖方（男）+卖方同伴（女）	买方（男/男……）+卖方（女）+卖方同伴（女）
男/女……	买方（男/女……）+卖方（男）+卖方同伴（男）	买方（男/女……）+卖方（男）+卖方同伴（女）	买方（男/女……）+卖方（女）+卖方同伴（女）
女/女……	买方（女/女……）+卖方（男）+卖方同伴（男）	买方（女/女……）+卖方（男）+卖方同伴（女）	买方（女/女……）+卖方（女）+卖方同伴（女）

最后两种组合方式因参数较多，组合变化较前四种更为复杂，并没有出现在本文搜集的录音语料和文本语料中，因此现实生活中是否存在还需进一步考察。

针对汉语水平较高的在华留学生，我们可以更多地教授复杂组合方式所蕴含的文化内涵，例如：在买方是两人（或以上）的情况下，总体上女女组合明显多于男男组合；在买方和卖方互为异性时和互为同性时，是否影响购物时对方使用的词语和语句。这部分内容留待后续做进一步的思考和研究。

5.1.4 参数之三：商品

商品参数是购物图式中的必有参数，也是显性参数。留学生购物图式参数中的商品纷繁复杂。在前人的研究中，这部分内容主要包括：衣、食、住、行、玩、用、学等七大方面，并具体描述了这七大部分所涵盖的小类。例如："衣"包括服装、上衣、西服、唐装等；"食"包括果品、水果、苹果、橘子等；"用"包括腮红、粉饼、面条、粉条等。前人研究内容缺乏语料实证，本文将对此加以补充。

对现有六十余条文本语料归纳整理得出以下结果：

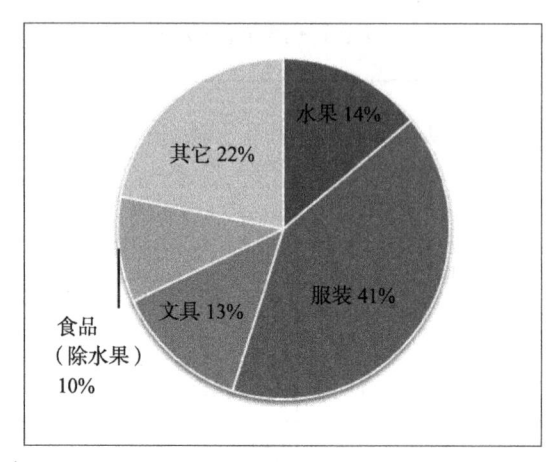

图 5-2：文本语料商品分类图

通过对留学生日常购物情况的调查分析，结合文本语料所呈现的商品分类特点，本文选取了留学生购买较为集中的服装类商品和水果类商品为例进行购物图式的描写。

5.1.4.1 服装类商品

例 5-6：[文 4]

玛丽：我看看羽绒服。

售货员：你看看这件怎么样？

玛丽：这件有一点儿长。有短一点儿的吗？

售货员：你要深颜色的还是要浅颜色的？

玛丽：浅颜色的我可以试试吗？

售货员：当然可以。

玛丽：这件太肥了，有没有瘦一点儿的？

售货员：你再试试这一件。

玛丽：这件不大不小，正合适，颜色也很好看。

玛丽：这种羽绒服怎么卖？

售货员：一件四百块。

玛丽：太贵了。便宜一点儿吧，二百怎么样？

售货员：二百太少了，不卖。可以打八折。给三百二吧。

玛丽：三百行不行？

售货员：给你吧。

对服装的购买有两种类型：单一商品的购买和多件商品的购买，在日常购买活动中多以单件服装购买居多。

5.1.4.2 水果类商品

例 5-7：[录3]

买方：葡萄怎么卖啊？

卖方：葡萄，这两个23，那个12。这个给你10块钱，下班价。要不你把这散的拿走呗，散的我给你便宜点儿。

买方：散的多少钱？

卖方：散的给你5块钱一斤，行吗？

买方：要不了那么多，要一半儿。

卖方：没多少。

买方：人少，吃不了都坏了。多了，多了，多了。

卖方：没多少，看，才4块2，4块钱。行吗？没多少，回去不怎么吃就没有了。别的还要吗？

买方：一共多少钱？

卖方：加橘子，这两个一共22。再加个4块，一共26块钱。

买方：好。

卖方：别的还要吗？苹果、火龙果、香蕉，香蕉5块的，给你4块。

买方：5根香蕉吧。

卖方：5根，好。

买方：那边那个多少钱？

卖方：那个是5块的，就剩那一把了。

买方：这个主要是太生了。

卖方：这个是熟的，已经熟透了。

买方：这个它发青。

卖方：这个是芝麻蕉。这个里面是软的，熟透的。金桔给你10块钱吧。

买方：金桔都要10块钱？

卖方：这个是好的。这个7块1，7块。

买方：天哪。你给我拿5块的吧。

卖方：刚才是26。行，5块加26，31。拿好啦！给我1块，找您20。

对水果类商品的购买无论是录音语料还是文本语料中都以购买多种商品为主。

购物图式中的商品参数是图式中不可或缺的部分，是购物图式的核心部分，其它参数围绕商品参数发挥各自功能；商品参数还影响购物图式的环节推进，是贯穿所有购物环节（A询问商品、B选择商品、C商议价格、D结算付款、E提取商品、F退换商品）的重要参数（水果一般不会存在F退换商品环节，服装则会出现。）。无论是成功的购物行为，还是失败的购物行为，商品参数都发挥举足轻重的作用。商品参数的问题将影响购物图式的表现形式：当商品满足买方要求时则为成功购物奠定基础；当商品无法满足买方要求时，购物行为将会失败。

5.1.5 参数之四：价格

价格是购物图式中的必有参数，也是显性参数。通过前期调查，仅有10%左右的留学生不关注商品价格问题。在日常购物过程中，价格往往是买方和卖方共同关心的重要问题。根据现有语料研究发现，价格的呈现形式主要有两种：单价和总价。现实生活中还存在大量的异动价格，即购买的商品不是标定价格。

5.1.5.1 以单价形式呈现

购买服装时，商品上常会带有一个标明商品信息的小牌子，俗称"吊牌"。吊牌上有商品的多个信息，价格也是其中重要的一部分，我们称这个写在吊牌上的价格为"零售价"或"吊牌价"。吊牌价往往是单件服装的价格。购买水果时，水果摊有时也写明不同水果的单价。商品的单价有两种统计方法：计件单价和计量单价。

5.1.5.1.1 计件单价

计件单价指一件商品的价格，购买服装时常出现。

例5-8：［录4］

买方：这个多少钱？

卖方：9块。

买方：这个多少钱？

卖方：6块。

买方：有没有不带帽子的开衫？里面不要毛的。在家可以穿。这个太大了。

卖方：那就没了。要不就这种，领子可以摘。

买方：摘也行。这件没那件厚。

卖方：这两件不是一个牌子的，这个是韩国的。

买方：这个多少钱？

卖方：这个特价，现在120。

买方：行，帮我拿件这个吧。一共多少？

卖方：我算算。一共135。刷卡还是现金，微信和支付宝也行。

买方：刷卡吧。

卖方：在这里签字。小东西在这边，衣服在这边。拿好啊，慢点儿。

买方：好，谢谢啊。

5.1.5.1.2 计量单价

计量单价指一个重量单位下商品的价格，购买水果时常出现，多表示为：一斤多少钱。

例：［录5］

卖方：过来啦。

买方：橙子怎么卖啊？

卖方：橙子给您5块5，便宜了。赣南橙皮儿薄，水分大。9块7毛钱。

5.1.5.2 以总价形式呈现

总价建立在单价的基础上，是多件商品求和后的价格形式。总价分为：计件总价和计量总价。

5.1.5.2.1 计件总价

例 5-9：［文 5］

大卫：师傅，我买啤酒。

售货员：你买几瓶？

大卫：多少钱一瓶？

售货员：三块五。

大卫：我买两瓶，再买两瓶水。

售货员：两瓶啤酒七块，两瓶水两块四，一共是九块四毛钱。

大卫：给你钱。

5.1.5.2.2 计量总价

例 5-10：［文 6］

师傅：先生，您要什么？

丁力波：你好，师傅。请问，这是什么？

师傅：您不认识吗？这是香蕉苹果。

丁力波：对不起，我是问，这个汉语怎么说？

师傅：啊，您是外国人。您在哪儿工作？

丁力波：我在语言学院学习。

师傅：您学汉语，是不是？您跟我学，很容易，这叫香蕉，这叫香蕉苹果，这是苹果，那是葡萄……

丁力波：香蕉、苹果、香蕉苹果……一斤苹果多少钱？

师傅：一斤三块五毛钱。

丁力波：您的苹果真贵。

师傅：一斤三块五不贵。您看，我的苹果大。好，做个朋友，三块钱一斤。

丁力波：一斤香蕉多少钱？

师傅：两块七毛五分一斤，五块钱两斤。

丁力波：我买四斤香蕉和两斤苹果。

师傅：一共十六块钱。再送您一个苹果。您还要什么？

丁力波：不要了，谢谢。给你钱。

师傅：好，您给我二十块钱，我找您四块钱。再见。

5.1.5.3 以异动价形式呈现

在购买商品时，商品价格并不是一成不变的，即便是早已定下了价格（比如服装上的零售价），它仍然会有很多机会发生变化，并呈现出不同的特点。站在买方的角度，商品价格越低越具有吸引力，卖方则希望以更高的价格成交，二者在价格异动中寻求共同可接受的最终价格。

5.1.5.3.1 折扣价

例5-11：[文7]

黄勇：师傅，我的眼镜架断了，我想换一副眼镜架。

师傅：我看看，你的镜片可够厚的。

黄勇：有跟这镜片相配的吗？

师傅：有。这种一千五，是日本进口的。

黄勇：好是好，不过够贵的。

师傅：这种八百，颜色跟你的皮肤很相配。

黄勇：有没有再便宜点儿的？我还是个学生，最好配个便宜点儿的。款式、颜色什么的没关系。

师傅：那你看看这边的。这是国产的，现在正在打折，原价四百八，现价一百二十八。你给一百二，怎么样？

黄勇：行，我就要这个吧。

通过打折活动，商品的原价改变，卖方给予买方一定的价格降幅，买方认可现有价格，最终成功购物，这是价格被卖方主动减少后给买方带来的价格实惠。俗话说"一个便宜三个爱"，在商品品质满足买方要求的前提下，商品价格成为买方购买商品的决定因素。例5-11语料表现出买方对折扣价的满意程度，最终成功购物。

5.1.5.3.2 协商价

例5-12：[文8]

保罗到秀水街的市场买东西

保罗：请问，这件羽绒服多少钱？

卖主：六百八十块。

保罗：太贵了，便宜一点儿吧。

卖主：六百五十块。

保罗：我今天只带了四百块钱，我没有那么多钱。三百五十块吧。

卖主：这件羽绒服颜色、式样和质量都不错，三百五十块太少了。

保罗：那我去别的地方再看一看吧。再见。

卖主：别走，朋友，三百五十块就三百五十块，卖给你吧。

协商价是指买方与卖方交替出价，最终以双方都满意的价格完成购物交际活动，这就是人们常说的"砍价"。由于买方希望将价格压低，而卖方又希望以更高的价格出售商品，因此协商价往往需要多轮进行。买方常用的砍价语句往往是"太贵了，便宜一点儿吧。"，买方还喜欢用"那我去别的地方再看一看吧。再见。"这样的语句以求卖方及时降价。一般在市场或小摊适合这样的砍价方式，在大型商场则不太适用这种议价方式。

5.1.5.3.3 批发价

例5-13：[文9]

马克：请问，有电话卡吗？

卖卡的：有，这些都是电话卡。您要哪种？

马克：哪种可以打国际电话？

卖卡的：这两种都可以。你买这种吧，大家都买这种。

马克：多少钱一张？

卖卡的：您要五十的还是一百的？

马克：一百的。

卖卡的：四十块钱一张。

马克：买两张，你可以便宜一点吗？

卖卡的：可以，给我七十五块吧。

批发价是指卖方因买方购买商品数量达到一定标准而给予的优惠价格，多在可议价的购物地点出现，如北京动物园服装批发市场。批发价较之于商品原有价格会有比较明显的降幅。近年来网络购物形式层出不穷，购物时出现的团购价和批发价有相似之处，二者都是因购买的商品数量达到一定标准后卖方给予买方的价格优惠，两者的区别在于批发价是一个人购买同种商品达到一定数量时给予的价格优惠，团购价则是不同人在购买同一商品达到一定数量时给予的价格优惠。因为团购价多出现在网络购物行为中，本文不着重讨论，而作为一种新兴的、广泛受到年轻人喜爱的购物价格，团购价越来越多地出现在日常生活中，人们常常用"你团了吗？"来询问购物的情况。

5.1.5.3.4 特价

例5-14：[录6]

买方：多少钱一斤，这橘子。

卖方：正宗砂糖橘，好甜的。

买方：不要太软的，要硬一点儿的。

卖方：别的还吃吗？

买方：苹果多少钱？

卖方：苹果7块。那个小一点儿的5块，不错，你看一眼吧。

买方：拿几个吧。

卖方：一共是20块4毛。

买方：葡萄多少？

卖方：葡萄2斤24。这刚来的，都卖6块一斤，特价5块钱。果子又脆又甜。别的还要吗？

买方：不要了。

卖方：这个13块5，加一块儿33块9。给我33块5吧。平时这种大果子都卖7块的，这不特价嘛。别的不要啦？

买方：不要了。

卖方：好的，慢点儿您！

特价常常出现在购买水果的时候，购买服装也有特价的。由于各种原因，比如水果囤积过多或服装断码等问题，卖方急于靠优惠的价格出售商品，这时就会出现"特价"。

5.1.5.3.5 会员价

例5-15：[录7]

买方：您好！拿这条围巾我看看吧。谢谢！

· 159 ·

卖方：您是送人还是自己戴？

买方：送人。

卖方：这条围巾是今年的新款。

买方：能便宜点儿吗？

卖方：您现在成为我们的会员可以享受会员价。

买方：怎么成为会员呢？

卖方：您填一下您的姓名和手机号码就可以了，很简单。

买方：那我就填一个吧。

卖方：您先填着，我给您开票，一会儿您去收银台交钱，她会给您会员价的。

买方：好的。谢谢！

卖方：没事儿，没事儿。

会员价也是卖方为了推销商品，扩大并稳固买方人群，适当反馈买方优惠价格的方式。在调查的过程中发现，无论是大型商场，还是街边小店，或者是超市，都普遍存在会员价。例如家乐福有会员卡，会员卡可以用作积分，年底可以换购商品，是一种会员价的表现形式；某校（西门）的奶茶店有成为会员后的会员价；某校（西门）外的眉州东坡餐厅也有会员价和非会员价的区别；某校（西门）某服装店也有成为会员后所有服装打八折的优惠。成为会员的方式各异，主要是通过填写个人信息的方式，也有消费达到一定金额自动成为会员的情况。个人信息主要有：姓名、手机号码、邮箱等。留学生希望成为会员也需要填写相关信息。

5.1.5.4 价格参数小结

在购物交际项目的众多参数中，买方和卖方共同关注的只有价格参数，它是购物参数中十分重要的一项。价格影响买方做出购买商品的最终决定；价格影响卖方最终决定是否出售商品；价格和商品在买方和卖方之间或相对而行或背道而驰，最终使购物成功或失败。价格参数不仅和买方、卖方、商品发生紧密联系，同时也与其它参数有着不可分割的联系，地点、方式、原因和时间等都对价格产生影响：地点参数影响价格高低和价格的表现形式，例如：在大型商场购买服装，大多数为打折价或会员价，很少有多轮砍价后的协商价。方式参数影响价格高低，例如：相对于网购商品，在实体店购买商品时，多数情况下价格偏高。原因参数影响价格，例如：急需商品时往往不太考虑或苛求商品的价格。时间参数影响价格，例如：新水果上市之初往往价格偏高，等到水果大面积成熟后上市，价格明显下降。

价格参数不仅与其它参数之间有内在联系，对于购物图式会也产生重要的影响。价格对后文描写的购物图式的ABCDEF六个环节均产生影响（购物图式的六大环节包括：A询问商品、B选择商品、C商议价格、D结算付款、E提取商品和F退换商品）：在A询问商品环节中，录音语料和文本语料有"苹果多少钱一斤"的询问方式；在B选择商品环节中，录音语料有"我要那件便宜的"的选择方式；在C商议价格环节中，价格参数必然出现；在D结算付款环节中，价格参数以付款回单形式，由收款人交给买方；在E提取商品环节，买方需要将付款回单交给卖方，同时提取商品，卖方常会提醒买方收好付款回单联以备后续使用；在F退换商品环节，价格参数一方面表现为价格回单联的再次出现证明所购商品的基本情况，同时也可能存在返还全部款项（退货）的情况，还可能存在退还部分款项或加价（换货）的情况。价格参数不仅在各个环节中存在，而且还影响图式结构，一旦价格未能使买方或卖方满意，购物行为必将终止，图式最终指向"购物失败"。

总之，价格在整个购物图式中，或隐或显贯穿始终且变化不定，与其它参数之间的影响与被影响并存，是一项重要的参数。

5.1.6 参数之五：地点

地点参数是购物交际项目中的必有参数，大多数情况下表现为隐性参数。本文基于对文本语料归纳整理，初步了解留学生的日常重点购物地点。

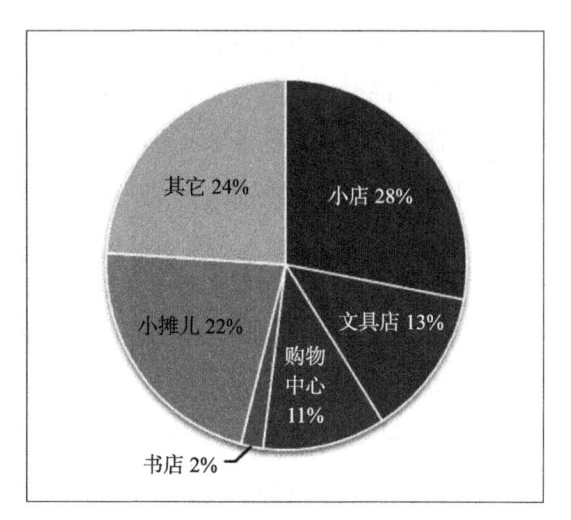

图5-3：文本语料购物地点分类情况

在众多的购物地点中，本文选取了购物中心（购买服装）、服装小店（购买服装）和水果摊（购买水果）进行购物图式的描写。选取这三项内容的原因主要是：一、留学生在日常生活中购买服装和水果的情况较为常见；二、在购物中心和服装小店购买服装的图式同中有异，便于比较；三、购买服装和购买水果二者的图式异中有同，便于对比。综合三者，有利于发现图式结构的稳定性和变化特点，便于留学生正确认识图式知识，在日常购物时合理重构并灵活加以运用。

5.1.6.1 购物中心

购物中心也是外国学生常去购物的地方，参见例5-16：

例5-16：[录8]

卖方：喜欢试试啊。

买方：这是秋款吗？

卖方：秋款啊。现在买的就是秋款，你再不能买夏款了。但是现在可以穿了，我早上就是穿毛衣来的。

买方：这个现在有点儿热。

卖方：你喜欢就试试。还有黑色的啊。

买方：你帮我拿一件大一点儿的吧。

卖方：哪个呀？

买方：就是那个黑条条的。

卖方：这你穿就行。给。

买方：在哪里？

卖方：在里面的试衣间。

买方：有号吗？

卖方：来，亲，拿来了，试试。

买方：现在穿肯定有点儿热吧。

卖方：现在穿啊。我跟你说现在都买秋款的，你看我家的外衣，羽绒服都往外卖。还有这个秋款就往后这么穿。我跟你说，一场秋雨一场寒。

买方：我先试试吧。

卖方：你要哪个大呀？

买方：我要都大。

卖方：你要那么大干嘛呀？

买方：我不喜欢这种。

卖方：你就愿意穿肥大的？没事儿，我给你调货。

买方：我得先试试。

卖方：这款没有。

买方：这款现在没有哈。

卖方：对，你可以看看别的，姐。

（换下衣服）

卖方：来，再给你找个别样儿的。那个黑条的不拿了？

买方：还是有点儿太热。

卖方：你现在买就是买这个，你现在买夏装，感觉有点儿那个。

买方：行，谢谢啊。

在购物中心购买服装，相较于在小店购买往往价格比较贵，即价格参数受到了地点参数的影响。如果卖方掌握了一定的商品打折额度则可以在一定范围内给予买方优惠，这里可能涉及的价格异动主要包括打折价和会员价，也有部分协商价，少有批发价；买方在和卖方的交流过程中往往关注的是商品的高品质和可能的价格让利，前者也是选择在购物中心购买商品的主要原因。地点参数也影响人物参数，在购物中心购物时，卖方多为服务员或售货员。

5.1.6.2 小店

购物地点中还包括小店，参见例5-17：

例5-17：[文10]

（吴丹和常宁一起在小摊儿上买衣服，跟小贩砍价）

吴丹：这种牛仔裤多少钱一条？

小贩：八十。

吴丹：八十？太贵了。

小贩：不贵。你看，这是外国名牌儿。

吴丹：什么外国名牌儿？

小贩：你看看这英文字，是外国货，进口的。

常宁：什么呀！有英文字就是外国货呀？这儿写的是"Made in China"，意思是中国制造，你懂不懂？

小贩：是吗？那就是出口货，出口转内销的。

吴丹：便宜点儿吧。

小贩：你说多少？

吴丹：五十。

小贩：五十？不卖。

常宁：不卖算了。走吧，我们去别处看看。

小贩：来来来。五十给你。

吴丹：不要了。

小贩：哎！哎！四十五怎么样？……

本则语料的购物地点是小摊儿，卖方是小贩，价格参数变化余地很大，双方对话围绕降价问题展开。在可以砍价的小摊儿（小店）购买服装时，价格主要表现为协商价和打折价，还有部分批发价和会员价。小摊儿的价格变化幅度较大，往往和吊牌价差别很大，买方在关注商品的同时更注重商品的价格。地点参数往往还影响商品参数，与购物中心相比较，小摊儿的服装质量参差不齐，更多情况下需要买方自己辨别和判断。卖方多被称为小贩、老板或摊主。

地点参数对购物图式也产生一定影响，特别是在B、C、F三个环节：在B选择商品环节，地点参数不同会影响商品，从而影响到买方对商品的判断，例如：在购物中心购买一件牛仔外套时，买方考虑更多的可能是是否合适自己的穿着；到了小摊儿，买方可能就会再三考虑并询问牛仔外套会不会缩水等问题了。在C商议价格环节，与在购物中心购买服装不同，价格的表现形式改变了，多呈现协商价，这就需要进行多轮多次的砍价才能确定商品的价格，很少有在小摊儿购物不砍价的情况。在F退换商品环节，在小摊儿购买服装不合适时也可以退换，但是和在购物中心相比缺乏一定的售后保障，存在无法退换的风险；而在购物中心购买服装后，只要没有损坏商品，带上购物时的付款回单在规定时间内是一定能够退换商品的。

5.1.6.3 水果摊

购物地点中还包括水果摊，参见例5-18至19：

例5-18：[文11]

在市场

直美：橘子多少钱一斤？

卖东西的：大的三块钱一斤，小的十块钱四斤。

直美：甜不甜？

卖东西的：您尝一下儿，不甜不要钱。

直美：西红柿怎么卖？

卖东西的：一斤一块五。

直美：新鲜不新鲜？

卖东西的：这是今天早上摘的，新鲜极了。

例5-19：[录9]

中央民族大学西门水果摊

卖方：来了，今天吃点儿什么？

买方陪同者：我老在这家买，看你今天要挑点儿什么？

买方：五个橘子，五根香蕉。

买方陪同者：要不要买点儿苹果。

买方：算了吧，苹果不好削皮，还是挑好削皮的吧。

买方陪同者：老板，给我们便宜点儿啊。老在你这里买的。

卖方：好的，好的。来，再给您们几个小橘子吃。

买方陪同者：谢谢老板！

在水果摊购买水果时，商品比较多样，买方有时可以试吃，大多可以砍价，购买多种水果的情况是比较普遍的，也存在购买单一品种或购买单个水果的情况。购买水果和购买服装相比，最大的区别在于购买水果往往以购买多种多个商品的形式出现，因此水果的价格多有协商价和批发价，少有会员价，基本没有打折价。在水果摊购买水果的购物图式有别于在购物中心和小摊儿购买服装，主要表现为对B、C、D、F环节的影响，例如：在B选择商品环节中，买方对水果的选择从一种到另一种有连续性，往往表现为"再拿几个吧"、"还有西瓜呢"。在C商议价格环节中，协商价为水果摊主要的价格形式，有时表现为砍单价，有时则变为砍总价。在D结算付款环节，多采用现金付款的方式，也有个别水果摊可以用微信或支付宝进行付款。在F退换商品环节，基本上在水果摊购买水果不会出现这一环节，这和地点参数有关，也和商品本身的性质有关。

5.1.6.4 其它购物地点

除了上述几种常去的购物地点之外，也有其他购物地点。

例5-20：[文12]

场景 玛丽给水店打电话询问订的水什么时候能送到

玛丽：水店吗？我一个小时前要了一桶水，怎么到现在还没送到？

工作人员：送水的师傅四点就出发了。因为今天要水的人比较多，所以会晚一点儿。

玛丽：我还要等多长时间？

工作人员：我想他很快就会到的。

玛丽：哦，他是不是第一次来我家？会不会找不到？

工作人员：你放心，他找得到。

玛丽：你能不能催他一下？请他尽快送来。

工作人员：好的。我马上和他联系。

这则语料中，开头提及"水店吗"是一个疑问句，买方询问卖方地点。但这是一则电话购物的语料，这里提到的地点较为特殊，地点包括打电话地点和接电话地点。如今，越来越多的人喜欢借助电讯方式购物，比如电话购物、网络购物等。这种购物方式中的地点有别于传统意义上的实体店购物，它的地点为购买商品的任何地点，或在家中、或在寝室、或在路上等等，只要能够打电话或者上网的地点都可能产生购物行为。因本文着重讨论的是实体店购物，所以电话购物和网络购物不做为重点，相关研究将在今后做进一步的思考与补充。

5.1.7 参数之六：方式

方式参数是必有参数，也常表现为隐性参数，不出现在语料中。结合对留学生日常购物方式的调查，留学生常用购物方式有三种方式：一、线下购物：实体店购物；二、线上购物：电话购物、网上购物；三、线下加线上购物：先到实体店看，再到网上买。本文研究的是实体店购物方式。

5.1.7.1 实体店单向购买

最常出现的购物方式是实体店单向购买。所谓单向，指在买方购买商品的过程中，商品只经由卖方到买方的一次流动过程。参见例5-21：

例5-21：[文13]

玛莎：有没有铅笔？

售货员：有，一块五一支。

玛莎：我要两支。

售货员：还要什么？

玛莎：不要了，谢谢。

售货员：有零钱吗？

玛莎：没有。

这则语料是实体店购物，买方与卖方在特定地点完成买与卖的单向行为。

5.1.7.2 实体店双向购买

也存在实体店双向购买的情况，参见例5-22：

例5-22：[文14]

场景 琳达在商场退换商品

琳达：上星期我在这儿给我先生买了这件大衣，你还记得吗？

售货员：记得。有什么问题吗？

琳达：他觉得这件有点儿小，颜色也有点儿深。能不能换一件？

售货员：你先生多高？

琳达：他一米七八。

售货员：他穿中号应该很合适啊。

琳达：虽然长短合适，但是他比较胖，最好换一件大号的。

售货员：没有更大的了。

琳达：那我能不能退货？

售货员：……，我再找找。

这则语料是买方来商场退换货，这里的实体店购物有别于例5-21语料中的单向购物行为，它是一个购物加退换货的双向行为（双向，特指在买方购买商品的过程中，商品经由卖方到买方的流动过程后，该商品又反向回到卖方，进而产生换货或者退货的整个购物过程），属于购物环节中的F退换商品。

由于是在实体店购买商品，买方和卖方处于面对面的状态，买方可以第一时间看到并检验商品，所以方式首先对买方参数和商品参数产生一定的影响。其次，方式还对价格参数产生影响，实体店购物方便买方和卖方协商价格并确定最终的成交价，买方和卖方"一手交钱一手交货"完成购物。方式还对时间参数产生影响，只有在实体店的经营时间之内才能完成购物，与网络购物相比缺少了一定的灵活性。方式对地点参数也产生影响，大多数情况下留学生日常购物会选择距离自己较近的实体店购买商品，这样省时省力，还节省了交通费用。

方式参数除对其它参数产生影响，还对购物图式的所有环节（A、B、

C、D、E、F）产生影响，例如：在A询问商品环节中，实体店购物时表现为买方直接面对卖方进行询问，需要卖方及时回答。在B选择商品环节，买方还可提出多种对商品的要求，卖方需帮助买方选择商品，直至买方确定商品或终止选择。在C商议价格环节，买方和卖方有询价、答价和多轮议价等内容，有别于网络购物中价格相对固定的情况。在D结算付款环节，可以选择的付款方式有：现金付款和非现金付款等多种方式。在E提取商品环节，买方多为现场付款后及时提取商品，付款和提货多在同一时间完成。在F退换商品环节，也需要买方到达实体店，出示相关物品方可退换货，与网络购物相比，没有回寄商品和线上资金往返等问题，但是实体店退换货时如果牵涉到资金问题，需要看购物当时使用的是哪种付款方式，卖方将以原付款方式进行资金返回。

5.1.8 参数之七：原因

在购物交际活动中，原因参数是必有参数，但常表现为隐性参数，不在语料中直接出现。对原因参数的分析与对商品参数的分析有密切的联系，有对商品的需求进而产生购物行为，这是大部分购物交际活动中原因参数的立足点。今天的留学生在购物时已不再仅仅以商品的质量和价格作为购物参考，他们（她们）会重视品牌与设计，并考虑商品所带来的综合满意度。这样的购物心理使得他们（她们）的购物原因相对多元。

5.1.8.1 购物成功的原因

购物成功的原因很多，主要包括以下几种情况：

5.1.8.1.1 购物成功的原因之一：对商品一般特性的需求

一般特性需求仅指某件商品所具有的基本功能满足了买方购买意愿，这里包括商品的基本属性满足需求和价格满足需求两类。

例5-23：［文15］

在一家服装店

顾客：我想买连衣裙，想看看这两条。

售货员：这条蓝色是真丝的，这条绿色的是全棉的。这两条裙子的质量都很好。

顾客：真丝的看上去有点儿薄，棉的有点儿厚。这两条我都试试吧。

售货员：没问题。试衣间就在那边。

（十分钟后）

顾客：这两条裙子不错，非常适合我穿，我都想买。请问，打折吗？

售货员：这条棉的打八五折，但真丝的不打折。我觉得这两条裙子的价钱都不算贵。

顾客：我两条都买。可以用支票吗？

售货员：对不起，我们只收现金，也可以用信用卡。

顾客：那我用信用卡吧。

售货员：请等一等。……请在这里签字。

顾客：谢谢！再见！

售货员：欢迎下次再来。再见！

在这则语料中，顾客购买商品的原因是对特定商品（裙子）的需求，因为商品符合买方的要求，最终成功购物，即：商品参数直接影响原因参数，促使购物交际行为完成，这也是最为常见的购物原因形式。原因参数在这种情况下对购物图式所有环节A、B、C、D、E、F都产生影响，例如：因为有对商品的需求，促使买方在A询问商品环节对目标商品进行直接询问（顾客：我想买连衣裙，想看看这两条）。在B选择商品环节，因为商品符合买方需求，买方直接选择了目标商品（顾客：这两条裙子不错，非常适合我穿，我都想买）。在C商议价格环节，买方议价后满意商品的价格（顾客：请问，打折吗？……我两条都买）；在D结算付款环节，为购买称心如意的商品买方接受了卖方提出的付款方式（顾客：那我用信用卡吧）。在E提取商品环节也是由于对目标商品的需求产生购物而前来提取商品的。在F退换商品环节也可能由于对商品需求的改变而前来退货或者换货（如：回家后发现自己还有很多没有穿过的裙子，而且款式和现在买的基本一样，再买就显得非常多余了，于是前来退换货等等）。

例5-24：[文16]

山本幸子：这件毛衣多少钱？

卖衣服的：一百。

山本幸子：能不能便宜点儿？

卖衣服的：你给多少？

山本幸子：八十。

卖衣服的：八十不卖。

山本幸子：多少钱卖？

卖衣服的：你给九十吧，九十你拿走。

山本幸子：八十五怎么样？

卖衣服的：最少九十，你不要就算了。

山本幸子：最多八十五，不卖拉倒。（欲走）

买衣服的：回来，回来，八十五就八十五，给你。

在例5-24语料中，买方对商品价格有明确的要求（山本幸子：最多八十五，不卖拉倒）。

例5-25：[文17]

（安娜在自由市场买水果）

卖水果的人：你好！你买什么？

安娜：我买水果。多少钱一斤？

卖水果的人：两块五一斤。

安娜：草莓呢？

卖水果的人：十块一斤。

安娜：太贵了，便宜点儿，行吗？

卖水果的人：八块。要多少？

安娜：苹果要三斤，草莓要一斤。一共多少钱？

卖水果的人：十五块五。

在例5-25语料中，买方对价格的要求得到了满足，成功购物。

5.1.8.1.2 购物成功的原因之二：对商品特定风格的需求

对商品特定风格的需求也是购物成功的原因之一，参见例5-26：

例5-26：[文18]

在商场

R：请问，这件衣服是真丝的吗？

A：百分之九十的丝，百分之十的棉。穿起来很凉快，也不缩水。

R：有我穿的号吗？

A：有，您穿中号就可以。

R：我想试试这件红色的。试衣间在哪儿？

A：您这边请。

（丽贝卡走出试衣间。）

A：真漂亮！穿上显得特别精神。

R：是吗？这个颜色怎么样？

A：不错，红色是今年夏天的流行色。跟您的肤色也很相配。

R：好，我就要这件。

A：我给您开票，请您到收银台付款。

在这则语料中，买方最终购买了商品，因为"红色是今年夏天的流行色"，而且"跟您的肤色也很相配"。买方购买商品的原因是令人满意的设计，她（丽贝卡）并没有过多考虑商品的质量和商品的价格，也就是"喜欢就买"，并非一定需要某种商品，这种较为随机的购物原因在留学生日常购物中也存在一定的比例，是仅次于原因一的一类原因参数。这类原因参数与商品参数有一定关联（R：我想试试这件红色的。），也受到卖方参数的影响（A：真漂亮！穿上显得特别精神。……不错，红色是今年夏天的流行色。跟您的肤色也很相配。），此种情况下价格参数不是最为重要的考察对象（当然，如果价格能便宜就更能促成购物交际行为的达成）。

5.1.8.1.3 购物成功的原因之三：对商品综合满意度的需求

对商品综合满意度的需求也是购物成功的原因之一，参见例5-27：

例5-27：［文19］

保罗：师傅，我想买双布鞋。

售货员：您要什么式样的？

保罗：要这种圆口的。

售货员：厚底儿的、薄底儿的？

保罗：薄底儿的。

售货员：薄底儿的有两个牌子。一个牌子贵一点儿，另一个便宜点儿。

保罗：贵的多少钱？

售货员：二十八块六。

保罗：好，拿一双吧。

售货员：您穿多大号的？

保罗：四十一码。

售货员：要黑色的还是要灰色的？

保罗：黑色的吧。

售货员：给您，您可以坐在这儿试一下，这边有沙发。

售货员：怎么样？大小合适吗？

保罗：有点紧，您给我换一双四十二码的吧。

售货员：好吧。

在这则语料中，买方选择了"贵一点儿"的商品，考虑到舒适度（"有点紧"）他要求更换了售货员给他的鞋子。买方购买这双布鞋时选择贵的商品，这其中的原因可能包括：贵的商品质量更有保障、贵的商品带来好的服务、贵的商品使用时间更长、贵的商品有精品效应等等，买方更多考虑的是综合满意度。

5.1.8.1.4 购物成功的原因之四：其它原因

还有一部分购物行为的发生得益于卖方的推销策略，参见例5-28：

例5-28：[录2]

买方：老板，甘蔗是上火的还是降火的？

卖方（女）：甘蔗是降火的，甘蔗是凉性的。

买方：清热的，降火的啊？

卖方（女）：性凉的，这不像那个芒果。芒果就是热性，火气大。

买方：现在，柚子还好吃吗？

卖方（女）：柚子好吃，大面积上市。

买方：是吧，那你帮我挑个柚子。

卖方（女）＋卖方同伴（男）：（女）好的。（男）你相信我吧？

买方：挑的都好甜那！

卖方（女）+卖方同伴（男）：（女）木瓜是凉性的。（男）听我说啊，芒果和橘子是上火的，其它都是降火的。（女）还有个柿子。（男）柿子不是，柿子是驱寒的。

买方：我也上火，所以要吃点儿降火的。

卖方同伴（男）：所有的水果当中，芒果和橘子是上火的，其它都是降火的。

买方：哦，拿个柚子吧。橘子也上火对吧？

卖方同伴（男）：橘子上火的。

买方：橙子呢？

卖方同伴（男）：橙子是降火的。

买方：橘子跟橙子不是长一样吗？

卖方（女）+卖方同伴（男）：（女）品种不一样。橙子是橙子，橘子是橘子。（男）橙子也不上火，只有橘子。

买方：现在木瓜贵吗？

卖方同伴（男）：贵啊。

买方：我这两天不能吃，过两天再吃。

卖方（女）+卖方同伴（男）：（女）木瓜可以放。（男）你拿回去放一放。

买方：那就放你这儿吧。吃完这个再来买。香蕉呢？我能少拿点儿吗？

卖方同伴（男）：可以。

买方：能拿两根吗？

卖方同伴（男）：可以。

在这则录音语料中，卖方认真讲解水果的特性，使得买方在不确定购买哪种水果的情况下购买了卖方推荐的商品，这得益于卖方的"三寸不烂之舌"。

5.1.8.2 购物未成的原因

购物不成功的原因大致有：一、商品本身不符合买方要求或有新商品出现，使购物行为中断或改变（商品问题）；二、他人的介入改变原有购物趋向，使购物行为停止或改变（买方、卖方或第三方，即人的问题）；三、价格未能谈妥，使购物行为终止或改变（价格问题）；四、购物成功后有新的变化出现，导致退换货情况的发生（评价问题）；五、其它情况的出现，导致购物未能完成（其它问题）。

5.1.8.2.1 购物不成功的原因之一：商品的问题

购物不成功的主要原因是商品的问题，参见例5-29：

例5-29：［文20］

情景一

张爱华想买一件T恤衫和一条短裤。他请李小明和他一起去逛街。

张爱华：小明，我想去服装店买一件T恤衫和一条短裤。你想不想跟我一起去逛街？

李小明：好，我也想看衣服。我们走吧。

张爱华和李小明在服饰店……

张爱华：这件T恤衫很好看。你觉得我穿红色的好还是绿色的好？

李小明：我觉得你穿红色的好。

张爱华：但是这件红色T恤衫是小号的。

李小明：我们去问店员有没有大号的。

张爱华：请问这件红色T恤衫有没有大号的？

店员：抱歉，这件红色T恤衫只有小号的，没有大号的。

张爱华：没关系。

在这则语料中，由于商品最终无法满足买方需求（店员：抱歉，这件红色T恤衫只有小号的，没有大号的），导致购物失败。原因参数受到商品参数的影响，购物图式在B选择商品环节终止。

5.1.8.2.2 购物不成功的原因之二：价格的问题

价格的问题也是购物不成功的主要原因，参见例5-30：

例5-30：［文10］

（吴丹和常宁一起在小摊儿上买衣服，跟小贩砍价）

吴丹：这种牛仔裤多少钱一条？

小贩：八十。

吴丹：八十？太贵了。

小贩：不贵。你看，这是外国名牌儿。

吴丹：什么外国名牌儿？

小贩：你看看这英文字，是外国货，进口的。

常宁：什么呀！有英文字就是外国货呀？这儿写的是"Made in China"，意思是中国制造，你懂不懂？

小贩：是吗？那就是出口货，出口转内销的。

吴丹：便宜点儿吧。

小贩：你说多少？

吴丹：五十。

小贩：五十？不卖。

常宁：不卖算了。走吧，我们去别处看看。

小贩：来来来。五十给你。

吴丹：不要了。

小贩：哎！哎！四十五怎么样？……

在这则语料中，由于出现了买方陪同者（常宁）以及陪同者对商品情况的质疑（常宁：什么呀！有英文字就是外国货呀？这儿写的是"Made in China"，意思是中国制造，你懂不懂？），加之价格未能达成最终一致，原本打算购买牛仔裤的买方（吴丹）最终未能成功购物。价格参数作为购物交际活动的重要参数，当价格影响到购物原因时对图式的A、B、C环节都产生影响。例如：在A询问商品环节，价格也是买方询问的重要内容，如"这件外套怎么卖？"。在B选择商品环节，买方也会或多或少考虑价格的问题，如"我还是想买一个便宜点儿的眼镜架。"。在C商议价格环节，多数情况下，议价成为日常购物重要的一环，如果价格未能与卖方达成妥协，购物行为随即终止。总之，由于价格问题导致购物不成功，这一原因参数直接受到卖方参数影响（小贩：五十？不卖。），并影响买方购买商品（吴丹：不要了。），进而对整个购物图式产生影响。

5.1.8.2.3 购物不成功的原因之三：新评价的问题

购物不成功的原因还包括新评价的问题，参见例5-31：

例5-31：［文14］

场景 琳达在商场退换商品

琳达：上星期我在这儿给我先生买了这件大衣，你还记得吗？

售货员：记得。有什么问题吗？

琳达：他觉得这件有点儿小，颜色也有点儿深。能不能换一件？

售货员：你先生多高？

琳达：他一米七八。

售货员：他穿中号应该很合适啊。

琳达：虽然长短合适，但是他比较胖，最好换一件大号的。

售货员：没有更大的了。

琳达：那我能不能退货？

售货员：……，我再找找。

在这则语料中，购物原因是对大衣的需求，但是并没有在完成对大衣的购买后结束，而是一星期后出现退换货的情况。购物原因发展成为退换货原因，反应出买方对商品有了新的评价，从而产生了新的结果。这一导致购物失败的原因是受到买方家属影响（琳达：他觉得这件有点儿小，颜色也有点儿深。），因为本次购物是买方代替家属购买商品，购买后买方家属认为商品不合适，买方又代替买方家属前来更换商品。买方及买方家属对商品产生了影响，形成了购物不成功的原因，也对购物图式产生影响，出现了购物图式的环节F退换商品。

5.1.8.2.4 购物不成功的原因之四：突发情况

突发状况也是购物不成功的原因之一，参见例5-32：

例5-32：［文21］

在商场

A：喜欢哪一款？

R：请拿这个给我看看。

A：这是三星刚出的新款。

R：样子挺漂亮的。

A：功能也很多，除了基本功能外，屏幕大，信号强，上网也特别快。

R：待机时间多长？

A：差不多两三天。

R：价格呢？

A：现在我们有活动，所有手机都打8折。

R：我再看看别的牌子吧。

A：好，您这边请。

R：噢，这么多！我得好好选选。

在这则语料中，突发情况（A：现在我们有活动，所有手机都打8折。）的出现，使得购物情况复杂化，原先的购物原因（购买特定手机的意向）突变为不确定的结果（R：我再看看别的牌子吧。……噢，这么多！我得好好选选）。突发情况往往是不可预测的，它可能发生在任何购物的任何环节中。本则语料的突发情况出现在卖方介绍商品的过程中，也就是环节A询问商品。无论是B选择商品、C商议价格、D结算付款、E提取商品，还是F退换商品，都可能出现突发情况导致买方无法成功购物，进而影响到购物交际行为的最终实现，影响购物图式。

5.1.9 参数之八：时间

时间参数在购物交际活动中出现有两种情况：一、显现时间；二、隐含时间。这一参数是购物交际项目的必有参数，但在大多数情况下属于隐性参数。

5.1.9.1 显现时间

在众多购物语料中，明确提到"时间"的很少。目前为止，仅有两则文本语料出现了明显的时间词语。

例5-33：[文14]

场景 琳达在商场退换商品

琳达：上星期我在这儿给我先生买了这件大衣，你还记得吗？

售货员：记得。有什么问题吗？

琳达：他觉得这件有点儿小，颜色也有点儿深。能不能换一件？

售货员：你先生多高？

琳达：他一米七八。

售货员：他穿中号应该很合适啊。

琳达：虽然长短合适，但是他比较胖，最好换一件大号的。

售货员：没有更大的了。

琳达：那我能不能退货？

售货员：……，我再找找。

例5-34：[文12]

场景 玛丽给水店打电话询问订的水什么时候能送到。

玛丽：水店吗？我一个小时前要了一桶水，怎么到现在还没送到？

工作人员：送水的师傅四点就出发了。因为今天要水的人比较多，所以会晚一点儿。

玛丽：我还要等多长时间？

工作人员：我想他很快就会到的。

玛丽：哦，他是不是第一次来我家？会不会找不到？

工作人员：你放心，他找得到。

玛丽：你能不能催他一下？请他尽快送来。

工作人员：好的。我马上和他联系。

第一则语料中，出现的时间为"上星期"；第二则语料中，出现的时间为"一个小时"。这两则语料涉及到的都是过去时，一则为退换商品问题，一则为催货问题，均为在对过去购买行为的回忆性表述时出现的时间参数。

5.1.9.2 隐含时间

时间参数在现实的购物交际活动中有着重要的作用，往往以隐含的方式出现，购物时间的变化影响购物过程内部的其它参数。详见表5-9：

表5-9：时间参数对其它各参数的影响

影响参数 被影响参数	时间
人物	比如：寒暑假影响留学生购物人数。
商品	比如：节日影响留学生对商品的购买。
价格	比如：水果摊商贩下班前，某些水果的价格会有"下班价"。
地点	比如：购物时间有限时，购买地点的范围会缩小。
方式	比如：急于使用商品时只会选择实地购物。
原因	比如：赶上商场促销时，可能会超额购物（囤货）。

诸多情况反应出时间参数的影响力。由于时间有限，未能找到语料对其进行论证。

5.1.10 参数之九：小结

通过对现代汉语常用交际项目中"购物图式"七大参数的分析，补充了前人研究中的缺失，为下一步的工作打下了基础；但也有不足，如录音语料覆盖面和引用数都有待提高，文本语料仍然有限。总结以上参数分析情况，可得出购物图式常用参数的内在关系，以及参数对图式环节产生影响的概况，参见表5-10：

表5-10：购物图式常用参数关系一览表

参数名称	参数含义	参数举例	参数性质	影响1 （对其它参数的影响）	影响2 （对图式环节的影响）
人物① （买方WHO1）	购买商品的一方，特指在华留学生。	［录1］ 买方	必有+ 显性+	影响参数：1.②/2./3./4./5./6./7.	影响环节：A/B/C/D/E/F
人物② （卖方WHO2）	销售商品的一方，如：售货员、小贩、老板等。	［文1］ 卖水果的	必有+ 显性+	影响参数：1.①/1.③/1.④/2./3./5./6./7.	影响环节：A/B/C/D/E/F

180

第五章 现代汉语购物图式研究

续表

参数名称	参数含义	参数举例	参数性质	影响1（对其它参数的影响）	影响2（对图式环节的影响）
人物③（陪同者 WHO1'）	买方购物时的同伴。	［录1］买方陪同者	必有 ±显性 +	影响参数：1.①/1.②/1.④/2./3./4./5./6./7.	影响环节：A/B/C/D/E/F
人物④（卖方同伴 WHO2'）	卖方的同伴。	［录2］卖方同伴	必有 ±显性 +	影响参数：1.①/1.②/1.③/2./3./4./5./6./7.	影响环节：A/B/C/D/E/F
商品（WHAT）	主要包括服装、食品、文具等。	［文2］自行车	必有 +显性 +	影响参数：1.①/1.②/1.③/1.④/3./4./5./6./7.	影响环节：A/B/C/E/F
价格（PRICE）	主要包括单价、总价以及各种异动价格。	［文4］三百（单价）	必有 +显性 +	影响参数：1.①/1.②/1.③/1.④/2./6.	影响环节：A/B/C/D/F
地点（WHERE）	选取了购物中心、小店（小摊儿）和水果摊作为研究重点。	［文10］购物中心	必有 +显性 ±	影响参数：1.①/1.②/1.③/1.④/2./3./4./5./7.	影响环节：A/B/C/D/F
方式（HOW）	仅选取实体店购物的方式作为研究重点。	［文12］市场	必有 +显性 ±	影响参数：1.①/1.②/1.③/1.④/2./3./5./7.	影响环节：A/B/C/D/E/F
原因（WHY）	包括购物成功的原因和购物不成功的原因。	［文11］价格未满足买方需求，导致购物失败。	必有 +显性 ±	影响参数：1.①/1.②/1.③/1.④/2./3./4./5./7.	影响环节：A/B/C/E/F
时间（WHEN）	包括显现时间和隐含时间两种形式。	［文15］购物行为发生在：上星期。退换商品发生在：本周。（推导出）	必有 +显性 ±	影响参数：1.①/1.②/1.③/1.④/2./3./4./5./6.	影响环节：A/B/C/D/E/F

181

5.2 购物总图式

前文分析了购物交际项目的参数，购物图式结构描写建立在对参数分析的基础之上。参数为构成图式环节奠定了基础，环节的不同排列方式形成购物的各种图式结构，其中包括总体图式（简称"总图式"）、变化图式（简称"变式"）和常用图式（简称"常式"）。

在不同的图式中，同样的环节存在参数的差异，因此图式结构又反作用于参数，使参数的内容更加丰富和多元。因此，对购物图式参数的分析直接为购物图式结构分析做了环节元素的准备，购物图式结构描写使参数在图式结构中充分结合，进而反作用于购物图式诸多参数。

总体图式是交际项目图式结构中所有环节同时出现的总的图式结构，是变化图式的一种特殊表现形式。以购买服装为例，购买服装时有的存在议价环节，有的不存在议价环节，总体图式则将可能存在的所有环节全部包括其中。因此，总体图式极具概括性，是对某一图式结构所有环节的完备描述，它是理论上抽象概括的图式。

变化图式是指缺少某些环节而形成的图式。环节缺少基于参数的变化，环节的排列顺序不轻易改变。常用图式（简称"常式"）是完成某一交际任务时人们使用频率最多的图式。常式是变式的一种，本质上也是变式，判断常用图式的标准是使用频率较高。本文主要参考所搜集的录音语料和文本语料所呈现的图式结构，以及日常购物经验来统计常用图式。

购物交际任务总体图式结构指的是：在购物交际任务中，可能发生的所有环节形成的图式结构，其中各环节的顺序一般不发生改变。

5.2.1 购买服装总图式结构

在购物中心和小店购买服装的总体图式：

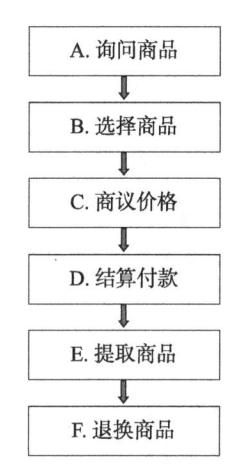

```
    A.询问商品
       ↓
    B.选择商品
       ↓
    C.商议价格
       ↓
    D.结算付款
       ↓
    E.提取商品
       ↓
    F.退换商品
```

图 5-4：购买服装总图式

5.2.1.1 环节之一：A.询问商品

买方购买商品的意愿较为强烈时，往往会急于寻找到目标商品，一旦发现潜在目标商品，一般会较为主动地上前询问，从而尽快选取到合适的商品。

例 5-35：[录 10]

买方：您这里有白衬衫吗？

卖方：有啊。穿多大的？

买方：175 的。

卖方：来，试试吧。

买方：试衣间在哪儿？

卖方：左边柱子后面。

卖方：怎么样？

买方：好像有点儿小。

卖方：这个已经卖断码了。要不您看看别的。

买方：哦，好吧。

买方采用问句形式直接询问商品的有无（买方：您这里有白色衬衫吗）。

例5-36：[文22]

（在商场）

玛莎：我想看看这件蓝色的T恤衫。

售货员：要长袖的还是短袖的？

玛莎：长袖的。可以试试吗？

售货员：可以。您穿多大号的？

玛莎：中号。

售货员：好的。试衣间在这边。

玛莎：太小了，有大一点儿的吗？

售货员：有，您试试大号的吧。

玛莎：这件很合适。

无论是在购物中心还是在小店购买服装，当买方发现潜在的目标商品后会直接要求看看商品（玛莎：我想看看这件蓝色的T恤衫），并提出试穿的进一步体验要求（玛莎：可以试试吗），这是一种强烈购买愿望的体现，有明确的购买诉求。

例5-37：[文15]

在一家服装店

顾客：我想买连衣裙，想看看这两条。

售货员：这条蓝色是真丝的，这条绿色的是全棉的。这两条裙子的质量都很好。

顾客：真丝的看上去有点儿薄，棉的有点儿厚。这两条我都试试吧。

售货员：没问题。试衣间就在那边。

（十分钟后）

顾客：这两条裙子不错，非常适合我穿。我都想买。请问，打折吗？

售货员：这条棉的打八五折，但真丝的不打折。我觉得这两条裙子的价钱都不算贵。

顾客：我两条都买。可以用支票吗？

售货员：对不起，我们只收现金，也可以用信用卡。

顾客：那我用信用卡吧。

售货员：请等一等……请在这里签字。

顾客：谢谢！再见！

售货员：欢迎下次再来。再见！

和在购物中心购买服装类似，在小店购买服装时也会询问商品的细节问题，包括：材质、大小、颜色、款式等，同时买方为了进一步了解商品还会主动要求试穿，因此多有"试衣间"的出现，一般是询问"试衣间在哪里？""试衣间怎么走？""试衣间能不能用？"。对商品细节的询问表明了买方对商品的满意度，如果有"试一试"的要求则是买方深入了解商品的重要一步，因此常会有多轮多次对卖方的询问，甚至有些咨询问题还会反复多次从而确定答案。用"请问"，是一种礼貌的问询方式。本环节高频词语和重点语句参见表5-11和表5-12。

表5-11：购买服装A环节询问商品高频词语

高频词语	词语级别	例句
指示代词（这）	一级	买方：这是秋款吗？
人称代词（我）	一级	莉莉：我看看那件白的真丝衬衣。有别的颜色的吗？
语气助词（啊）	一级	买方：这个是均码还是有号儿啊？
结构助词（的）	一级	买方陪同者：你都买了，还买一样的吗？
色彩词（红）	一级	张爱华：请问这件红色T恤衫有没有大号的？
数词	一级	卖方：这两个不是一个牌子，这个是韩国的。
量词	一级	安娜：那件毛衣怎么卖？
看看	一级	玛丽：我看看羽绒服。
买	一级	顾客：我想买连衣裙，想看看这两条。
季节名词（秋天）	一级	买方：这是秋款吗？
大／小	一级	店员：抱歉，这件红色T恤衫只有小号的，没有大号的。
谢谢	一级	卖方：衣服说实话会越穿越松。你看还喜欢什么，新款到店的。买方：嗯，行。谢谢。
毛衣	一级	安娜：那件毛衣怎么卖？
热／冷	一级	买方：这个现在有点儿热。
号（儿）	一级	买方：这个是均码还是有号儿啊？

续表

高频词语	词语级别	例句
别（样儿）的	一级	大卫：我再试一下儿。这件很好。还有别的颜色吗？
舒服	一级	卖方：你试试吧，特别舒服这款。
便宜	一级	售货员：那件花的比这件紫的便宜两百块。
深／浅	一级	售货员：什么颜色的都有。红的、黄的、白的、浅蓝的。
合适	一级	玛莎：这件很合适。
颜色	一级	R：是吗？这个颜色怎么样？
好看	一级	张爱华：这件T恤衫很好看。
衣服	一级	卖方：秋天来了，这种衣服必不可少。
没关系	一级	张爱华：没关系。
漂亮	一级	艾丽：我觉得蓝色的更漂亮。
想	一级	顾客：我想买连衣裙，想看看这两条。
多少	一级	山本幸子：这件毛衣多少钱？
请问	一级	保罗：请问，这件羽绒服多少钱？
钱	一级	吴丹：这种牛仔裤多少钱一条？
小姐	一级	田中：小姐，我想试一下这件蓝色的。
厚／薄	二级	明子：有薄一点儿、瘦一点儿的吗？
牌子	二级	卖方：这两个不是一个牌子的，这个是韩国的。
成份	二级	卖方：成份都在这儿。看一眼。
质量	二级	卖方：不会缩水，不变形，我家质量你放心吧，品牌的。
含	二级	卖方：不会缩，你放心。含不是说成份都是羊毛，只是含。
抱歉	二级	店员：抱歉，这件红色T恤衫只有小号的，没有大号的。
挑	二级	田中：这里的旗袍可真不少，颜色、式样也都很漂亮。我眼都看花了，不知道挑哪件好。
特价		卖方：这个特价，现在120。
新款		买方：这是今年的新款吗？
试衣间		白云：试衣间在哪？
羽绒服		玛丽：我看看羽绒服。
调货		卖方：你就愿意穿肥大的？没事儿，我给你调货。

第五章 现代汉语购物图式研究

续表

高频词语	词语级别	例句
试（穿）		营业员：你再试试那件。
均码		卖方：均码。
面料		买方：这是什么面料啊？
缩水		买方：会缩水吗？
变形		卖方：不会缩水，不变形，我家质量你放心吧，品牌的。
品牌		卖方：不会缩水，不变形，我家质量你放心吧，品牌的。
熨		卖方：我们这都是新的，新到的款，还没有配衣服呢。刚到的，熨好了挂那儿了。
身材		卖方：太大了就不好看了。太肥就不显身材了，那就显得胖了，显得臃肿。
打底		卖方：这个程度就挺合适的。它就相当于是随身的。这种毛衣打底的，没有设计那么肥的。
甩货		卖方：对。我急了想甩货了就便宜了。
不大不小		玛丽：这件不大不小，正合适，颜色也很好看。
棉		A：百分之九十的丝，百分之十的棉。
精神（形）		A：真漂亮！穿上显得特别精神。
流行色		A：不错，红色是今年夏天的流行色。
肤色		A：不错，红色是今年夏天的流行色。跟您的肤色也很相配。
大（L）号/中（M）号/小（S）号		张爱华：但是这件红色T恤衫是小号的。
旗袍		安娜：我们看看旗袍。
参谋		田中：我觉得这儿的旗袍都挺好看的，真不知道选哪件好了。您帮我参谋一下吧。
打折		谢芳：打折吗？
有没有		买方：有没有不带帽子的开衫？里面不要毛的。在家可以穿。
亲		卖方：亲，看看有没有你喜欢的。
先生		卖方：先生，您要的蓝色。
美女		卖方：均码。你能穿的，美女。
帅哥		卖方：帅哥，您穿这个号儿就行。

表5-12：购买服装A环节选择商品重点语句

序号	重点语句	例句
1	（请问）+有没有+形容词+n.？ （n.指服装名称，如：羽绒服）[下同]	请问，有没有薄的外套？
2	我（们）+想+看看+（指示代词）+（数词）+（量词）+（色彩词）+的+n.。	我想看看这件红色的连衣裙。
3	（请问）+（指示代词）+（量词）+（色彩词）+的+n.+多少钱？／怎么卖？	请问，那件浅蓝色的衬衣多少钱？
4	拿+（指示代词）+（量词）+（色彩词）+的+n.+我看看。	您好，拿那件黄色的衬衣我看看。
5	现在+钱数。	现在120。
6	欢迎**！	欢迎光临小店！
7	您想买**？	您想买点儿什么？
8	请随便**。	请随便看看。
9	先**吧。	先试试吧。

5.2.1.2 环节之二：B.选择商品

选择合适的商品是购买服装交际任务的重要一步。表明自己的购买意愿一般有直接选择和间接选择两种方式。间接选择又包括卖方推介后选择和陪同者推介后选择两种。

例5-38：[录11]

买方：这件衬衣拿件中号的吧。

卖方：好的。要蓝色还是要白色？

买方：蓝色的。

卖方：好的，稍等。（过了一会儿）您看看。

买方：行，开票吧。

卖方：好，您的票。

买方：收银台怎么走。

卖方：前面第一个通道左拐。

这则语料反映了买方直接选取商品（买方：这件衬衣拿件中号的吧），

买方购买目标明确。

买方购物意愿不强烈时,往往会有被动选择商品的情况,也就是这里说的间接选择,买方对商品的选择,通常会因为其它因素而产生,这里主要讨论卖方对买方的影响和买方陪同者对买方的影响两种情况。

例5-39:[录12]

卖方:有喜欢的可以试试啊。咱家衣服都可以试穿的。

买方:这个是均码还是有号儿啊?

卖方:均码。你能穿的,美女。

买方:这是什么面料啊?

卖方:成份都在这儿,您看一眼。

买方:会缩水吗?

卖方:不会缩水,不变形,我家质量你放心吧,品牌的。

买方:这个有我能穿的吗?试一下。

卖方:这个你就能穿,这个是二百八。

买方:这个怎么这么贵啊,二百八。

卖方:这里面含羊毛。

买方:那不是要缩吗?是吧。

卖方:不会缩,你放心。含不是说成份都是羊毛,只是含。

买方:这么比着怎么好像有点儿小。这有新的吗?

卖方:我们这都是新的,新到的款,还没有配衣服呢。刚到的,熨好了挂那儿了。

买方:这在哪里试啊?

卖方:等一会儿啊,那边有个人,你坐在这儿等一会儿啊。

买方:行。(等了一会儿)直接在外面试得了。

卖方:等一会儿吧,在这儿也没法试啊。

买方:我里面是短袖。直接套在短袖上。

卖方:套也套不出效果啊。那边儿好了。空心穿。

买方:空心穿会不会扎人。

卖方:你试试吧,特别舒服这款。人家昨天来都没货。你去试试,那边有试衣间了。

买方：就在这儿试了，免得麻烦。

卖方：没事儿，这款松松垮垮。我拿着给你试。

买方：你看，这个不大。

卖方：太大了就不好看了。太肥就不显身材了，那就显得胖了，显得臃肿。这个程度就挺合适的。它就相当于是随身的。这种毛衣打底的，没有设计那么肥的。要是套外套都可以。

买方：还能套外套？这种怎么套外套？

卖方：现在大衣都是韩版的。像这种肥袖子的都能套。

买方：还是觉得有点儿紧。

卖方：衣服说实话会越穿越松。你看还喜欢什么，新款到店的。

买方：嗯，行。谢谢。

卖方：没事儿，看看其它有喜欢的吗？

卖方用"可以试穿""你能穿的""美女"等极力拉拢潜在客户，使买方在购买目标并不十分明确的情况下尝试性地选择商品（买方：这个有我能穿的吗？试一下）。这种间接选择多受到卖方影响。

例5-40：[文23]

田中幸子和艾丽在一家购物中心买衣服

田中：这里的旗袍可真不少，颜色、式样也都很漂亮。我眼都看花了，不知道挑哪件好。

售货员：小姐，您找到喜欢的衣服了吗？

田中：我觉得这儿的旗袍都挺好看的，真不知道选哪件好了。您帮我参谋一下吧。

售货员：好的。您皮肤白，又年轻，穿粉色的或蓝色的都合适。

田中：艾丽，你看呢？

艾丽：我觉得蓝色的更漂亮。

田中：小姐，我想试一下这件蓝色的。

售货员：可以，您穿多大号的？

田中：中号的。

第五章 现代汉语购物图式研究

售货员：好，给您。试衣间在这边，请跟我来。

有别于例5-39语料的是，本则语料是买方主动要求卖方推介（田中：您帮我参谋一下吧），买方在举棋不定的情况下，往往会征求卖方意见。

例5-41：[文24]

（欧阳兰陪安娜给她妈妈买旗袍）

售货员：欢迎光临！你们想买什么？

安娜：我们看看旗袍。

欧阳兰：你妈妈喜欢什么颜色？

安娜：她最喜欢紫色。

欧阳兰：安娜，你觉得这件紫色的旗袍怎么样？

安娜：挺漂亮的。小姐，这件旗袍多少钱？

售货员：八百九十九。

安娜：能优惠一点儿吗？

售货员：对不起。这是今年的新款，不打折，不过可以送您一条真丝手帕。

欧阳兰：那件花的多少钱？

售货员：那件花的比这件紫的便宜两百块。

安娜：你觉得哪件好？

欧阳兰：我觉得那件没有这件漂亮。

安娜：这件紫的漂亮是漂亮，就是太贵了。

欧阳兰：可是你妈妈最喜欢紫色呀！

安娜：你说的对，还是这件最好。

调查发现，在华留学生购物时多有同伴陪同，因此，陪同者推介成为买方购物时的重要参考。本则语料为买方主动征求同伴意见，采用了疑问的方式（安娜：你觉得哪件好），对于不易选取的商品征询同伴意见。

例5-42：[文25]

营业员：欢迎光临鄂尔多斯！

谢芳：玛丽，这件黄色的毛衣很漂亮，你试试吧。

玛丽：好。小姐，可以试试这件毛衣吗？

营业员：你穿几号？

玛丽：M号。

玛丽：这件有点儿小。

营业员：你再试试那件。

玛丽：这件很合适，多少钱？

谢芳：打折吗？

营业员：打七折，三百五十块。

陪同者主动推介商品给买方，用"你试试吧"表达自己明确的推介愿望（谢芳：玛丽，这件黄色的毛衣很漂亮，你试试吧）；买方一般会采纳陪同者的意见，从而选取相应商品，如："好""试试"（玛丽：好。小姐，可以试试这件毛衣吗）。但是，陪同者的推介不完全能促成买方购物，对买方而言，这更像一种出于礼节的尝试。

例5-43：[文23]

田中幸子和艾丽在一家购物中心买衣服

田中：这里的旗袍可真不少，颜色、式样也都很漂亮。我眼都看花了，不知道挑哪件好。

售货员：小姐，您找到喜欢的衣服了吗？

田中：我觉得这儿的旗袍都挺好看的，真不知道选哪件好了。您帮我参谋一下吧。

售货员：好的。您皮肤白，又年轻，穿粉色的或蓝色的都合适。

田中：艾丽，你看呢？

艾丽：我觉得蓝色的更漂亮。

田中：小姐，我想试一下这件蓝色的。

售货员：可以，您穿多大号的？

田中：中号的。

售货员：好，给您。试衣间在这边，请跟我来。

也有买方主动征求陪同者意见的情况，如：某某，你看呢？（田中：艾丽，你看呢），买方用问句的方式咨询。陪同者往往提出自己的意见，但并不执意推介（艾丽：我觉得蓝色的更漂亮）。买方根据自己的判断选择商品（田中：小姐，我想试一下这件蓝色的）。在这里，买方更主动地听取陪同者意见，是一种较为积极的购物心态。本环节高频词语和重点语句参见表5-13和表5-14。

表5-13：购买服装B环节选择商品高频词语

高频词语	词语级别	例句
指示代词	一级	买方：摘也行。这个没那个厚。
人称代词	一级	安娜：她最喜欢紫色。
语气助词	一级	玛丽：这件有一点儿长。有短一点儿的吗？
色彩词	一级	安娜：有红的吗？
数词	一级	小雨：给我一件白色的试试。这件挺合身的，多少钱？
量词	一级	明子：中号的。我试试这件浅蓝色的吧。
试试 试一下	一级	玛丽：浅颜色的我可以试试吗？ 买方：这个有我能穿的吗？试一下。
给	一级	卖方：这你穿就行。给。
麻烦	一级	买方：麻烦您帮我拿件红色的。
拿	一级	买方：行，帮我拿件这个吧。
大/小	一级	买方：你帮我拿一个大一点儿的吧。
换	一级	买方：还是换刚才试的那件吧。
（一）周	一级	卖方：可以退换，一周内带着小票来。
内	一级	卖方：可以退换，一周内带着小票来。
别的	一级	大卫：我再试一下儿。这件很好。还有别的颜色吗？
合适	一级	玛丽：这件很合适，多少钱？
颜色	一级	明子：有没有别的颜色的？
号（儿）	一级	买方：有号吗？
帮	二级	买方：你帮我拿一个大一点儿的吧。
试衣间		白云：试衣间在哪？

表5-14：购买服装B环节选择商品重点语句

序号	重点语句	例句
1	我+（先）+试试+（指示代词）+（数词）+（量词）+（色彩词）+（的）+（n.）+（吧）。 我+想+试试/试一下+（指示代词）+（数词）+（量词）+（色彩词）+（的）+（n.）。 我+可以+试试+（指示代词）+（数词）+（量词）+（色彩词）+（的）+（n.）+吗？ 我+试试+（指示代词）+（数词）+（量词）+（色彩词）+（的）+（n.）+行吗？	我先试试那件红色的牛仔衣吧。 我想试试那件红色的牛仔衣。 我可以试试那件红色的牛仔衣吗？ 我试试那件红色的牛仔衣行吗？
2	指示代词+（数词）+（量词）+n.+有点儿+adj.。	这一件运动衣有点儿大。
3	还有+别的+（颜色/款式/大小……）+吗？	还有别的颜色吗？
4	麻烦您+句子！	麻烦您，帮我拿件中号的！
5	我就要**。	我就要这件。
6	就拿*件吧。	就拿一件吧。

5.2.1.3 环节之三：C.商议价格

商议价格环节的例子如下：

例5-44：［文18］

（在商场）

R：请问，这件衣服是真丝的吗？

A：百分之九十的丝，百分之十的棉。穿起来很凉快，也不缩水。

R：有我穿的号吗？

A：有，您穿中号就可以。

R：我想试试这件红色的。试衣间在哪儿？

A：您这边请。

（丽贝卡走出试衣间。）

A：真漂亮！穿上显得特别精神。

R：是吗？这个颜色怎么样？

A：不错，红色是今年夏天的流行色。跟您的肤色也很相配。

R：好，我就要这件。

A：我给您开票，请您到收银台付款。

购买服装时，服装价格往往在吊牌上已标明（"吊牌价"）。在本则语料中买方未询问价格，即：没有经过商议价格环节直接购买服装（R：好，我就要这件）。买方在确定购买商品并向卖方表明后直接进入购物的下一环节。

例5-45：［文26］

（大卫想买一件衣服）

大卫：我可以试试这件衣服吗？

店员：可以。您要什么号的？

大卫：大号。

（大卫试穿后）

店员：先生，这件衣服怎么样？

大卫：这件衣服有点儿短，有长一点儿的吗？

店员：对不起，没有。那件怎么样？那件长一点儿。

大卫：我再试一下儿。这件很好。还有别的颜色吗？

店员：黑色的、蓝色的、红色的、黄色的和绿色的，我们都有。您喜欢什么颜色的？

大卫：我喜欢蓝色的。

店员：绿色的也很漂亮。您再买一件绿色的吧！

大卫：买两件可以便宜一点儿吗？

店员：可以打八折。

购买服装是可以议价的，比如：购物中心有打折价，小店也有协商价等。本则语料买方以购买两件为由和卖方商议价格（大卫：买两件可以便宜一点儿吗），得到的回答是可以便宜（店员：可以打八折）。打折有很多种方式，例如：多买多折（类似与"批发价"）、活动打折、会员折扣、销售员折扣等等。

在小店购买服装和在购物中心购买服装最大的不同在于小店可以多轮议价。这种议价绝非在购物中心的打折降价，在生活中我们常常用"砍价"一词来形容这种议价方式，买方可以通过多次叫低价格的方式，寻找卖方可以接受的最低价，帮助自身得到满意的价格，最终完成购物。

例5-46：[文27]

小伙子：换季打折喽，请随便看看。

小雨：我想试一下这件T恤。

小伙子：您穿多大号的？

小雨：中号。稍微大了一点儿，有小号的吗？

小伙子：红色的没有小号的，白色的有。

小雨：给我一件白色的试试。这件挺合身的，多少钱？

小伙子：九十块。

小雨：太贵了，便宜点儿。

小伙子：已经打了六折，您真喜欢的话，给您打个五折吧，不能再便宜了。

小雨：那就拿一件吧。

只砍一次价格，买方和卖方就接受价格的情况并不常见。在小店购买服装常常会进行多次多轮的砍价，最终买方和卖方才在价格上相互妥协。

例5-47：[文28]

卖东西的：您要买点儿什么？

莉莉：我看看那件白的真丝衬衣。有别的颜色的吗？

卖东西的：没有，只有这一种颜色。

莉莉：多少钱一件？

卖东西的：一百八。

莉莉：太贵了，便宜点儿吧。

卖东西的：您给一百六吧。

莉莉：再便宜点儿，一百五怎么样？

卖东西的：行。

"便宜点儿吧""再便宜点儿"是砍价时常用的语句，砍价往往经过多轮来回，买方希望价格更低，卖方不愿降价，拉锯似的议价形成议价波，使价格上下波动，最终满足买卖双方的需求。

例 5-48：[文 8]

保罗到秀水街的市场买东西

保罗：请问，这件羽绒服多少钱？

卖主：六百八十块。

保罗：太贵了，便宜一点儿吧。

卖主：六百五十块。

保罗：我今天只带了四百块钱，我没有那么多钱。三百五十块吧。

卖主：这件羽绒服颜色、式样和质量都不错，三百五十块太少了。

保罗：那我去别的地方再看一看吧，再见。

卖主：别走，朋友，三百五十块就三百五十块，卖给你吧。

买方"欲擒故纵"似的砍价方式（保罗：那我去别的地方再看一看吧，再见）也是一种常见的砍价方式。买方为了价格波触底，这种方式可能使其收获一个好的购买价格，也可能因卖方完全无法接受买方出价而导致购物失败。

例 5-49：[录 13]

买方：你最低多少钱？

卖方：一般我不讲的，这看你俩儿挑半天了，真的，给你让十块钱。他们经常买都卖一百五十九。

买方：我再想想。

卖方：那先换下来吧，好吧。

（从试衣间出来）

卖方：这个行吗，小姑娘？

买方：行是行，只是这个价格……。

卖方：你要拿我也不讲了，九十五块钱，你要拿就拿着吧。这是外套衣服，不是小衫儿，你知道吗？

陪同者：40 块钱。

卖方：哎哟，进都进不来。美女，真的。你可以看，东西拿不走啊，美女，我有本钱的。80 能拿吗？加点儿给个本钱吧。

陪同者：就四十块钱。

卖方：哎哟，掏钱吧，过来吧。穿得那么好看，就没那么讲价的，美女。别的还要吗，别的？

买方：我再看看大衣吧。

卖方：行，你把这钱给了，再试试大衣吧。

买方或买方陪同者"孤注一掷"的砍价是另一种常见的砍价方式。在这种砍价方式中，买方出价往往会与卖方出价相去甚远，前提是买方对商品价格有一个正确的估量，这样才不至于出现胡乱砍价的情况。本环节高频词语和重点语句参见表5-15和表5-16。

表5-15：购买服装C环节商议价格高频词语

高频词语	词语级别	例句
指示代词	一级	欧阳兰：那件花的多少钱？
人称代词	一级	买方：你最低多少钱？
语气助词	一级	买方陪同者：六十吧。
数词	一级	吴丹：五十。
量词	一级	大卫：买两件可以便宜一点儿吗？
太	一级	玛丽：太贵了。便宜一点儿吧，二百怎么样？
贵	一级	莉莉：太贵了，便宜点儿吧。
交	一级	卖方：交钱吧。
可以	一级	买方：可以再便宜点儿吗？
姓名	一级	卖方：您填一下您的姓名和手机号码就可以了，很简单。
号码	一级	买方：请问有我穿的号码吗？
开票	一级	卖方：您先填着，我给您开票，一会儿您去收银台交钱她会给您会员折扣的。
谢谢	一级	买方陪同者：谢谢老板！
一般	一级	卖方：一般我不讲价的，这看你俩儿挑半天了，真的，给你让十块钱。
半天（儿）	一级	卖方：看你俩在这儿看半天了，给你们便宜点儿。
让	一级	卖方：这是今年的新品，不能再让价了。
讲价	一级	卖方：这是刚来的新品，不讲价。

第五章 现代汉语购物图式研究

续表

高频词语	词语级别	例句
（不）卖/买	一级	小贩：五十？不卖。
别走	一级	卖主：别走，朋友，三百五十块就三百五十块，卖给你吧。
再见	一级	保罗：那我去别的地方再看一看吧。再见。
对不起	一级	售货员：对不起。这是今年的新款，不打折，不过可以送您一条真丝手帕。
便宜	一级	小雨：太贵了，便宜点儿。
钱	一级	保罗：我今天只带了四百块钱，我没有那么多钱。三百五十块吧。
一共	一级	买方：行，帮我拿件这个吧。一共多少？
（一）点儿	一级	安娜：能优惠一点儿吗？
能不能	一级	山本幸子：能不能便宜点儿？
行不行	一级	玛丽：三百行不行？
享受	二级	卖方：您现在成为我们的会员可以享受会员价。
填（一下）	二级	买方：那我就填一个吧。
折扣	二级	卖方：您先填着，我给您开票，一会儿您去收银台交钱她会给您会员折扣价的。
价钱	二级	售货员：这条棉的打八五折，但真丝的不打折。我觉得这两条裙子的价钱都不算贵。
会员		买方：怎么成为会员呢？
手机		卖方：您填一下您的姓名和手机号码就可以了，很简单。
收银台		卖方：您先填着，我给您开票，一会儿您去收银台交钱她会给您会员折扣价的。
本钱		卖方：哎哟，进都进不来。美女，真的。你可以看，东西拿不走啊，美女，我有本钱的。
算了		卖衣服的：最少九十，你不要就算了。
优惠		安娜：能优惠一点儿吗？
新款		售货员：对不起。这是今年的新款，不打折，不过可以送您一条真丝手帕。
打折		顾客：这两条裙子不错，非常适合我穿。我都想买。请问，打折吗？

199

表5-16：购买服装C环节商议价格重点语句

序号	重点语句	例句
1	太贵了，便宜点儿吧。	这条裙子太贵了，便宜点儿吧。
2	打折吗？	这件衬衫打折吗？
3	有＋（什么）＋活动＋吗？	现在有什么活动吗？
4	（钱数）＋怎么样？／行不行？／吧。	80怎么样？
5	钱数＋就＋钱数。	八十就八十。
6	*钱吧。	交钱吧。
7	能***吗？	能便宜点儿吗？
8	最低***？	最低多少钱？
9	给你吧。	给你吧。
10	您再到***。	您再到别处看看。

5.2.1.4 环节之四：D.结算付款

在购物中心购买服装时，结算付款和购买商品是在不同地点，由卖方和卖方同伴（收银员）帮助买方完成结算付款。收银员在收银台（也称：收款台）收款。买方确定购买后，卖方（营业员或售货员）填写单据，买方拿到单据后到指定地点（收银台）结算付款。

和在购物中心付款一样，现金支付和刷卡支付仍然是在小店购买服装后主要的结算付款方式，不过随着时代的发展，微信/支付宝支付逐渐成为支付的主要方式。在小店结算付款时，一部分有收银台，一部分没有收银台，没有收银台的小店，一般由卖方（销售人员）完成开票和收款的工作。

例5-50：[文29]

情节：明子在商店买衣服。

售货员：您想买点儿什么？

明子：随便看看。（过了一会儿）这件T恤多少钱？

售货员：现在打七折，一百三十八块。

明子：有薄一点儿、瘦一点儿的吗？

第五章 现代汉语购物图式研究

售货员：有啊！您看这件怎么样？

明子：有没有别的颜色的？

售货员：有。什么颜色的都有。红的、黄的、白的、浅蓝的。试一下吧。您穿多大的？

明子：中号的。我试试这件浅蓝色的吧。

情节：明子试穿后

售货员：多漂亮啊！

明子：有点儿贵，能便宜点儿吗？

售货员：这儿不能讲价。这T恤一点儿也不贵。这是棉的，穿着很舒服的。

明子：就要这件吧。

售货员：您还要别的吗？

明子：不用了。

售货员：（开票）给您小票，收款台在那边。

情节：明子付钱以后，把交款单交给售货员。

售货员：小票请收好。一个星期内如果有质量问题，可以凭票退换。欢迎您再来！

本则语料表明，结算付款需要买方带上卖方（售货员）开具的票据前往收银台进行付款（售货员：给您小票，收款台在那边）。需要注意的是，结算付款后买方需要向售货员返还票据用以提取商品，同时保留票据以备后续需要之用。

例5-51：[录14]

买方：这个多少钱啊？

卖方：120。

买方：稍等。你这儿打折没准儿。

卖方：对。我急了想甩货了，就便宜了。

买方：你在网上发布一下。

卖方：都是熟客，天天来这儿晃来。

买方：要有什么信息告诉我一声。

卖方：行，我告诉你一声。

本则语料为现金支付。

例5-52：[录4]

买方：这个多少钱？

卖方：9块。

买方：这个多少钱？

卖方：6块。

买方：有没有不带帽子的开衫？里面不要毛的。在家可以穿。这个太大了。

卖方：那就没了。要不就这种，领子可以摘。

买方：摘也行。这件没那件厚。

卖方：这两件不是一个牌子的，这个是韩国的。

买方：这个多少钱？

卖方：这个特价，现在120。

买方：行，帮我拿件这个吧。一共多少？

卖方：我算算。一共135。刷卡还是现金，微信和支付宝也行。

买方：刷卡吧。

卖方：在这里签字。小东西在这边，衣服在这边。拿好啊，慢点儿。

买方：好，谢谢啊。

本则语料为刷卡支付。经济的不断发展带来付款方式的多元化，更多人开始使用支付宝支付或微信支付。

例5-53：[录15]

卖方：还是转账是吗？装一块儿吧，省得用袋子了。还是转？

买方：嗯。

卖方：两个号一样，挺巧的。呵呵。这是支付宝吧？

买方：是的。

结算付款后，收银员或卖方（销售人员）会返还票据作为提货凭证和购买凭证，买方凭此进入图式下一环节：E提取商品。另外，购物中心的收银员还可能会派发兑换券或代金券等，吸引买方下次购物，在小店购物则很少有此项内容。本环节高频词语和重点语句参见表5-17和表5-18。

表5-17：购买服装D环节结算付款高频词语

高频词语	词语级别	例句
谢谢	一级	顾客：谢谢！再见！
可以	一级	顾客：我两条都买。可以用支票吗？
收	一级	售货员：对不起，我们只收现金，也可以用信用卡。
（小）票	一级	售货员：给您小票，收款台在那边。
多少	一级	买方：一共多少？
钱	一级	买方：多少钱？
稍等	二级	买方：稍等。你这儿打折没准儿。
付款	二级	A：我给您开票，请您到收银台付款。
签字		售货员：请等一等。……请在这里签字。
信用卡		顾客：那我用信用卡吧。
刷卡		买方：刷卡吧。
现金		买方：我付现金。
微信		卖方：我算算。一共135。刷卡还是现金，微信和支付宝也行。
支付宝		
收银台		买方：收银台在哪儿？

表5-18：购买服装D环节结算付款重点语句

序号	重点语句	例句
1	现金／刷卡／微信／支付宝……＋（吧）。	现金吧。
2	A方式还是B方式？	刷卡还是现金？
3	请***签字。	请在这里签字。
4	这是您的***。	这是您的小票。

5.2.1.5 环节之五：E.提取商品

现场提取商品是在购物中心和小店购买服装后常用的提货方式，这里分两种情况：当时提取和延期提取。当时提取指商品满足提货要求，买方能在付款同时拿到所购商品并完成此次购买任务。延期提取指的是在商品无法满足购物要求的情况下，买方仍然购买了商品，卖方后续调配商品用以满足买方延期提取的要求，这种情况多出现在买方已知别处有满足要求的商品，请求卖方调货的情况之下。

例5-54：［录4］

买方：这个多少钱？

卖方：9块。

买方：这个多少钱？

卖方：6块。

买方：有没有不带帽子的开衫？里面不要毛的。在家可以穿。这个太大了。

卖方：那就没了。要不就这种，领子可以摘。

买方：摘也行。这件没那件厚。

卖方：这两件不是一个牌子的，这个是韩国的。

买方：这个多少钱？

卖方：这个特价，现在120。

买方：行，帮我拿件这个吧。一共多少？

卖方：我算算。一共135。刷卡还是现金，微信和支付宝也行。

买方：刷卡吧。

卖方：在这里签字。小东西在这边，衣服在这边。拿好啊，慢点儿。

买方：好，谢谢啊。

本语料为当时现场提取。通常情况下，买方结算付款后进入到提取商品环节，但是并非直接拿走商品，而是会再次核实商品信息，比如：是不是买方要的服装号码、是不是崭新的商品、有没有需要特殊注意的地方，如：特殊的洗涤方法等。

延期现场提取指的是：由于买方所购商品无法满足当时现场提取的要

求，需要卖方从其它地方调货后通知买方前来提取商品的一种提货方式。（此种情况缺少语料支持，有待进一步考察）

买方购买服装后无法及时提货，还可要求卖方采取快递等方式送货上门。有别于买方再次到店提货，这种方式节约了买方的时间，是买方较为喜欢的一种方式，但是快递费用和送货时间需要与卖方协商，同时送货上门后的验货也存在一定的不确定性。（此种情况也缺少语料支持，有待进一步考察）

本环节高频词语和重点语句参见表5-19和表5-20。

表5-19：购买服装E环节提取商品高频词语

高频词语	词语级别	例句
再见	一级	顾客：谢谢！再见！
新的	一级	买方：是新的吧。
慢点儿	一级	卖方：在这里签字。小东西在这边，衣服在这边。拿好啊，慢点儿。
问题	一级	售货员：小票请收好。一个星期内如果有质量问题，可以凭票退换。欢迎您再来！
（小）票	一级	售货员：您的小票，请收好。
退换	一级	买方：我给孩子买的，如果不合适可以退换吗？
（一）星期	一级	卖方：一个星期之内都可以退换。
内	一级	卖方：一个星期之内都可以退换。
谢谢	一级	美珊：谢谢！再见！
好	一级	买方：好，谢谢啊。
质量	二级	售货员：小票请收好。一个星期内如果有质量问题，可以凭票退换。欢迎您再来！

表5-20：购买服装E环节提取商品重点语句

序号	重点语句	例句
1	是＋adj.＋吧。	是中号的吧。
2	请+V.+P.+啊。	请拿好啊。
3	**请收好。	小票（请）收好。

续表

序号	重点语句	例句
4	如果有**问题，（就）****。	如果有质量问题，凭票退换。

5.2.1.6 环节之六：F.退换商品

一定时间内退换商品是在购物中心或小店购买服装的后续服务，也是购买服装总体图式的最后一个环节。买方在卖方规定的时间内，如果对商品不满意，可以直接选择退货。此时需要提供购物小票（此种情况缺少语料支持，有待进一步考察）。和退货一样，换货也需要在规定时间内进行（此种情况也缺少语料支持，有待进一步考察）。

例5-55：[文14]

场景 琳达在商场退换商品

琳达：上星期我在这儿给我先生买了这件大衣，你还记得吗？

售货员：记得。有什么问题吗？

琳达：他觉得这件有点儿小，颜色也有点儿深。能不能换一件？

售货员：你先生多高？

琳达：他一米七八。

售货员：他穿中号应该很合适啊。

琳达：虽然长短合适，但是他比较胖，最好换一件大号的。

售货员：没有更大的了。

琳达：那我能不能退货？

售货员：……，我再找找。

当商品不能满足买方需求又无法更换时，买方可以及时退货，这也预示着购物活动的终结，同时也是新一次购物活动的潜在开端。

本环节高频词语和重点语句参见表5-21和表5-22。

表5-21：购买服装F环节退换商品高频词语

高频词语	词语级别	例句
人称代词	一级	买方：这件外套是我昨天买的。
时间名词	一级	琳达：上星期我在这儿给我先生买了这件大衣，你还记得吗？

续表

高频词语	词语级别	例句
换	一级	琳达：他觉得这件有点儿小，颜色也有点儿深。能不能换一件？
退	一级	琳达：那我能不能退货？
想	一级	买方：我想换一件红色的。
买	一级	买方：我上午刚买的，你还记得吗？
刚	一级	买方：我刚买的。
谢谢	一级	买方：谢谢你啊。
（小）票	一级	买方：小票在这儿。

表5-22：购买服装F环节退换商品重点语句

序号	重点语句	例句
1	（我）＋（时间名词）＋刚＋买＋的。	我星期天刚买的。
2	有没有＋adj.？	有没有大一点儿的？

5.2.2 购买水果总图式结构

购买水果又分为购买单一水果和购买多样水果两类[①]，其总图式结构如下面两图：

```
A.询问商品
   ↓
B.选择商品
   ↓
C.商议价格
   ↓
D.结算付款
   ↓
E.提取商品
```

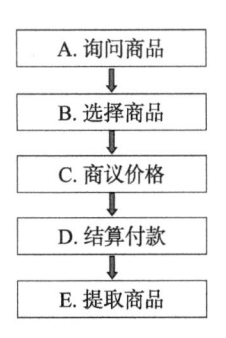

图5-5：购买单一水果总图式

---

① 在购买多样水果的图式中存在A询问商品1和A'询问商品2；B选择商品1和B'选择商品2；C商议价格1和C'商议价格2，以及C"商议价格3的情况。此处的"1"表示对第一种商品的询问、选择以及商议；"2"表示对第二种商品的询问、选择以及商议；"3"表示对两种商品整体价格的商议。

```
┌─────────────────┐
│ A. 询问商品 1    │
└─────────────────┘
        ↓
┌─────────────────┐
│ B. 选择商品 1    │
└─────────────────┘
        ↓
┌─────────────────┐
│ C. 商议价格 1    │
└─────────────────┘
        ↓
┌─────────────────┐
│ A'. 询问商品 2   │
└─────────────────┘
        ↓
┌─────────────────┐
│ B'. 选择商品 2   │
└─────────────────┘
        ↓
┌─────────────────┐
│ C'. 商议价格 2   │
└─────────────────┘
        ↓
┌─────────────────┐
│ C". 商议价格 3   │
└─────────────────┘
        ↓
┌─────────────────┐
│ D. 结算付款     │
└─────────────────┘
        ↓
┌─────────────────┐
│ E. 提取商品     │
└─────────────────┘
```

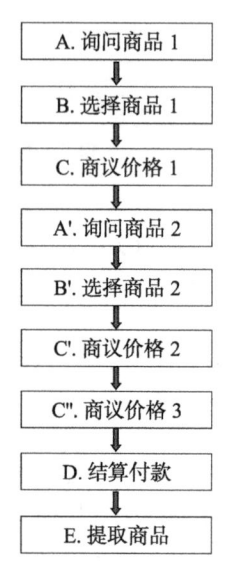

图5-6：购买两种水果总图式

5.2.2.1 环节之一：A.询问商品

在水果摊购买水果时，对商品的询问主要包括两个方面的内容：一、对水果特点的询问；二、对水果价格的询问。个别情况也有对送货方式的询问，比如：能不能送货到目的地。

例5-56：[录16]

买方：老板，有进口香蕉吗？

卖方：没有，改天要去进的。

例5-57：[文11]

在市场

直美：橘子多少钱一斤？

卖东西的：大的三块钱一斤，小的十块钱四斤。

直美：甜不甜？

卖东西的：您尝一下儿，不甜不要钱。

直美：西红柿怎么卖？

卖东西的：一斤一块五。

直美：新鲜不新鲜？

卖东西的：这是今天早上摘的，新鲜极了。

对水果特点的询问主要有：新鲜程度、口感、产地、保质期等等，常用的语句包括"（这个）好吃吗？"。

例5-58：[文30]

美珊：阿姨，荔枝多少钱一斤？

售货员：三块八一斤。你要多少？

美珊：我要两斤。

售货员：还要不要芒果？五块一斤，很便宜。

美珊：好吧。要一斤芒果。

售货员：一共十二块六。

美珊：给你钱。

售货员：收你二十块。找你七块四。

美珊：谢谢！再见！

售货员：再见！

例5-59：[录6]

买方：多少钱一斤这橘子。

卖方：正宗砂糖橘，好甜的。

买方：不要太软的，要硬一点儿的。

卖方：别的还要吗？

买方：苹果多少钱？

卖方：苹果7块。那个小一点儿的5块，不错，你看一眼吧。

买方：拿几个吧。

卖方：一共是20块4毛。

买方：葡萄多少？

卖方：葡萄2斤24。这刚来的，都卖6块一斤，特价5块钱。果子又脆又甜。别的还要吗？

买方：不要了。

卖方：这个13块5，加一块儿33块9。给我33块5吧。平时这种大果子都卖7块的，这不特价嘛。别的不要啦？

买方：不要了。

买方直接从询问商品价格入手挑选商品。有时带有称呼语（如"阿姨"），有时带有提问礼貌语（如"请问"）。常用的语句有"n.（水果名）+多少钱一斤？"或者"n.（水果名）+怎么卖？"

本环节高频词语和重点语句参见表5-23和表5-24。

表5-23：购买水果A环节询问商品高频词语

高频词语	词语级别	例句
语气助词	一级	买方：现在，柚子还好吃吗？
数词	一级	买方：五个橘子，五根香蕉。
色彩词	一级	卖方：有，黄颜色的卖100多的，你给80块钱吧。
量词	一级	买方：一箱苹果多少钱？
贵	一级	买方：现在木瓜贵吗？
放	一级	卖方+卖方同伴：（女）木瓜可以放。
别的	一级	售货员：还要别的吗？
（一）把	一级	卖方：那个是5块的，就剩那一把了。
熟（透）了	一级	卖方：这个是熟的，已经熟透了。
（太）生	一级	买方：这个主要是太生了。
师傅	一级	丁力波：你好，师傅。请问，这是什么？
香蕉	一级	买方：老板，有进口香蕉吗？
苹果	一级	买方：苹果怎么卖？
橘子	一级	买方：多少钱一斤这橘子。
怎么	一级	买方：葡萄怎么卖啊？
好吃	一级	买方：好吃吗？
卖	一级	买方：橙子怎么卖啊？
想	一级	R：我想买点儿香蕉。
点（儿）	一级	汉斯：我买点儿水果。苹果多少钱一斤？
多少	一级	买方：这个多少钱一斤？

第五章 现代汉语购物图式研究

续表

高频词语	词语级别	例句
钱	一级	直美：橘子多少钱一斤？
斤	一级	买方：我买水果。多少钱一斤？
请问	一级	买方：请问，苹果怎么卖？
上火	二级	卖方同伴：（男）橘子上火的。
降火	二级	买方：我也上火，所以要吃点儿降火的。
凉性	二级	卖方：（女）甘蔗是降火的，甘蔗是凉性的。
（大）面积	二级	卖方：（女）柚子好吃，大面积上市。
尝	二级	买方：好，我就尝尝这种吧。
硬/软	二级	买方：桔子有软的吗？
皮（儿）	二级	买方：算了吧，苹果不好削皮，还是挑好削皮的吧。
正宗	二级	卖方：正宗砂糖橘，好甜的。
进口	二级	买方：老板，有进口香蕉吗？
营养	二级	卖方：你尝一下呗。蓝莓含花青素挺高的，营养价值高。
阿姨	二级	买方：阿姨，荔枝多少钱一斤？
味道	二级	买方：味道不一样吗？
新鲜	二级	买方：新鲜不新鲜？
甜	二级	买方：甜吗？
老板		买方：老板，甘蔗是上火的还是降火的？
上市		卖方：新苹果上市了。
散的		买方：散的多少钱？
特价		卖方：葡萄2斤24。这刚来的，都卖6块一斤，特价5块钱。果子又脆又甜。
脆		卖方：看你喜欢吃什么样的，这种脆，那种甜。
要不要		买方陪同者：要不要买点儿苹果。
削皮（儿）		卖方：这苹果不用削皮，直接吃。
国产		卖方：这种小的是国产的，那种大的是进口的，您要哪一种？
西瓜		买方：西瓜一斤多少钱？
价值		卖方：牛油果营养价值高，加沙拉酱吃。
荔枝		买方：荔枝怎么卖？

表5-24：购买水果A环节询问商品重点语句

序号	重点语句	例句
1	有＋n.＋吗？	有西瓜吗？
2	（指示代词）＋（n.）＋怎么卖？／多少钱（一斤）？	这个多少钱？
3	别的**吗？	别的还要吗？
4	您吃**？	您吃点啥？
5	（你）尝***。	（你）尝一个呗。
6	adj.不adj.？	甜不甜？新鲜不新鲜？
7	请问这是**？	请问这是什么？

5.2.2.2 环节之二：B.选取商品

例5-60：[录17]

买方：拿几个苹果。

卖方：（给买方拿塑料袋）来，您挑。

买方：称一下。

卖方：还要别的吗？香蕉、火龙果来点儿呗。

买方：不要了。

卖方：一共18块6，给18吧。吃完再来。

买方：谢谢！

本则语料为买方主动选取。

例5-61：[录3]

买方：葡萄怎么卖啊？

卖方：葡萄，这两个23，那个12。这个给你10块钱，下班价。要不你把这散的拿走呗，散的我给你便宜点儿。

买方：散的多少钱？

卖方：散的给你5块钱一斤，行吗？

买方：要不了那么多，要一半儿。

卖方：没多少。

买方：人少，吃不了都坏了。多了，多了，多了。

卖方：没多少，看，才4块2，4块钱。行吗？没多少，回去不怎么吃就没有了。别的还要吗？

买方：一共多少钱？

卖方：加橘子，这两个一共22。再加个4块，一共26块钱。

买方：好。

卖方：别的还要吗？苹果、火龙果、香蕉，香蕉5块的，给你4块。

买方：5根香蕉吧。

卖方：5根，好。

买方：那边那个多少钱？

卖方：那个是5块的，就剩那一把了。

买方：这个主要是太生了。

卖方：这个是熟的，已经熟透了。

买方：这个它发青。

卖方：这个是芝麻蕉。这个里面是软的，熟透的。金桔给你10块钱吧。

买方：金桔都要10块钱？

卖方：这个是好的。这个7块1，7块。

买方：天哪。你给我拿5块的吧。

卖方：刚才是26。行，5块加26，31。拿好啦！给我1块，找您20。

买方被动选取，卖方在询问时往往用"您来点儿什么""您吃点儿啥""想买点儿什么"等疑问句形式提问；卖方在推介时常用"别的还要吗""再看看""n.（水果名）+要吗"等语句。买方的回答常常是"我想买＋n.（水果名）""来点儿＋n.（水果名）。"或者"再来点儿＋n.（水果名）"等等。

由于时间的原因，对于买方同伴推介后选取的情况，本文并未搜集到录音语料，文本语料中也没有这样的例证。但根据经验，在现实生活中这种情况是存在的，更加确凿的例证有待进一步考察完善。本环节高频词语和重点语句参见表5-25和表5-26。

表5-25：购买水果B环节选取商品高频词语

高频词语	词语级别	例句
语气助词	一级	买方：是吧，那你帮我挑个柚子。
数词	一级	买方：五根香蕉吧。
量词	一级	买方：能拿两根吗？
人称代词	一级	买方：天哪。你给我拿6块的吧。
（不）要/要不了	一级	买方：要不了那么多，要一半儿。
谢谢	一级	A：谢谢，不要了。多少钱？
拿	一级	买方：哦，拿个柚子吧。……橘子也上火对吧？
来	一级	买方：来个柚子。
多了	一级	买方：多了，多了，吃不完。
钱	一级	买方：要10块钱的。
块	一级	买方：10块钱的拿几个吧。
（不）要	一级	买方：我要那个黄色的奇异果，还要两盒蓝莓。
点儿	一级	买方：不要太软的，要硬一点儿的。
斤	一级	爱德华：来两斤吧。
帮	二级	秋水：帮我挑一个。
挑	二级	买方：算了吧，苹果不好削皮，还是挑好削皮的吧。
甜	二级	买方：挑得都好甜呐！
软/硬	二级	买方：不要太软的，要硬一点儿的。
称	二级	买方：称一下。

表5-26：购买水果B环节选取商品重点语句

序号	重点语句	例句
1	不要＋n./指示代词＋要＋n./指示代词	不要这个，要那个。
2	（帮我）＋挑/拿/来＋数词＋量词＋n.＋吧	来一斤橘子吧。
3	n.＋少来点儿。/少来点儿＋n.	少来点儿葡萄。
4	v.＋不了。	要不了。

续表

序号	重点语句	例句
5	**还要吗？	别的还要吗？
6	拿*块钱的。	拿6块钱的。
7	给你个**自己拿吧。	给你个袋儿，自己拿吧。
8	**要三斤。	苹果要三斤。
9	看看有多重。	看看有多重。

5.2.2.3 环节之三：C.商议价格

针对水果价格的商议常常包括：商议单价、商议总价、抹掉零头等形式，也有直接购买不议价的情况。

例5-62：［录17］

买方：拿几个苹果。

卖方：（给买方拿塑料袋）来，您挑。

买方：称一下。

卖方：还要别的吗？香蕉、火龙果来点儿呗。

买方：不要了。

卖方：一共18块六，给十八吧。吃完再来。

买方：谢谢！

这则语料是买方直接购买，无价格商议环节（有时卖方会主动抹掉零头）。

例5-63：［文6］

师傅：先生，您要什么？

丁力波：你好，师傅。请问，这是什么？

师傅：您不认识吗？这是香蕉苹果。

丁力波：对不起，我是问，这个汉语怎么说？

师傅：啊，您是外国人。您在哪儿工作？

丁力波：我在语言学院学习。

师傅：您学汉语，是不是？您跟我学，很容易，这叫香蕉，这叫香蕉苹果，这是苹果，那是葡萄……

丁力波：香蕉、苹果、香蕉苹果……一斤苹果多少钱？

师傅：一斤三块五毛钱。

丁力波：您的苹果真贵。

师傅：一斤三块五不贵。您看，我的苹果大。好，做个朋友，三块钱一斤。

丁力波：一斤香蕉多少钱？

师傅：两块七毛五分一斤，五块钱两斤。

丁力波：我买四斤香蕉和两斤苹果。

师傅：一共十六块钱。再送您一个苹果。您还要什么？

丁力波：不要了，谢谢。给你钱。

师傅：好，您给我二十块钱，我找您四块钱。再见。

本则语料商议单价。

例5-64：[录18]

买方：你这里有奇异果吗？

卖方：有啊。50多一箱。

买方：黄颜色的（奇异果）。

卖方：有，黄颜色的卖100多的，您给80块钱吧。

买方：甜吗？

卖方：挺甜的。

买方：蓝莓有吗？

卖方：有，今天新上的。

买方：好吃吗？

卖方：你尝一下呗。蓝莓含花青素挺高的，营养价值高。回去清水一洗就可以吃了。

买方：这个多少钱一斤？

卖方：这个二十。

买方：这么贵。

卖方：这是佳沃的。

买方：什么？什么意思？

卖方：这是好的，这个。

买方：便宜点儿呗。

卖方：行，给你19吧。

买方：行。那能不能送啊？

卖方：能，一会儿给你送。

买方：我要那个黄色的奇异果，还要两盒蓝莓。你给我算算一共多少钱？

卖方：一共118。

买方：再便宜点儿呗。

卖方：那就115。

买方：好，那你帮我送一下吧。

卖方：好。留个地址留个电话吧。

买方：你这儿能微信吗？

卖方：能。你直接扫这个，在秤上，可以直接转账。

买方：那我就给你微信吧，谢谢啊！

卖方：没事儿。

本则语料是商议总价。

例5-65：[录19]

卖方：来点儿水果。

买方：苹果。

卖方：好的。一共10块零6毛。

买方：少6毛得了呗。

卖方：行，找您90。

买方要求抹掉零头，这也是一种常用的议价方式。出于某种考虑，商家往往主动抹去零头。

本环节高频词语和重点语句参见表5-27和表5-28。

表5-27：购买水果C环节商议价格高频词语

高频词语	词语级别	例句
人称代词	一级	丁力波：您的苹果真贵。
语气助词	一级	买方陪同者：六十吧。
数词	一级	买方：七十。
一共	一级	卖方：一共118。
便宜	一级	买方：怎么还是10块啊？便宜点儿呗。
点儿	一级	买方：还是有点儿贵啊，要不你给我按9块吧。
贵	一级	买方：橘子怎么还那么贵啊？
真	一级	买方：真贵啊。
太	一级	安娜：太贵了，便宜点儿，行吗？
怎么	一级	买方：怎么这么贵啊？
这么	一级	买方：这么贵。
谢谢	一级	买方：那谢谢了。
季节	二级	卖方：橘子快结束了，到季节了。放心，每天都这价。
老+（是）	二级	买方陪同者：老板，给我们便宜点儿啊。老在你这里买的。
得了呗		买方：少6毛得了呗。
天哪		买方：天哪。你给我拿6块的吧。
老板		买方陪同者：老板，给我们便宜点儿啊。老在你这里买的。
放心		卖方：橘子块结束了，到季节了。放心，每天都这价。

表5-28：购买水果C环节商议价格重点语句

序号	重点语句	例句
1	太贵了，便宜点儿呗。	这苹果太贵了，便宜点儿呗。
2	（我们）+老+在+（你）这里+买+的。	老板便宜点儿，老在你这里买的。
3	怎么还+钱数/这么贵？	怎么还10块？
4	你要**斤？	你要多少/几斤？

5.2.2.4 环节之四：D.结算付款

在水果摊购买水果多用现金支付，也有用微信或支付宝支付的情况，较少用刷卡支付的方式。

例5-66：［录20］

买方：桂圆怎么卖的？

卖方：桂圆卖12的，给你卖10块钱。

买方：少来点儿。

卖方：少来点儿。给你个袋子，自己拿吧。

买方：就这吧。

卖方：18块钱，一斤八两。

买方：再给套个袋儿。

卖方：不用套，达标的放心。

买方：我是为了看着比较那什么。

卖方：环保吧，地球资源有限。这还浪费吧。

买方：哎呀，你就给我套一个吧。那个1毛钱一大堆。

卖方：这个1毛多一个。

买方：你就给我套一个吧。

卖方：好吧。80，两块。没用，浪费。

买方：不会浪费的。可以装东西啊。

卖方：你回去倒垃圾都是新的。来，装好。

本则语料为现金支付。

例5-67：［录18］

买方：你这里有奇异果吗？

卖方：有啊。50多一箱。

买方：黄颜色的（奇异果）。

卖方：有，黄颜色的卖100多的，你给80块钱吧。

买方：甜吗？

卖方：挺甜的。

买方：蓝莓有吗？

卖方：有，今天新上的。

买方：好吃吗？

卖方：你尝一下呗。蓝莓含花青素挺高的，营养价值高。回去清水一洗就可以吃了。

买方：这个多少钱一斤？

卖方：这个二十。

买方：这么贵。

卖方：这是佳沃的。

买方：什么？什么意思？

卖方：这是好的，这个。

买方：便宜点儿呗。

卖方：行，给你19吧。

买方：行。那能不能送啊？

卖方：能，一会儿给你送。

买方：我要那个黄色的奇异果，还要两盒蓝莓。你给我算算一共多少钱？

卖方：一共118。

买方：再便宜点儿呗。

卖方：那就115。

买方：好，那你帮我送一下吧。

卖方：好。留个地址留个电话吧。

买方：你这儿能微信吗？

卖方：能。你直接扫这个，在秤上，可以直接转账。

买方：那我就给你微信吧，谢谢啊！

卖方：没事儿。

本环节高频词语和重点语句参见表5-29和表5-30。

表5-29：购买水果D环节结算付款高频词语

高频词语	词语级别	例句
一共	一级	安娜：苹果要三斤，草莓要一斤。一共多少钱？
多少	一级	A：谢谢，不要了。多少钱？
钱	一级	买方：这多少钱？
零钱	一级	买方：没有，有就给你零钱了。
再见	一级	师傅：好，您给我二十块钱，我找您四块钱。再见。
谢谢	一级	丁力波：不要了，谢谢。给你钱。
给	一级	美珊：给你钱。
（不）要（了）	一级	R：不要了。多少钱？
称（称/一下）	二级	称称吧。
袋（儿）	二级	帮我再套个袋儿吧。
环保		卖方：环保吧，地球资源有限。这还浪费吧。
达标		卖方：不用套，达标的放心。
扫（一下/一扫）		卖方：能。你直接扫这个，在秤上，可以直接转账。
微信		买方：你这儿能微信吗？

表5-30：购买水果D环节结算付款重点语句

序号	重点语句	例句
1	一共多少钱？	老板，这些一共多少钱？
2	称一下。	帮我称一下吧。
3	（您）+给我+钱数，（我）+找您+钱数。	您给我100，我找您90。
4	v.好啦！	拿好啦！
5	再给个**吧。	再给个袋儿吧。
6	请您v.一下。	请您数一下（钱）。

5.2.2.5 环节之五：E.提取商品

通过观察发现，留学生提取水果多采取当时现场提取的方式，也不排除订货（延期提取）和送货上门的情况（这种情况缺少语料支持，有待进一步考察）。

本环节高频词语和重点语句参见表5-31和表5-32。

表5-31：购买水果E环节提取商品高频词语

高频词语	词语级别	例句
谢谢	一级	买方陪同者：谢谢老板！
能不能	一级	买方：行。那能不能送啊？
送（货）	一级	卖方：放心，我们可以送货。
一会儿	一级	卖方：能，一会儿给你送。
留	一级	卖方：好。留个地址，留个电话吧。
电话	一级	卖方：好。留个地址，留个电话吧。
地址	二级	卖方：好。留个地址，留个电话吧。

表5-32：购买水果E环节提取商品重点语句

序号	重点语句	例句
1	谢谢！	买方：都装好了吧，谢谢！
2	再见！	卖方：都装好了，再见！

5.2.3 高频词语和重点语句汇总

下面分别从购买服装和购买水果两个图式来阐述。

5.2.3.1 购买服装图式中的高频词语和重点语句

详细内容参见表5-33：

第五章 现代汉语购物图式研究

表5-33：购买服装总图式中的高频词语和重点语句

购买服装总体图式环节	高频词语①	重点语句
A.询问商品	指示代词（这） 人称代词（你） 语气助词（吗） 结构助词（的） 色彩词（红） 数词 量词 看看 买 季节名词（秋天等） 大/小 谢谢 毛衣 热/冷 号（儿）别（样儿）的 舒服 便宜 深/浅 合适 颜色 好看 衣服 特别 没关系 式样 漂亮 想 多少 请问 钱 衣服 小姐 厚/薄 牌子 成分 质量 含 抱歉 挑 特价 新款 试衣间 外衣 羽绒服 调货 试穿 均码 面料 缩水 变形 品牌 熨 身材 打底 甩货 不大不小 棉 精神（形）流行色 肤色 大（L）号/中（M）号/小（S）号 旗袍 参谋 打折 有没有 亲 先生 美女 帅哥	（请问）+有没有+形容词+ n. ? （n.指服装名称，如：羽绒服）[下同] 我（们）+想+看看+（指示代词）+ （数词）+（量词）+（色彩词）+的 ＋n.。 （请问）+（指示代词）+（量词）+（色彩词）+的+n.+多少钱？/怎么卖？ 拿+（指示代词）+（量词）+（色彩词）+的+n.+我看看。 现在+钱数。 欢迎光临！ 您想买点儿什么？ 请随便看看。 一场秋雨一场凉。 先试试吧。
B.选取商品	指示代词 人称代词 语气助词 色彩词 数词 量词 试试 试一下 给 麻烦 拿 大/小 换 退（一）周内 别的 合适 颜色 号（儿） 帮 吊牌 试衣间	我+（先）+试试+（指示代词）+（数词）+（量词）+（色彩词）+（的）+（n.）+（吧）。 我+想+试试/试一下+（指示代词）+（数词）+（量词）+（色彩词）+（的）+（n.）。 我+可以+试试+（指示代词）+（数词）+（量词）+（色彩词）+（的）+（n.）+吗？ 我+试试+（指示代词）+（数词）+（量词）+（色彩词）+（的）+（n.）+行吗？ 指示代词+（数词）+（量词）+n.+有点儿+adj.。 还有+别的+（颜色/款式/大小……）+吗？ 麻烦您+祈使句！ 我就要这件。 就拿一件吧。

---

① 在比对《对外汉语教学初级阶段词汇大纲》的基础上对词语进行分级，未分级词语为新增内容。

续表

购买服装总体图式环节	高频词语	重点语句
C.商议价格	指示代词 人称代词 语气助词 数词 量词 太 贵 交 可以 姓名 号码 简单 开票 谢谢 一般 半天（儿）让 讲价 （不）卖/买 别走 再见 对不起 便宜 钱 一共 （一）点儿 能不能 行不行 享受 填（一下）折扣 没事儿 价格 会员价 手机 收银台 本钱 算了 优惠 新款 打折	太贵了，便宜点儿吧。 例如：这条裙子太贵了，便宜点儿吧。 打折吗？ 有＋（什么）＋活动＋吗？ 例如：这件衬衫打折吗？ 现在有什么活动吗？ （钱数）＋怎么样？/行不行？/吧。 例如：80怎么样？ 钱数＋就＋钱数。 例如：八十就八十。 交钱吧。 能便宜点儿吗？ 最低多少钱？ 给你吧。 别处看看。 来来来。
D.结算付款	谢谢 可以 收（小）票 多少钱 稍等 付款 签字 转账 信用卡 刷卡 现金 收银台	现金/刷卡/微信/支付宝……＋（吧）。 刷卡还是现金？ 请在这里签字。 这是您的（小票）。
E.提取商品	再见 新的 慢点儿 问题 （小）票 退换（一）周 内 谢谢 好 欢迎再来 质量	是＋adj.＋吧。 拿好啊。 小票（请）收好。 质量问题，凭票退换。
F.退换商品	人称代词 时间名词 换 退 想 买 刚 谢谢（小）票	（我）＋（时间名词）＋刚＋买＋的。 有没有＋adj.？

5.2.3.2 购买水果图式中的高频词语和重点语句

详细内容参见表5-34：

表5-34：购买水果体图式中的高频词语和重点语句

购买水果总体图式环节	高频词语	重点语句
A.询问商品	语气助词 数词 色彩词 量词 是 贵 可以 放 别的 剩 （一）把 熟（透）了 （太）生 高 师傅 香蕉 苹果 橘子 怎么 好吃 卖 想 点（儿）多少 钱 斤 请问 上火 降火 凉性（大）面积 品种 硬/软 皮儿 正宗 甜 挑 进口 营养 阿姨 味道 新鲜 老板 清热 芒果 柚子 上市 散的 特价 脆 要不要 削皮（儿） 国产 西瓜 价值 荔枝	有＋n.＋吗？ （指示代词）+（n.）+怎么卖？/多少钱（一斤）？ 别的还要吗？ 吃啥，您？ （你）尝一个呗。 甜不甜？ 新鲜不新鲜？ 请问，这是什么？ 不甜不要钱。
B.选取商品	语气助词 数词 量词 人称代词 水果 两 要 谢谢 拿 来 多 了 钱 块（不）要 点儿 斤 帮 挑 甜 软/硬 称 要 不了	不要＋n./指示代词＋要＋n./指示代词 （帮我）+挑/拿/来+数词+量词+n.+吧 n.＋少来点儿。 v.＋不了。 别的还要吗？ 拿6块钱的。 给你个袋儿，自己拿吧。 苹果要三斤。 看看有多重。
C.商议价格	人称代词 语气助词 数词 一共 便宜 点儿 贵 真 太 怎么 这么 谢谢 季节 老＋（是）得了呗 天哪 老板 放心	太贵了，便宜点儿呗。 （我们）+老+在+（你）这里+买+的。 怎么还+钱数/这么贵？ 你要多少/几斤？
D.结算付款	一共 多少 钱 零钱 再见 谢谢 给（不）要（了） 称（称/一下）袋（儿） 环保 达标 扫（一下/一扫）现金 微信 支付 转账	一共多少钱？ 称一下。 （您）+给我+钱数，（我）+找您+钱数。 拿好啦！ 再给个袋儿吧。 请您数一下（钱）。
E.提取商品	谢谢 能不能 送（货）一会儿 留 电话 地址	谢谢，再见！

5.3 购物变化图式

"购物"交际任务变化图式在环节顺序一定的情况下有多种排列方式，通过对现有语料的分析统计，主要有以下几种。

5.3.1 购买服装变化图式结构

表5-35是购买服装交际任务可能存在的变化图式。

表5-35：购买服装交际任务可能存在的变化图式

图式环节及内容 环节缺少数量	A询问商品、B选择商品、C商议价格、 D结算付款、E提取商品、F退换商品。					
缺少0项环节	ABCDEF					
缺少1项环节	（少A） BCDEF	（少B） ACDEF	（少C） ABDEF	（少D） ABCEF	（少E） ABCDF	（少F） ABCDE
缺少2项环节	（少AB） CDEF	（少AC） BDEF	（少AD） BCEF	（少AE） BCDF	（少AF） BCDE	
	（少BC） ADEF	（少BD） ACEF	（少BE） ACDF	（少BF） ACDE		
	（少CD） ABEF	（少CE） ABDF	（少CF） ABDE			
	（少DE） ABCF	（少DF） ABCE				
	（少EF） ABCD					
缺少3项环节	（少ABC） DEF	（少ABD） CEF	（少ABE） CDF	（少ABF） CDE		
	（少ACD） BEF	（少ACE） BDF	（少ACF） BDE			
	（少ADE） BCF	（少ADF） BCE				
	（少AEF） BCD					

续表

图式环节及内容 环节 缺少数量	A 询问商品、B 选择商品、C 商议价格、 D 结算付款、E 提取商品、F 退换商品。					
缺少 3 项环节	（少 BCD） AEF	（少 BCE） BDF	（少 BCF） ADE			
	（少 BDE） ACF	（少 BDF） ACE				
	（少 BEF） ACD					
	（少 CDE） ABF	（少 CDF） ABE				
	（少 CEF） ABD					
	（少 DEF） ABC					
缺少 4 项环节	（少 ABCD） EF	（少 ABCE） DF	（少 ABCF） DE			
	（少 ABDE） CF	（少 ABDF） CE				
	（少 ABEF） CD					
	（少 ACDE） BF	（少 ACDF） BE	（少 ACEF） BD			
	（少 ADEF） BC					
	（少 BCDE） AF	（少 BCDF） AE	（少 BCEF） AD			
	（少 BDEF） AC					
	（少 CDEF） AB					
缺少 5 项环节	（少 ABCDE） F	（少 ABCDF） E	（少 ABCEF） D	（少 ABDEF） C	（少 ACDEF） B	（少 BCDEF） A

结合购买服装图式环节具体内容思考,在购物交际过程中环节B选取商品、D结算付款、E提取商品是成功购买服装必不可少的环节,即必有环节;而环节A询问商品、C商议价格、F退换商品则属于可能缺少的环节,即非必有环节。因此,上表中凡是缺少B选取商品、D结算付款或E提取商品某一环节的排列方式均在现实中无法成功完成购买服装的交际任务。

总结可以成功完成购买服装交际任务的环节排列方式有:ABCDEF(总图式)、BCDEF、ABDEF、ABCDE、BDEF、BCDE、ABDE、BDE。总体图式已在前文进行过描写,此处恕不赘述。限于语料,下文在对变化图式进行描写的过程中暂不考虑环节F退换商品的内容,此项内容留待进一步研究时再做思考。下文将主要对ABCDE、ABDE、BCDE、BDE四种变化图式展开进一步的描写。

5.3.1.1 变式之一:ABCDE

图5-7是变化图式之一的流程图:

```
A. 询问商品
    ↓
B. 选取商品
    ↓
C. 商议商品
    ↓
D. 结算付款
    ↓
E. 提取商品
```

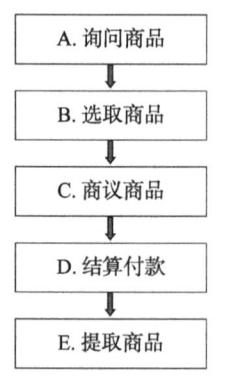

图5-7:购买服装变化图式一:ABCDE

在购买服装时由A询问商品到B选取商品,再到C商议价格,接着D结算付款,最后E提取商品完成购物。

例5-68:[录21]

卖方:喜欢可以试试。

买方：这件有我能穿的吗？

卖方：你穿中号吧。试试呗。

（买方去试衣间试衣服）

卖方：挺好的。

买方：我主要是喜欢这个颜色，比较亮。

卖方：是啊，这是今年的新款。

买方：多少钱，现在？

卖方：280。

买方：便宜点儿呗。

卖方：这个是今年的新款，不打折。

买方：我是你家会员，可以打个折吗？

卖方：会员卡可以积分，不能打折。

买方：行吧，你帮我拿件新的吧。

卖方：肯定给您拿新的。……给您票。收银台在那边。

（买方去收银台付款后回来提取商品）

买方：给你票。

卖方：好的，您拿好。

买方：好，谢谢。

卖方：慢走啊。

在本则语料中，各环节分别为：

A 询问商品："卖方：喜欢可以试试。买方：这件有我能穿的吗？卖方：你穿中号吧。试试呗。"

B 选取商品："买方：我主要是喜欢这个颜色，比较亮。卖方：是啊，这是今年的新款。"

C 商议价格："买方：多少钱，现在？卖方：280。买方：便宜点儿呗。卖方：这个是今年的新款，不打折。买方：我是你家会员，可以打个折吗？卖方：会员卡可以积分，不能打折。买方：行吧，你帮我拿件新的吧。"

D 结算付款："卖方：肯定给您拿新的。……给您票。收银台在那边。"

E提取商品:"买方:给你票。卖方:好的,您拿好。买方:好,谢谢。卖方:慢走啊。"

5.3.1.2 变式之二:ABDE

图5-8是变化图式之二的流程图:

```
A.询问商品
   ↓
B.选取商品
   ↓
D.结算付款
   ↓
E.提取商品
```

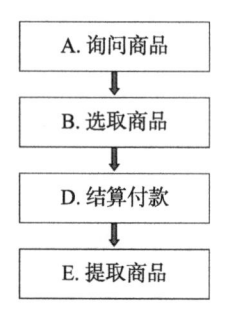

图5-8:购买服装变化图式二:ABDE

购买服装时,打折常常是早已规定的事情,没有过多商议的必要,按照一定的价格标准即可,因此缺少了商议价格的环节。

例5-69:[录4]

买方:这个多少钱?

卖方:9块。

买方:这个多少钱?

卖方:6块。

买方:有没有不带帽子的开衫?里面不要毛的。在家可以穿。这个太大了。

卖方:那就没了。要不就这种,领子可以摘。

买方:摘也行。这个没那个厚。

卖方:这两个不是一个牌子的,这个是韩国的。

买方:这个多少钱?

卖方:这个特价,现在120。

买方:行,帮我拿件这个吧。一共多少?

卖方:我算算。一共135。刷卡还是现金,微信和支付宝也行。

买方：刷卡吧。

卖方：在这里签字。小东西在这边，衣服在这边。拿好啊，慢点儿。

买方：好，谢谢啊。

在本则语料中，各环节分别为：

A询问商品："买方：有没有不带帽子的开衫？里面不要毛的。在家可以穿。这个太大了。卖方：那就没了。要不就这种，领子可以摘。买方：摘也行。这个没那个厚。卖方：这两个不是一个牌子的，这个是韩国的。买方：这个多少钱？卖方：这个特价，现在120。"

B选取商品："买方：行，帮我拿件这个吧。"

D结算付款："卖方：我算算。一共135。刷卡还是现金，微信和支付宝也行。买方：刷卡吧。卖方：在这里签字。"

E提取商品："卖方：在这里签字。小东西在这边，衣服在这边。拿好啊，慢点儿。买方：好，谢谢啊。"

5.3.1.3 变式之三：BCDE

图5-9是变化图式之三的流程图：

```
B. 选取商品
   ↓
C. 商议商品
   ↓
D. 结算付款
   ↓
E. 提取商品
```

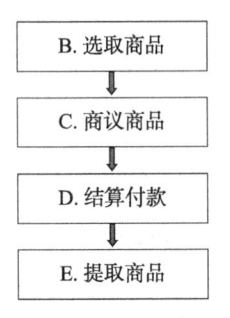

图5-9：购买服装变化图式三：BCDE

例5-70：[录22]

买方：老板，帮我拿件大号白色T恤。

卖方：好，这个58一件啊，全棉的。

买方：怎么这么贵，一件白T恤。

卖方：全棉的，穿着舒服。

买方：30吧。

卖方：拿不了。

买方：拿得了，老板就便宜点儿，老在你这里买东西的。

卖方：行吧，行吧，穿得好多带些朋友过来。

买方：行啊。微信可以吗？

卖方：可以。

买方：行了，你查查收到没？

卖方：好，收到了。

买方：好。

卖方：拿好。

在本则语料中，各环节分别为：

B选取商品："买方：老板，帮我拿件大号白色T恤。卖方：好，这个58一件啊，全棉的。"

C商议价格："买方：怎么这么贵，一件白T恤。卖方：全棉的，穿着舒服。买方：30吧。卖方：拿不了。买方：拿得了，老板就便宜点儿，老在你这里买东西的。卖方：行吧，行吧，穿得好多带些朋友过来。"

D结算付款："买方：行啊。微信可以吗？卖方：可以。买方：行了，你查查收到没？卖方：好，收到了。"

E提取商品："买方：好。卖方：拿好。"

5.3.1.4 变式之四：BDE

图5-10是变化图式之四的流程图：

```
B. 选取商品
    ↓
D. 结算付款
    ↓
E. 提取商品
```

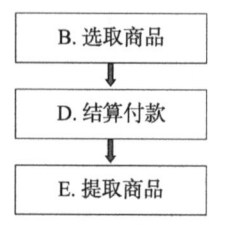

图5-10：购买服装变化图式四：BDE

变化图式四是最为简洁的购买服装图式结构，也是由全部必有环节排列而成的图式结构。由B选择商品到D结算付款，最后到E提取商品。采用演绎法，亲自尝试了一次，完成了对商品的购买。

例5-71：[录23]

买方：麻烦您帮我拿件小号的。可以刷卡吗？

卖方：可以。

（买方刷卡）

卖方：慢走啊。

买方：好，谢谢。

在本则语料中，各环节分别为：

B选取商品："买方：麻烦您帮我拿件小号的。"

D结算付款："买方：可以刷卡吗？卖方：可以。"

E提取商品："卖方：慢走啊。买方：好，谢谢。"

5.3.2 购买水果变化图式结构

在水果摊购买水果，因购买水果种类数量的不同会产生不同的图式结构，在对购买服装图式的分析以及日常购物生活经验的基础上得出：在购物交际过程中环节B选择商品、D结算付款、E提取商品是成功购物必不可少的环节，即必有环节；而环节A询问商品、C商议价格、F退换商品则属于可能缺少的环节，即非必有环节。因此在描写购买水果交际任务可能存在的变化图式结构时只考虑非必有环节缺少后产生的环节排列情况。

表5-36：购买水果交际任务可能存在的变化图式（仅考虑必有环节）

环节缺少数量	图式环节及内容	购买单一种类水果的环节： A询问商品、 B选择商品、 C商议价格、 D结算付款、 E提取商品。	购买多样水果的环节 （以购买两种水果为例）： A询问商品1、 B选择商品1、 C商议价格1、 A'询问商品2、 B'选择商品2、 C'商议价格2、 C"商议价格3、 D结算付款、 E提取商品。
缺少0项		ABCDE	ABCA' B' C' C" DE
缺少1项		（少A）BCDE	（少A）BCA' B' C' C" DE
		（少C）ABDE	（少C）ABA' B' C' C" DE
			（少A'）ABCB' C' C" DE
			（少C'）ABCA' B' C" DE
			（少C"）ABCA' B' C' DE
缺少2项		（少AC）BDE	（少AC）BA' B' C' C" DE
			（少AA'）BCB' C' C" DE
			（少AC'）BCA' B' C" DE
			（少AC"）BCA' B' C' DE
			（少CA'）ABB' C' C" DE
			（少CC'）ABA' B' C" DE
			（少CC"）ABA' B' C' DE
			（少A'C'）ABCB' C" DE
			（少A'C"）ABCB' C' DE
			（少C'C"）ABCA' B' DE
缺少3项			（少ACA'）BB' C' C" DE
			（少ACC'）BA' B' C" DE
			（少ACC"）BA' B' C' DE
			（少AA'C'）BCB' C" DE
			（少AA'C"）BCB' C' DE

续表

环节 缺少数量	图式环节 及内容	购买单一种类水果的环节： A 询问商品、 B 选择商品、 C 商议价格、 D 结算付款、 E 提取商品。	购买多样水果的环节 （以购买两种水果为例）： A 询问商品1、 B 选择商品1、 C 商议价格1、 A'询问商品2、 B'选择商品2、 C'商议价格2、 C"商议价格3、 D 结算付款、 E 提取商品。
缺少3项			（少AC'C"）BCA'B'DE
			（少CA'C'）ABB'C"DE
			（少CA'C"）ABB'C'DE
			（少CC'C"）ABA'B'DE
			（少A'C'C"）ABCB'DE
缺少4项			（少ACA'C'）BB'C"DE
			（少ACA'C"）BB'C'DE
			（少AA'C'C"）BCB'DE
			（少CA'C'C"）ABB'DE
缺少5项			（少ACA'C'C"）BB'DE

在购买单一水果的变化图式中，前文已对ABCDE图式结构进行过描写，此处恕不赘述。下文仅对ABDE、BCDE、BDE三种变化图式进行描写说明。

5.3.2.1 变式之一：ABDE

图5-11是变化图式之一的流程图：

```
A. 询问商品
    ↓
B. 选取商品
    ↓
D. 结算付款
    ↓
E. 提取商品
```

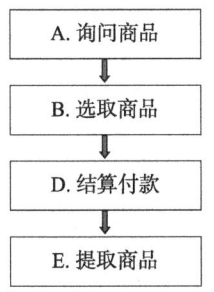

图5-11：购买单一水果变化图式一：ABDE

例 5-72：[录 24]

买方：有没有褚橙卖？

卖方：没有，褚橙太贵了。这个橙子不错，新上的，水份足，还甜。你尝尝。

买方：你帮我挑四个吧。

卖方：好。还要别的吗？

买方：不要了，多少钱？

卖方：十二块三，给十二吧。

买方：谢谢。给。

卖方：吃完再来啊。

买方：好。

在本则语料中，各环节分别为：

A 询问商品："买方：有没有褚橙卖？卖方：没有，褚橙太贵了。这个橙子不错，新上的，水份足，还甜。你尝尝。"

B 选取商品："买方：你帮我挑四个吧。卖方：好。还要别的吗？买方：不要了，多少钱？"

D 结算付款："卖方：十二块三，给十二吧。买方：谢谢。给。"

E 提取商品："卖方：吃完再来啊。买方：好。"

5.3.2.2 变式之二：BCDE

图 5-12 是变化图式之二的流程图：

```
B. 选取商品
    ↓
C. 商议商品
    ↓
D. 结算付款
    ↓
E. 提取商品
```

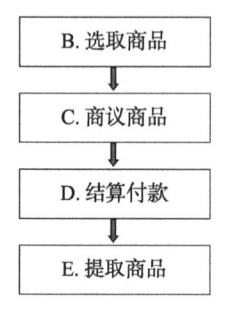

图 5-12：购买单一水果变化图式二：BCDE

例 5-73：[录 25]

卖方：来了，吃点儿啥，今天？

买方：拿这半个西瓜吧。

卖方：好的。11 块。

买方：这要 11 块？还是拿个小的吧。

卖方：这个吧，7 块。

买方：好。给 10 块。

卖方：找 3 块，拿好，下次再来啊。

买方：好。

在本则语料中，各环节分别为：

B 选取商品："卖方：来了，吃点儿啥，今天？买方：拿这半个西瓜吧。卖方：好的。11 块。买方：这要 11 块？还是拿个小的吧。"

C 商议价格："买方：这要 11 块？还是拿个小的吧。卖方：这个吧，7 块。买方：好。"

D 结算付款："买方：好。给 10 块。卖方：找 3 块，"

E 提取商品："卖方：拿好，下次再来啊。买方：好。"

5.3.2.3 变式之三：BDE

图 5-13 是变化图式之三的流程图：

```
B. 选取商品
    ↓
D. 结算付款
    ↓
E. 提取商品
```

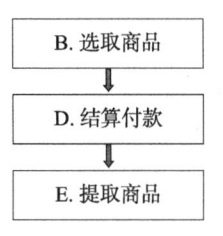

图 5-13：购买单一水果变化图式三：BDE

例 5-74：[录 17]

买方：拿几个苹果。

卖方：（给买方拿塑料袋）来，您挑。

买方：称一下。

卖方：还要别的吗？香蕉、火龙果来点儿呗。

买方：不要了。

卖方：一共十八块六，给十八吧。吃完再来。

买方：谢谢！

在本则语料中，各环节分别为：

B选取商品："买方：拿几个苹果。卖方：（给买方拿塑料袋）来，您挑。买方：称一下。卖方：还要别的吗？香蕉、火龙果来点儿呗。买方：不要了。"

D结算付款："卖方：一共十八块六，给十八吧。吃完再来。"

E提取商品："买方：谢谢！"

5.3.2.4 其他变化图式

下面以购买两种水果为例。本文运用演绎法，通过对到水果摊购买水果的经历研究得出：在购买多样水果（以购买两样水果为例）的总体图式指导下，可以顺利完成此项购物交际任务，最终成功购物。由于总体图式是环节完整的，因此其余三十种变式在总体图式的基础上根据缺少项的情况尝试列出。由于时间原因，本文并未一一进行考察，其可行性还需进一步加以检验，但据个人日常购物经验，这些变式成功购物的几率很大，此处列出全部变式，以供研究参考之用。

第五章 现代汉语购物图式研究

表5-37：购买两种水果交际任务可能存在的变化图式及语料（仅考虑必有环节）

变式	（总体图式）ABCA' B' C' C" DE	（少A）BCA' B' C' C" DE	（少C）ABA' B' C' C" DE
语料	买方：你这里有奇异果吗？ 卖方：有啊。50多一箱。 买方：黄颜色的（奇异果）。 卖方：有，黄颜色的卖100多的，你给80块钱吧。 买方：甜吗？ 卖方：挺甜的。 买方：80还是有点贵，75块怎么样？ 卖方：好吧。 买方：蓝莓有吗？ 卖方：有，今天新上的。 买方：（蓝莓）好吃吗？ 卖方：你尝一下呗。蓝莓含花青素挺高的，营养价值高。回去清水一洗就可以吃了。 买方：这个多少钱一斤？ 卖方：这个二十。 买方：这么贵。 卖方：这是佳沃的。 买方：什么？什么意思？ 卖方：这是好的这个。 买方：便宜点儿呗。 卖方：行，给你19吧。 买方：行。那能不能送啊？ 卖方：能，一会儿给你送。 买方：我要那个黄色的奇异果，还要两盒蓝莓。你给我算一共多少钱？ 卖方：一共118。 买方：再便宜点儿呗。 卖方：那就115。 买方：好，那你帮我送一下吧。 卖方：好。留个地址留个电话吧。 买方：你这儿能微信吗？ 卖方：能。你直接扫这个，在秤上，可以直接转账。 买方：那我就给你微信吧，谢谢啊！ 卖方：没事儿。	买方：有黄颜色的奇异果吗？ 卖方：有，黄颜色的卖100多的，你给80块钱吧。 买方：甜吗？ 卖方：挺甜的。 买方：80还是有点贵，75块怎么样？ 卖方：好吧。 买方：蓝莓有吗？ 卖方：有，今天新上的。 买方：（蓝莓）好吃吗？ 卖方：你尝一下呗。蓝莓含花青素挺高的，营养价值高。回去清水一洗就可以吃了。 买方：这个多少钱一斤？ 卖方：这个二十。 买方：这么贵。 卖方：这是佳沃的。 买方：什么？什么意思？ 卖方：这是好的这个。 买方：便宜点儿呗。 卖方：行，给你19吧。 买方：行。那能不能送啊？ 卖方：能，一会儿给你送。 买方：我要那个黄色的奇异果，还要两盒蓝莓。你给我算一共多少钱？ 卖方：一共118。 买方：再便宜点儿呗。 卖方：那就115。 买方：好，那你帮我送一下吧。 卖方：好。留个地址留个电话吧。 买方：你这儿能微信吗？ 卖方：能。你直接扫这个，在秤上，可以直接转账。 买方：那我就给你微信吧，谢谢啊！ 卖方：没事儿。	买方：你这里有奇异果吗？ 卖方：有啊。50多一箱。 买方：有黄颜色的奇异果吗？ 卖方：有，黄颜色的卖100多的，你给80块钱吧。 买方：甜吗？ 卖方：挺甜的。 买方：蓝莓有吗？ 卖方：有，今天新上的。 买方：（蓝莓）好吃吗？ 卖方：你尝一下呗。蓝莓含花青素挺高的，营养价值高。回去清水一洗就可以吃了。 买方：这个多少钱一斤？ 卖方：这个二十。 买方：这么贵。 卖方：这是佳沃的。 买方：什么？什么意思？ 卖方：这是好的这个。 买方：便宜点儿呗。 卖方：行，给你19吧。 买方：行。那能不能送啊？ 卖方：能，一会儿给你送。 买方：我要那个黄色的奇异果，还要两盒蓝莓。你给我算一共多少钱？ 卖方：一共118。 买方：再便宜点儿呗。 卖方：那就115。 买方：好，那你帮我送一下吧。 卖方：好。留个地址留个电话吧。 买方：你这儿能微信吗？ 卖方：能。你直接扫这个，在秤上，可以直接转账。 买方：那我就给你微信吧，谢谢啊！ 卖方：没事儿。

续表

变式	（少A'） ABCB' C' C" DE	（少C'） ABCA' B' C" DE	（少C"） ABCA' B' C' DE
语料	买方：你这里有奇异果吗？ 卖方：有啊。50多一箱。 买方：有黄颜色的奇异果吗？ 卖方：有，黄颜色的卖100多的，你给80块钱吧。 买方：甜吗？ 卖方：挺甜的。 买方：80还是有点贵，75块怎么样？ 卖方：好吧。 买方：（蓝莓）好吃吗？ 卖方：你尝一下呗。蓝莓含花青素挺高的，营养价值高。回去清水一洗就可以吃了。 买方：（蓝莓）这个多少钱一斤？ 卖方：这个二十。 买方：这么贵。 卖方：这是佳沃的。 买方：什么？什么意思？ 卖方：这是好的这个。 买方：便宜点儿呗。 卖方：行，给你19吧。 买方：行。那能不能送啊？ 卖方：能，一会儿给你送。 买方：我要那个黄色的奇异果，还要两盒蓝莓。你给我算算一共多少钱？ 卖方：一共118。 买方：再便宜点儿呗。 卖方：那就115。 买方：好，那你帮我送一下吧。 卖方：好。留个地址留个电话吧。 买方：你这儿能微信吗？ 卖方：能。你直接扫这个，在秤上，可以直接转账。 买方：那我就给你微信吧，谢谢啊！ 卖方：没事儿。	买方：你这里有奇异果吗？ 卖方：有啊。50多一箱。 买方：有黄颜色的奇异果吗？ 卖方：有，黄颜色的卖100多的，你给80块钱吧。 买方：甜吗？ 卖方：挺甜的。 买方：80还是有点贵，75块怎么样？ 卖方：好吧。 买方：蓝莓有吗？ 卖方：有，今天新上的。 买方：（蓝莓）好吃吗？ 卖方：你尝一下呗。蓝莓含花青素挺高的，营养价值高。回去清水一洗就可以吃了。 买方：那能不能送啊？ 卖方：能，一会儿给你送。 买方：我要那个黄色的奇异果，还要两盒蓝莓。你给我算算一共多少钱？ 卖方：一共118。 买方：再便宜点儿呗。 卖方：那就115。 买方：好，那你帮我送一下吧。 卖方：好。留个地址留个电话吧。 买方：你这儿能微信吗？ 卖方：能。你直接扫这个，在秤上，可以直接转账。 买方：那我就给你微信吧，谢谢啊！ 卖方：没事儿。	买方：你这里有奇异果吗？ 卖方：有啊。50多一箱。 买方：有黄颜色的奇异果吗？ 卖方：有，黄颜色的卖100多的，你给80块钱吧。 买方：甜吗？ 卖方：挺甜的。 买方：80还是有点贵，75块怎么样？ 卖方：好吧。 买方：蓝莓有吗？ 卖方：有，今天新上的。 买方：（蓝莓）好吃吗？ 卖方：你尝一下呗。蓝莓含花青素挺高的，营养价值高。回去清水一洗就可以吃了。 买方：这个多少钱一斤？ 卖方：这个二十。 买方：这么贵。 卖方：这是佳沃的。 买方：什么？什么意思？ 卖方：这是好的这个。 买方：便宜点儿呗。 卖方：行，给你19吧。 买方：行。那能不能送啊？ 卖方：能，一会儿给你送。 买方：好，那你帮我送一下吧。 卖方：好。留个地址留个电话吧。 买方：你这儿能微信吗？ 卖方：能。你直接扫这个，在秤上，可以直接转账。 买方：那我就给你微信吧，谢谢啊！ 卖方：没事儿。

第五章 现代汉语购物图式研究

续表

变式	（少AC） BA'B'C'C"DE	（少AA'） BCB'C'C"DE	（少AC'） BCA'B'C"DE
语料	买方：有黄颜色的奇异果吗？ 卖方：有，黄颜色的卖100多的，你给80块钱吧。 买方：甜吗？ 卖方：挺甜的。 买方：蓝莓有吗？ 卖方：有，今天新上的。 买方：（蓝莓）好吃吗？ 卖方：你尝一下呗。蓝莓含花青素挺高的，营养价值高。回去清水一洗就可以吃了。 买方：这个多少钱一斤？ 卖方：这个二十。 买方：这么贵。 卖方：这是佳沃的。 买方：什么？什么意思？ 卖方：这是好的这个。 买方：便宜点儿呗。 卖方：行，给你19吧。 买方：行。那能不能送啊？ 卖方：能，一会儿给你送。 买方：我要那个黄色的奇异果，还要两盒蓝莓。你给我算算一共多少钱？ 卖方：一共118。 买方：好，那你帮我送一下吧。 卖方：好。留个地址留个电话吧。 买方：你这儿能微信吗？ 卖方：能。你直接扫这个，在秤上，可以直接转账。 买方：那我就给你微信吧，谢谢啊！ 卖方：没事儿。	买方：有黄颜色的奇异果吗？ 卖方：有，黄颜色的卖100多的，你给80块钱吧。 买方：甜吗？ 卖方：挺甜的。 买方：80还是有点贵，75块怎么样？ 卖方：好吧。 买方：（蓝莓）好吃吗？ 卖方：你尝一下呗。蓝莓含花青素挺高的，营养价值高。回去清水一洗就可以吃了。 买方：（蓝莓）这个多少钱一斤？ 卖方：这个二十。 买方：这么贵。 卖方：这是佳沃的。 买方：什么？什么意思？ 卖方：这是好的这个。 买方：便宜点儿呗。 卖方：行，给你19吧。 买方：行。那能不能送啊？ 卖方：能，一会儿给你送。 买方：我要那个黄色的奇异果，还要两盒蓝莓。你给我算算一共多少钱？ 卖方：一共118。 买方：再便宜点儿呗。 卖方：那就115。 买方：好，那你帮我送一下吧。 卖方：好。留个地址留个电话吧。 买方：你这儿能微信吗？ 卖方：能。你直接扫这个，在秤上，可以直接转账。 买方：那我就给你微信吧，谢谢啊！ 卖方：没事儿。	买方：有黄颜色的奇异果吗？ 卖方：有，黄颜色的卖100多的，你给80块钱吧。 买方：甜吗？ 卖方：挺甜的。 买方：80还是有点贵，75块怎么样？ 卖方：好吧。 买方：蓝莓有吗？ 卖方：有，今天新上的。 买方：（蓝莓）好吃吗？ 卖方：你尝一下呗。蓝莓含花青素挺高的，营养价值高。回去清水一洗就可以吃了。 买方：那能不能送啊？ 卖方：能，一会儿给你送。 买方：我要那个黄色的奇异果，还要两盒蓝莓。你给我算算一共多少钱？ 卖方：一共118。 买方：再便宜点儿呗。 卖方：那就115。 买方：好，那你帮我送一下吧。 卖方：好。留个地址留个电话吧。 买方：你这儿能微信吗？ 卖方：能。你直接扫这个，在秤上，可以直接转账。 买方：那我就给你微信吧，谢谢啊！ 卖方：没事儿。

续表

变式	（少AC"） BCA' B' C" DE	（少CA'） ABB' C' C" DE	（少CC'） ABA' B' C" DE
语料	买方：有黄颜色的奇异果吗？ 卖方：有，黄颜色的卖100多的，你给80块钱吧。 买方：甜吗？ 卖方：挺甜的。 买方：80还是有点贵，75块怎么样？ 卖方：好吧。 买方：蓝莓有吗？ 卖方：有，今天新上的。 买方：（蓝莓）好吃吗？ 卖方：你尝一下呗。蓝莓含花青素挺高的，营养价值高。回去清水一洗就可以吃了。 买方：这个多少钱一斤？ 卖方：这个二十。 买方：这么贵。 卖方：这是佳沃的。 买方：什么？什么意思？ 卖方：这是好的这个。 买方：便宜点儿呗。 卖方：行，给你19吧。 买方：行。那能不能送啊？ 卖方：能，一会儿给你送。 买方：我要那个黄色的奇异果，还要两盒蓝莓。你给我算算一共多少钱？ 卖方：一共118。 买方：好，那你帮我送一下吧。 卖方：好。留个地址留个电话吧。 买方：你这儿能微信吗？ 卖方：能。你直接扫这个，在秤上，可以直接转账。 买方：那我就给你微信吧，谢谢啊！ 卖方：没事儿。	买方：你这里有奇异果吗？ 卖方：有啊。50多一箱。 买方：有黄颜色的奇异果吗？ 卖方：有，黄颜色的卖100多的，你给80块钱吧。 买方：甜吗？ 卖方：挺甜的。 买方：（蓝莓）好吃吗？ 卖方：你尝一下呗。蓝莓含花青素挺高的，营养价值高。回去清水一洗就可以吃了。 买方：这个多少钱一斤？ 卖方：这个二十。 买方：这么贵。 卖方：这是佳沃的。 买方：什么？什么意思？ 卖方：这是好的这个。 买方：便宜点儿呗。 卖方：行，给你19吧。 买方：行。那能不能送啊？ 卖方：能，一会儿给你送。 买方：我要那个黄色的奇异果，还要两盒蓝莓。你给我算算一共多少钱？ 卖方：一共118。 买方：再便宜点儿呗。 卖方：那就115。 买方：好，那你帮我送一下吧。 卖方：好。留个地址留个电话吧。 买方：你这儿能微信吗？ 卖方：能。你直接扫这个，在秤上，可以直接转账。 买方：那我就给你微信吧，谢谢啊！ 卖方：没事儿。	买方：你这里有奇异果吗？ 卖方：有啊。50多一箱。 买方：有黄颜色的奇异果吗？ 卖方：有，黄颜色的卖100多的，你给80块钱吧。 买方：甜吗？ 卖方：挺甜的。 买方：蓝莓有吗？ 卖方：有，今天新上的。 买方：（蓝莓）好吃吗？ 卖方：你尝一下呗。蓝莓含花青素挺高的，营养价值高。回去清水一洗就可以吃了。 买方：那能不能送啊？ 卖方：能，一会儿给你送。 买方：我要那个黄色的奇异果，还要两盒蓝莓。你给我算算一共多少钱？ 卖方：一共118。 买方：再便宜点儿呗。 卖方：那就115。 买方：好，那你帮我送一下吧。 卖方：好。留个地址留个电话吧。 买方：你这儿能微信吗？ 卖方：能。你直接扫这个，在秤上，可以直接转账。 买方：那我就给你微信吧，谢谢啊！ 卖方：没事儿。

第五章 现代汉语购物图式研究

续表

变式	（少C'C"） ABA'B'C"DE	（少A'C'） ABCB'C"DE	（少A'C"） ABCB'C'DE
语料	买方：你这里有奇异果吗？ 卖方：有啊。50多一箱。 买方：有黄颜色的奇异果吗？ 卖方：有，黄颜色的卖100多的，你给80块钱吧。 买方：甜吗？ 卖方：挺甜的。 买方：蓝莓有吗？ 卖方：有，今天新上的。 买方：（蓝莓）好吃吗？ 卖方：你尝一下呗。蓝莓含花青素挺高的，营养价值高。回去清水一洗就可以吃了。 买方：这个多少钱一斤？ 卖方：这个二十。 买方：这么贵。 卖方：这是佳沃的。 买方：什么？什么意思？ 卖方：这是好的这个。 买方：便宜点儿呗。 卖方：行，给你19吧。 买方：行。那能不能送啊？ 卖方：能，一会儿给你送。 买方：好，那你帮我送一下吧。 卖方：好。留个地址留个电话吧。 买方：你这儿能微信吗？ 卖方：能。你直接扫这个，在秤上，可以直接转账。 买方：那我就给你微信吧，谢谢啊！ 卖方：没事儿。	买方：你这里有奇异果吗？ 卖方：有啊。50多一箱。 买方：有黄颜色的奇异果吗？ 卖方：有，黄颜色的卖100多的，你给80块钱吧。 买方：甜吗？ 卖方：挺甜的。 买方：80还是有点贵，75块怎么样？ 卖方：好吧。 买方：（蓝莓）好吃吗？ 卖方：你尝一下呗。蓝莓含花青素挺高的，营养价值高。回去清水一洗就可以吃了。 买方：那能不能送啊？ 卖方：能，一会儿给你送。 买方：我要那个黄色的奇异果，还要两盒蓝莓。你给我算算一共多少钱？ 卖方：一共118。 买方：再便宜点儿呗。 卖方：那就115。 买方：好，那你帮我送一下吧。 卖方：好。留个地址留个电话吧。 买方：你这儿能微信吗？ 卖方：能。你直接扫这个，在秤上，可以直接转账。 买方：那我就给你微信吧，谢谢啊！ 卖方：没事儿。	买方：你这里有奇异果吗？ 卖方：有啊。50多一箱。 买方：有黄颜色的奇异果吗？ 卖方：有，黄颜色的卖100多的，你给80块钱吧。 买方：甜吗？ 卖方：挺甜的。 买方：80还是有点贵，75块怎么样？ 卖方：好吧。 买方：（蓝莓）好吃吗？ 卖方：你尝一下呗。蓝莓含花青素挺高的，营养价值高。回去清水一洗就可以吃了。 买方：这个多少钱一斤？ 卖方：这个二十。 买方：这么贵。 卖方：这是佳沃的。 买方：什么？什么意思？ 卖方：这是好的这个。 买方：便宜点儿呗。 卖方：行，给你19吧。 买方：行。那能不能送啊？ 卖方：能，一会儿给你送。 买方：好，那你帮我送一下吧。 卖方：好。留个地址留个电话吧。 买方：你这儿能微信吗？ 卖方：能。你直接扫这个，在秤上，可以直接转账。 买方：那我就给你微信吧，谢谢啊！ 卖方：没事儿。

续表

变式	（少C'C"） ABCA'B"DE	（少ACA'） BB'C'C"DE	（少ACC'） BA'B'C"DE
语料	买方：你这里有奇异果吗？ 卖方：有啊。50多一箱。 买方：有黄颜色的奇异果吗？ 卖方：有，黄颜色的卖100多的，你给80块钱吧。 买方：甜吗？ 卖方：挺甜的。 买方：80还是有点贵，75块怎么样？ 卖方：好吧。 买方：蓝莓有吗？ 卖方：有，今天新上的。 买方：（蓝莓）好吃吗？ 卖方：你尝一下呗。蓝莓含花青素挺高的，营养价值高。回去清水一洗就可以吃了。 买方：那能不能送啊？ 卖方：能，一会儿给你送。 买方：好，那你帮我送一下吧。 卖方：好。留个地址留个电话吧。 买方：你这儿能微信吗？ 卖方：能。你直接扫这个，在秤上，可以直接转账。 买方：那我就给你微信吧，谢谢啊！ 卖方：没事儿。	买方：有黄颜色的奇异果吗？ 卖方：有，黄颜色的卖100多的，你给80块钱吧。 买方：甜吗？ 卖方：挺甜的。 买方：（蓝莓）好吃吗？ 卖方：你尝一下呗。蓝莓含花青素挺高的，营养价值高。回去清水一洗就可以吃了。 买方：这个多少钱一斤？ 卖方：这个二十。 买方：这么贵。 卖方：这是佳沃的。 买方：什么？什么意思？ 卖方：这是好的这个。 买方：便宜点儿呗。 卖方：行，给你19吧。 买方：行。那能不能送啊？ 卖方：能，一会儿给你送。 买方：我要那个黄色的奇异果，还要两盒蓝莓。你给我算算一共多少钱？ 卖方：一共118。 买方：再便宜点儿呗。 卖方：那就115。 买方：好，那你帮我送一下吧。 卖方：好。留个地址留个电话吧。 买方：你这儿能微信吗？ 卖方：能。你直接扫这个，在秤上，可以直接转账。 买方：那我就给你微信吧，谢谢啊！ 卖方：没事儿。	买方：有黄颜色的奇异果吗？ 卖方：有，黄颜色的卖100多的，你给80块钱吧。 买方：甜吗？ 卖方：挺甜的。 买方：蓝莓有吗？ 卖方：有，今天新上的。 买方：（蓝莓）好吃吗？ 卖方：你尝一下呗。蓝莓含花青素挺高的，营养价值高。回去清水一洗就可以吃了。 买方：那能不能送啊？ 卖方：能，一会儿给你送。 买方：我要那个黄色的奇异果，还要两盒蓝莓。你给我算算一共多少钱？ 卖方：一共118。 买方：再便宜点儿呗。 卖方：那就115。 买方：好，那你帮我送一下吧。 卖方：好。留个地址留个电话吧。 买方：你这儿能微信吗？ 卖方：能。你直接扫这个，在秤上，可以直接转账。 买方：那我就给你微信吧，谢谢啊！ 卖方：没事儿。

续表

变式	（少AC C"） BA' B' C' DE	（少AA'C'） BCB' C" DE	（少AA'C"） BCB' C' DE
语料	买方：有黄颜色的奇异果吗？ 卖方：有，黄颜色的卖100多的，你给80块钱吧。 买方：甜吗？ 卖方：挺甜的。 买方：蓝莓有吗？ 卖方：有，今天新上的。 买方：（蓝莓）好吃吗？ 卖方：你尝一下呗。蓝莓含花青素挺高的，营养价值高。回去清水一洗就可以吃了。 买方：这个多少钱一斤？ 卖方：这个二十。 买方：这么贵。 卖方：这是佳沃的。 买方：什么？什么意思？ 卖方：这是好的这个。 买方：便宜点儿呗。 卖方：行，给你19吧。 买方：行。那能不能送啊？ 卖方：能，一会儿给你送。 买方：好，那你帮我送一下吧。 卖方：好。留个地址留个电话吧。 买方：你这儿能微信吗？ 卖方：能。你直接扫这个，在秤上，可以直接转账。 买方：那我就给你微信吧，谢谢啊！ 卖方：没事儿。	买方：有黄颜色的奇异果吗？ 卖方：有，黄颜色的卖100多的，你给80块钱吧。 买方：甜吗？ 卖方：挺甜的。 买方：80还是有点贵，75块怎么样？ 卖方：好吧。 买方：（蓝莓）好吃吗？ 卖方：你尝一下呗。蓝莓含花青素挺高的，营养价值高。回去清水一洗就可以吃了。 买方：那能不能送啊？ 卖方：能，一会儿给你送。 买方：我要那个黄色的奇异果，还要两盒蓝莓。你给我算算一共多少钱？ 卖方：一共118。 买方：再便宜点儿呗。 卖方：那就115。 买方：好，那你帮我送一下吧。 卖方：好。留个地址留个电话吧。 买方：你这儿能微信吗？ 卖方：能。你直接扫这个，在秤上，可以直接转账。 买方：那我就给你微信吧，谢谢啊！ 卖方：没事儿。	买方：有黄颜色的奇异果吗？ 卖方：有，黄颜色的卖100多的，你给80块钱吧。 买方：甜吗？ 卖方：挺甜的。 买方：80还是有点贵，75块怎么样？ 卖方：好吧。 买方：（蓝莓）好吃吗？ 卖方：你尝一下呗。蓝莓含花青素挺高的，营养价值高。回去清水一洗就可以吃了。 买方：这个多少钱一斤？ 卖方：这个二十。 买方：这么贵。 卖方：这是佳沃的。 买方：什么？什么意思？ 卖方：这是好的这个。 买方：便宜点儿呗。 卖方：行，给你19吧。 买方：行。那能不能送啊？ 卖方：能，一会儿给你送。 买方：好，那你帮我送一下吧。 卖方：好。留个地址留个电话吧。 买方：你这儿能微信吗？ 卖方：能。你直接扫这个，在秤上，可以直接转账。 买方：那我就给你微信吧，谢谢啊！ 卖方：没事儿。

续表

变式	（少AC'C"） BCA'B'DE	（少CA'C'） ABB'C"DE	（少CA'C"） ABB'C'DE
语料	买方：黄颜色的（奇异果）。 卖方：有，黄颜色的卖100多的，你给80块钱吧。 买方：甜吗？ 卖方：挺甜的。 买方：80还是有点贵，75块怎么样？ 卖方：好吧。 买方：蓝莓有吗？ 卖方：有，今天新上的。 买方：（蓝莓）好吃吗？ 卖方：你尝一下呗。蓝莓含花青素挺高的，营养价值高。回去清水一洗就可以吃了。 买方：行。那能不能送啊？ 卖方：能，一会儿给你送。 买方：好，那你帮我送一下吧。 卖方：好。留个地址留个电话吧。 买方：你这儿能微信？ 卖方：能。你直接扫这个，在秤上，可以直接转账。 买方：那我就给你微信吧，谢谢啊！ 卖方：没事儿。	买方：你这里有奇异果吗？ 卖方：有啊。50多一箱。 买方：黄颜色的（奇异果）。 卖方：有，黄颜色的卖100多的，你给80块钱吧。 买方：甜吗？ 卖方：挺甜的。 买方：（蓝莓）好吃吗？ 卖方：你尝一下呗。蓝莓含花青素挺高的，营养价值高。回去清水一洗就可以吃了。 买方：那能不能送啊？ 卖方：能，一会儿给你送。 买方：我要那个黄色的奇异果，还要两盒蓝莓。你给我算算一共多少钱？ 卖方：一共118。 买方：再便宜点儿呗。 卖方：那就115。 买方：好，那你帮我送一下吧。 卖方：好。留个地址留个电话吧。 买方：你这儿能微信吗？ 卖方：能。你直接扫这个，在秤上，可以直接转账。 买方：那我就给你微信吧，谢谢啊！ 卖方：没事儿。	买方：你这里有奇异果吗？ 卖方：有啊。50多一箱。 买方：黄颜色的（奇异果）。 卖方：有，黄颜色的卖100多的，你给80块钱吧。 买方：甜吗？ 卖方：挺甜的。 买方：（蓝莓）好吃吗？ 卖方：你尝一下呗。蓝莓含花青素挺高的，营养价值高。回去清水一洗就可以吃了。 买方：这个多少钱一斤？ 卖方：这个二十。 买方：这么贵。 卖方：这是佳沃的。 买方：什么？什么意思？ 卖方：这是好的这个。 买方：便宜点儿呗。 卖方：行，给你19吧。 买方：行。那能不能送啊？ 卖方：能，一会儿给你送。 买方：好，那你帮我送一下吧。 卖方：好。留个地址留个电话吧。 买方：你这儿能微信吗？ 卖方：能。你直接扫这个，在秤上，可以直接转账。 买方：那我就给你微信吧，谢谢啊！ 卖方：没事儿。

续表

变式	（少CC'C"）ABA'B'DE	（少A'C'C"）ABCB'DE	（少ACA'C'）BB'C"DE
语料	买方：你这里有奇异果吗？ 卖方：有啊。50多一箱。 买方：有黄颜色的奇异果吗？ 卖方：有，黄颜色的卖100多的，你给80块钱吧。 买方：甜吗？ 卖方：挺甜的。 买方：蓝莓有吗？ 卖方：有，今天新上的。 买方：好吃吗？ 卖方：你尝一下呗。蓝莓含花青素挺高的，营养价值高。回去清水一洗就可以吃了。 买方：行。那能不能送啊？ 卖方：能，一会儿给你送。 买方：好，那你帮我送一下吧。 卖方：好。留个地址留个电话吧。 买方：你这儿能微信吗？ 卖方：能。你直接扫这个，在秤上，可以直接转账。 买方：那我就给你微信吧，谢谢啊！ 卖方：没事儿。	买方：你这里有奇异果吗？ 卖方：有啊。50多一箱。 买方：有黄颜色的奇异果吗？ 卖方：有，黄颜色的卖100多的，你给80块钱吧。 买方：甜吗？ 卖方：挺甜的。 买方：80还是有点贵，75块怎么样？ 卖方：好吧。 买方：（蓝莓）好吃吗？ 卖方：你尝一下呗。蓝莓含花青素挺高的，营养价值高。回去清水一洗就可以吃了。 买方：那能不能送啊？ 卖方：能，一会儿给你送。 买方：好，那你帮我送一下吧。 卖方：好。留个地址留个电话吧。 买方：你这儿能微信吗？ 卖方：能。你直接扫这个，在秤上，可以直接转账。 买方：那我就给你微信吧，谢谢啊！ 卖方：没事儿。	买方：有黄颜色的奇异果吗？ 卖方：有，黄颜色的卖100多的，你给80块钱吧。 买方：甜吗？ 卖方：挺甜的。 买方：（蓝莓）好吃吗？ 卖方：你尝一下呗。蓝莓含花青素挺高的，营养价值高。回去清水一洗就可以吃了。 买方：那能不能送啊？ 卖方：能，一会儿给你送。 买方：我要那个黄色的奇异果，还要两盒蓝莓。你给我算算一共多少钱？ 卖方：一共118。 买方：再便宜点儿呗。 卖方：那就115。 买方：好，那你帮我送一下吧。 卖方：好。留个地址留个电话吧。 买方：你这儿能微信吗？ 卖方：能。你直接扫这个，在秤上，可以直接转账。 买方：那我就给你微信吧，谢谢啊！ 卖方：没事儿。

续表

变式	（少ACA'C"） BB'C'DE	（少AA'C'C"） BCB'DE	（少CA'C'C"） ABB'DE
语料	买方：有黄颜色的奇异果吗？ 卖方：有，黄颜色的卖100多的，你给80块钱吧。 买方：甜吗？ 卖方：挺甜的。 买方：（蓝莓）好吃吗？ 卖方：你尝一下呗。蓝莓含花青素挺高的，营养价值高。回去清水一洗就可以吃了。 买方：这个多少钱一斤？ 卖方：这个二十。 买方：这么贵。 卖方：这是佳沃的。 买方：什么？什么意思？ 卖方：这是好的这个。 买方：便宜点儿呗。 卖方：行，给你19吧。 买方：行。那能不能送啊？ 卖方：能，一会儿给你送。 买方：好，那你帮我送一下吧。 卖方：好。留个地址留个电话吧。 买方：你这儿能微信吗？ 卖方：能。你直接扫这个，在秤上，可以直接转账。 买方：那我就给你微信吧，谢谢啊！ 卖方：没事儿。	买方：有黄颜色的奇异果吗？ 卖方：有，黄颜色的卖100多的，你给80块钱吧。 买方：甜吗？ 卖方：挺甜的。 买方：80还是有点贵，75块怎么样？ 卖方：好吧。 买方：（蓝莓）好吃吗？ 卖方：你尝一下呗。蓝莓含花青素挺高的，营养价值高。回去清水一洗就可以吃了。 买方：那能不能送啊？ 卖方：能，一会儿给你送。 买方：好，那你帮我送一下吧。 卖方：好。留个地址留个电话吧。 买方：你这儿能微信吗？ 卖方：能。你直接扫这个，在秤上，可以直接转账。 买方：那我就给你微信吧，谢谢啊！ 卖方：没事儿。	买方：你这里有奇异果吗？ 卖方：有啊。50多一箱。 买方：有黄颜色的奇异果吗？ 卖方：有，黄颜色的卖100多的，你给80块钱吧。 买方：甜吗？ 卖方：挺甜的。 买方：（蓝莓）好吃吗？ 卖方：你尝一下呗。蓝莓含花青素挺高的，营养价值高。回去清水一洗就可以吃了。 买方：那能不能送啊？ 卖方：能，一会儿给你送。 买方：好，那你帮我送一下吧。 卖方：好。留个地址留个电话吧。 买方：你这儿能微信吗？ 卖方：能。你直接扫这个，在秤上，可以直接转账。 买方：那我就给你微信吧，谢谢啊！ 卖方：没事儿。

续表

变式	（少ACA'C'C"） BB'DE		
语料	买方：有黄颜色的奇异果吗？ 卖方：有，黄颜色的卖100多的，你给80块钱吧。 买方：甜吗？ 卖方：挺甜的。 买方：（蓝莓）好吃吗？ 卖方：你尝一下呗。蓝莓含花青素挺高的，营养价值高。回去清水一洗就可以吃了。 买方：那能不能送啊？ 卖方：能，一会儿给你送。 买方：好，那你帮我送一下吧。 卖方：好。留个地址留个电话吧。 买方：你这儿能微信吗？ 卖方：能。你直接扫这个，在秤上，可以直接转账。 买方：那我就给你微信吧，谢谢啊！ 卖方：没事儿。		

5.4 "购物"常用图式结构

交际任务常用图式结构简称"常式"，它是指最常用的图式，本质也是变式的一种。"购物"交际任务常用图式结构指的是在购物交际任务中，最为常用的图式结构。根据现有语料结合日常生活经验得出"购物"交际任务的常用图式结构，如图5-14。

· 249 ·

```
A. 询问商品
    ↓
B. 选取商品
    ↓
C. 商议商品
    ↓
D. 结算付款
    ↓
E. 提取商品
```

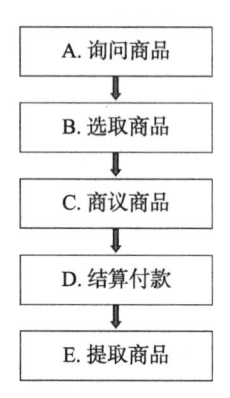

图5-14：购物交际任务常用图式结构

5.5 "购物"失败图式结构

在日常购物过程中，购物并不总是成功的，甚至可以说购物失败的比例远远超过购物成功的比例。导致"购物"交际任务失败的原因主要有两个方面：一、图式结构环节中断，即在购物图式环节推进的过程中某一环节无法满足条件导致购物失败；二、缺少图式结构必有环节，即图式结构的B选择商品、D结算付款、E提取商品环节缺少，最终导致购物失败。

例5-75：[录8]

卖方：喜欢试试啊。

买方：这是秋款吗？

卖方：秋款啊。现在买的就是秋款，你再不能买夏款了。但是现在可以穿了，我早上就是穿毛衣来的。

买方：这个现在有点儿热。

卖方：你喜欢就试试。还有黑色的啊。

买方：你帮我拿一个大一点儿的吧。

卖方：哪个呀？

买方：就是那个黑条条的。

卖方：这你穿就行。给。

买方：在哪里？

第五章 现代汉语购物图式研究

卖方：在里面的试衣间。

买方：有号吗？

卖方：来，亲，拿来了，试试。

买方：现在穿肯定有点儿热吧。

卖方：现在穿啊。我跟你说现在都买秋款的，你看我家的外衣，羽绒服都往外卖。还有这个秋款就这么穿。我跟你说一场秋雨一场寒。

买方：我先试试吧。

卖方：你要哪个大呀？

买方：我要都大。

卖方：你要那么大干嘛呀？

买方：我不喜欢这种。

卖方：你就愿意穿肥大的？没事儿，我给你调货。

买方：我得先试试。

卖方：这款没有。

买方：这款现在没有哈。

卖方：对，你可以看看别的，姐。

（换下衣服）

卖方：来，再给你找个别样儿的。那个黑条的不拿了？

买方：还是有点儿太热。

卖方：你现在买就是买这个，你现在买夏装，感觉有点儿那个。

买方：行，谢谢啊。

卖方：没关系。再看看别的。你看那个，有喜欢的就留，因为到你想要的时候可能就没有了。

买方：好，谢谢。

在这则语料中，只有A询问商品的环节，由于商品无法满足条件（买方：还是有点儿太热。），最终未能成功购物。

例5-76：[文10]

（吴丹和常宁一起在小摊儿上买衣服，跟小贩砍价）

吴丹：这种牛仔裤多少钱一条？

· 251 ·

小贩：八十。

吴丹：八十？太贵了。

小贩：不贵。你看，这是外国名牌儿。

吴丹：什么外国名牌儿？

小贩：你看看这英文字，是外国货，进口的。

常宁：什么呀！有英文字就是外国货呀？这儿写的是"Made in China"，意思是中国制造，你懂不懂？

小贩：是吗？那就是出口货，出口转内销的。

吴丹：便宜点儿吧。

小贩：你说多少？

吴丹：五十。

小贩：五十？不卖。

常宁：不卖算了。走吧，我们去别处看看。

小贩：来来来。五十给你。

吴丹：不要了。

小贩：哎！哎！四十五怎么样？……

这则语料由于商议价格环节买方和卖方未能达成一致意见（常宁：不卖算了。走吧，我们去别处看看。），最终购物未能成功。

例5-77：[录26]

买方：老板，哪种苹果好吃？

卖方：看你喜欢吃什么样的，这种脆，那种甜。

买方：要这种吧。

卖方：要多少？

买方：五个吧。多少钱一斤？

卖方：六块一斤。

买方：便宜点儿，老板，老在你这里买的。

卖方：行，送你两个橘子吧。

买方：那谢谢了。

卖方：给你，十五块钱。

买方：给你钱。

卖方：又是一百啊，有没有零钱啊，刚把零钱都找出去了。

买方：没有，有就给你零钱了。要不我先去买别的东西，一会儿有零钱了再过来。

卖方：行。

本则语料中，买方在结算付款环节没有零钱，卖方又无法找钱，由于缺少必要环节（D结算付款），导致购物停顿，本次购物视为失败。

总之，一旦购物图式的某一环节出现了无法满足条件的情况，交际任务随即停止，购物失败。图5-15以在购物中心或小店购买服装总体图式为例，描写购物失败的总体图式结构，其它情况下购物失败的图式可据此类推。

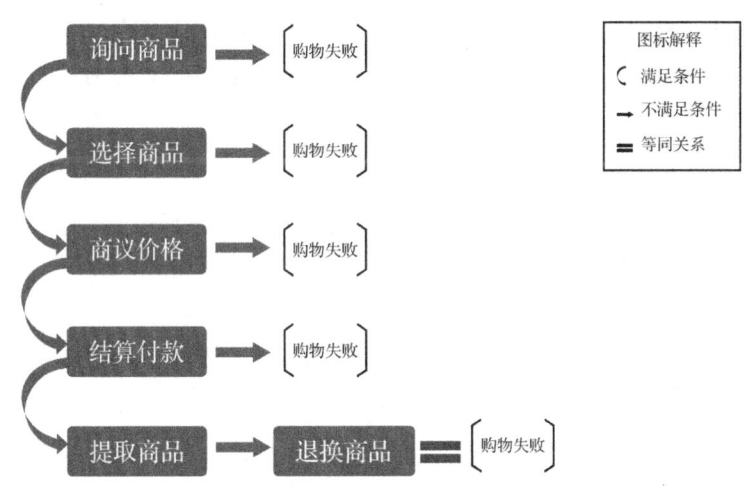

图5-15：购物失败图式结构（请作者提供高清图片）

5.6 余论及小结

5.6.1 小结

本章以在购物中心和小店购买服装，以及在水果摊购买水果为例，描写了购物图式的总体图式、变化图式和常用图式，整理归纳总体图式各环节的高频词语和重点语句。通过对"购物"交际项目图式结构的分析研究，有助于在华留学生在学习汉语的过程中建立购物交际项目的图式结构概念，从而更好地理解不同文化背景下购物交际的差异，进而更准确地把握和运用词语和语句进行日常购物交际活动。

5.6.2 余论

除上述图式结构之外，在进行录音语料的录制过程中，还注意到：购物图式还存在更为复杂的结构。比如：在选择商品（环节B）后，买方有可能再次询问商品（环节A）（买方：那就先要两个火龙果吧。这种红心的火龙果是哪里产的？）；有时在结算付款（环节D）后还会重新选择商品（环节B）（买方：哪张小票是您的？我再看看，要不我还是不要小号了，拿中号吧。）。据此，本文认为："购物"图式在日常生活交际过程中呈现出非单向线性的特点。在这一图式结构中A、B、C环节具有往复特征，是购物图式非单向线性的集中体现，参见图5-16。

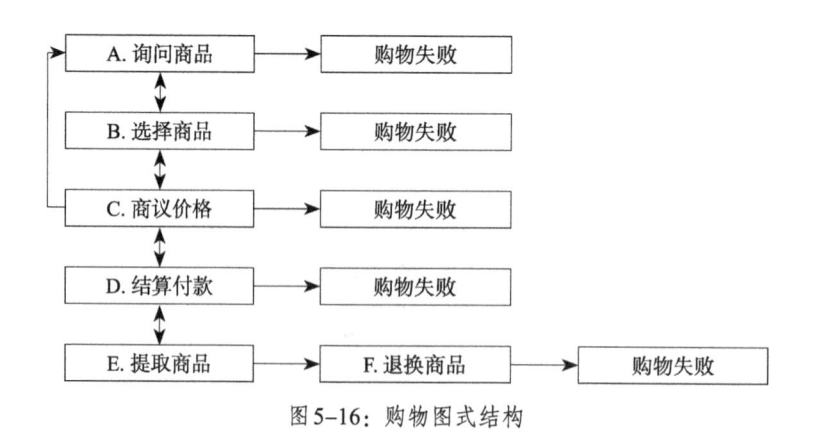

图5-16：购物图式结构

第六章　现代汉语看病图式研究

6.0 引言

看病是外国学生常用的交际行为之一，因此对看病图式展开研究是非常有意义和价值的。本章以文本语料和实地考察语料为研究对象。其中，文本语料主要摘选自国际汉语教学界主流教材。详见6-1表：

表6-1：教材语料表

编号	教材名称	出版社	版次	编者	课文题目
1	《实用汉语教程》第二册	上海教育出版社	2001年11月第一版	卫星远程教育基金会汉语教材编写工作委员会	第十二课 二、你感冒了
2	《中文听说读写》level1-part2	波士顿剑桥出版社	2009年第三版	Yuehua Liu、Tao-chung Yao、Nyan-Ping Bi、Liangyan Ge、Yaohua Shi	第十五课《看病》
3	《儿童汉语》第5册	NHÀ XUẤT BẢN THỜI ĐẠI	2009年第一版	马成才	第六课《你哪儿不舒服？》
4	《新实用汉语课本1》	北京语言大学出版社	2010年1月第二版	刘珣	第十二课《我全身不舒服》（二）
5	《你说.我说.大家说》第二册 日常口语	北京语言大学出版社	2002年7月第一版	郑国雄、陈光磊	第六课《看病》
6	《实用汉语》一日一课 基础篇2	北京语言大学出版社	2006年2月第一版	任冠之、张意馨	第十九课《针灸治胃病很有效果》

续表

编号	教材名称	出版社	版次	编者	课文题目
7	《汉语会话301句》	北京语言大学出版社	2005年7月第三版	康玉华、来思平	34《看病》
8	《对韩汉语口语教程》初级2	北京大学出版社	2006年1月第一版	李明晶	第六课《我感冒了》2
9	《汉语口语教程》初级A种本（下）	北京语言大学出版社	2001年7月第一版	戴悉心、王静	第五课《在医院》（一）
10	《体验汉语》口语教程1	高等教育出版社	2010年3月第1版	陈作红、江傲霜	第10课《你哪儿不舒服？》对话三、四
11	《体验汉语》口语教程2	高等教育出版社	2011年6月第1版	陈作红、江傲霜、张璟、王清钢	第10课《你感冒了吧？》
12	《轻松学中文3》	北京语言大学出版社	2007年7月第一版	马亚敏、李欣颖	第三课《看病》Text 1
13	《普通话2》	武汉大学出版社	2009年1月第1版	林待秋	第三十三课《西医门诊》、第三十四课《中医门诊》
14	《轻松学中文2》	北京语言大学出版社	2009年8月第1版	马亚敏、李欣颖	第六课《生病》Text2
15	《祝你成功（生活交际篇）》	外语教学与研究出版社	2008年7月第一版	邱军	第10课《医院》
16	《医用汉语教程2入门篇》	高等教育出版社	2009年6月第一版	国际语言研究与发展中心	第4课《她病得挺厉害的》
17	《当代中文》	华语教学出版社	2010年第一版	吴中伟	第十课《她去医院了》第二个语段
18	《EEC中文快易通》	北京大学出版社	2009年1月第1版	刘美如、吕丽娜、田小玲	第二十六课《看医生》第2、3、4个语段
19	《听说教程（第一册）》	上海外语教育出版社	2009年9月第1版	李茂、彭增安	第八课《你哪儿不舒服？》对话一 去医院看病
20	《走进中国（初级汉语口语）》	北京大学出版社	2011年6月第1版	杨德峰、黄立	第九课《你哪儿不舒服？》
21	《中国话》	商务印书馆	2010年3月第1版	柯佩琦、曹克俭	第七课
22	《综合教程（第一册）》	上海外语教育出版社	2009年2月第一版	失记	第二十一课《我感冒了》
23	《综合教程（第一册）》	上海外语教育出版社	2009年2月第一版	失记	第二十二课《吃点儿药就好了》

续表

编号	教材名称	出版社	版次	编者	课文题目
24	《汉语启蒙》第二册（对泰）	失记	2001年第一版	失记	第七课《医院服务》
25	《快乐学中文》课本第九册	失记	2009年2月第一版	郭少梅	第七课《去医院》
26	《创智汉语》中学生课本第六册（对泰）	失记	失记	魏红、陈萍	第一课《我觉得很不舒服》
27	《创智汉语》中学生课本第六册（对泰）	失记	失记	魏红、陈萍	第二课《你的嗓子很红》

6.1 看病图式参数分析

6.1.1 概述

6.1.1.1 必有与非必有

如前所述，图式中的参数按照各自的出现频率和必要性，可分为必有参数和非必有参数。"必有参数"即在所有"看病"这一交际项目中都一定会出现的参数，它们构成了"看病"图式的最基本内容。在上述所有"看病"图式的参数中，医生和患者、就医地点、症状是必不可少的，我们可以称之为必有参数。

而"非必有参数"的出现频率比较低，是在图式中不一定会出现的参数。如陪同人员、护士及其他医务工作者和就医时间等参数是可有可无的（在本文搜集到的课文语料中均未涉及就医时间），患者和陪同人员前往就医地点的方式也不是每次都会涉及到的，因此我们可以称之为非必有参数。非必有参数的存在是使图式结构变得复杂和产生变式的原因。

通过对文本语料进行的整理和分析，可将"看病"图式的参数按照其出现的频率作出以下分类：

表 6-2：看病图式参数频率表

序号	参数	在文本中出现的百分比	参数所属类型
1	患者（WHO 1）	100%	必有参数
2	医生（WHO 2）	100%	必有参数
3	症状（WHAT）	100%	必有参数
4	就医地点（WHERE）	60%	必有参数
5	陪同人员（WHO 3）	18.75%	非必有参数
6	护士及其他医务工作者（WHO4）	18.75%	非必有参数
7	前往就医地点所采用的交通方式（HOW）	3.13%	非必有参数
8	就医时间（WHEN）	0	非必有参数

根据频率统计，可知看病图式的必有参数是：患者（WHO1）、医生（WHO2）、症状（WHAT）、就医地点（WHERE）；非必有参数是：陪同人员（WHO3）、护士及其他医务工作者（WHO4）、就医时间（WHEN）、患者和陪同人员前往就医地点所采用的交通方式（HOW）。

6.1.1.2 参数间的关系

看病图式中的几个参数并不是孤立存在的，这些参数之间是相互影响、相互作用、相互制约的。比如，患者会根据自己病情的严重程度选择不同的就医地点，如当病情较轻、不影响正常生活时，患者会就近选择医院而不过多在意医生的水平。就医时间的不同会影响患者和陪同人员前往就医地点的交通方式，夜间就诊多为情况紧急的突发病症，患者可能通过出租车甚至急救车前往医院就诊。而陪同人员的存在则会有助于医生了解患者的病情，当患者出现言语或肢体障碍时，陪同人员显得尤为重要。这些都说明了在实际交际中，参数之间相互影响和相互制约的关系。

6.1.1.3 参数的权重

在不同的交际情境之下，上述这些"看病"参数的权重也是不同的。比如，在患者病情比较严重的情况下，陪同人员就显得尤为重要，是协助医生进行诊断的重要因素；而前往就医地点的交通方式也会受到患者身体状况的限制。如例子6-1：

例6-1：《创智汉语》中学生课本第六册（对泰）第一课《我觉得很不舒服》

在医务室里

大夫：同学，你哪儿不舒服？

王晓兰：大夫，我鼻子不通，还恶心、头疼，嗓子也疼得很厉害。我从来没有这么难受过。

大夫：先量一量体温吧。

王晓兰：好的。

大夫：你什么时候开始不舒服的？

王晓兰：我昨天晚上和朋友去游泳，回家后就觉得有点儿不舒服。

大夫：你吃药了吗？

王晓兰：妈妈让我吃药，但我没吃，药太苦了！

大夫：可能着凉了，你昨天该吃点儿药。三十九度五！我们得赶快送你去医院！

李波：大夫，应该送哪家医院呢？

大夫：送附近的红十字会医院吧，我给你们叫一辆出租车。

例6-1中的王晓兰由于发高烧，学校医务室的大夫决定用出租车送他去红十字会医院。在实际生活中，如果患者的症状比较严重而陪同人员又手足无措，则通常会呼叫救护车。在这种情况下，交通方式的选择就显得尤为重要了。又如，在一般情况下，我们都会考虑就诊医院的医生出诊时间，尽量选择恰当的时间前去就诊，而出现突发疾病或者意外事故时，通过医院的急诊通道就诊，时间就显得不那么重要了。

必有参数固然重要，但在一些特殊的情境中，非必有参数也可能在交际中起到重要的作用。如患者在进行检查的过程中，与护士或其他医务工作者进行的交流，有时也会对治疗的进展起到很大影响。如例6-2：

例6-2：《你说．我说．大家说》第二册《日常口语》第六课《看病》1

格林：小姐，我挂号。

护士：你是初诊吧？请把病历卡填一下。

格林：请看一下，我这样填行吗？

护士：您是外国人，得把国籍也填上。

格林：哦，我忘记写了。我头疼，该挂内科吧？

护士：对，请付五元挂号费。

格林：内科是在对面吗？

护士：是在对面，把病历卡带上，先去量量体温，等会儿才能看病。

例6-2是在挂号的环节中患者和护士的对话，通过这段对话我们可以看出，护士作为非必有参数在这一环节中起到了重要的作用。因此，在实际课堂教学中，我们不能以偏概全，要分析出在不同的交际情境中，参数权重分配的变化。

为了让读者更好地理解参数的权重差异，根据搜集整理的教材语料粗略地对"看病"参数的权重进行了估计，可大致排序整理如下（从上到下为从最重要的参数→最不重要的参数）：

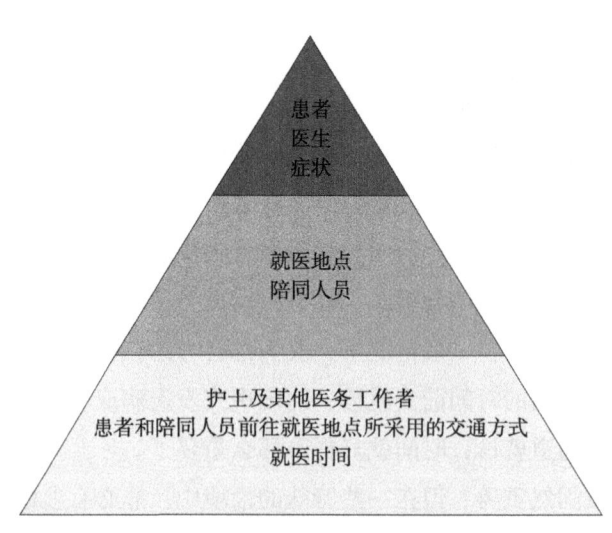

图6-1：看病图式参数权重图

6.1.2 参数之一：人物

在WHO这一参数中，主要包括患者（WHO1）、医生（WHO2）、陪同人员（WHO3）、其他人员（WHO4）。其中患者和医生是必有参数，陪同人员、其他人员（护士及其他医务工作者）是非必有参数。

6.1.2.1 患者

在整个看病的过程中，患者的病情、选择的就医地点以及对医生的诊断和最后的处置接受与否，都会影响到整个看病图式的进行。因此可以说，患者是整个看病图式的最重要参数。如例6-3：

例6-3：《新实用汉语课本1》第十二课《我全身不舒服》（二）

医生：请坐吧。你叫马大为，是不是？

马大为：是，我叫马大为。

医生：你今年多大？

马大为：我今年22岁。

医生：你哪儿不舒服？

马大为：我头疼，全身都不舒服。

医生：我看一下。你嗓子有点儿发炎，还有点儿发烧，是感冒。

丁力波：他要不要住院？

医生：不用。你要多喝水，还要吃点儿药。你愿意吃中药还是愿意吃西药？

马大为：我愿意吃中药。

医生：好，你吃一点儿中药，下星期一再来。

在上面的这则语料中，医生询问患者马大为愿意吃中药还是愿意吃西药，患者做了选择以后，医生才给患者开药。又如例6-4：

例6-4：《听说教程（第一册）》第八课《你哪儿不舒服？》

对话一《去医院看病》

（诊室内）

医生：你感冒了，要打针。

山田：大夫，我不想打针。可以吃药吗？

医生：也可以。我给你开些药。

上例中，医生告诉患者要打针，患者表明意愿说不想打针，想用药物代替打针。

6.1.2.2 医生

看病图式当然少不了医生，医生在整个患者就医的过程中起到了决定性的作用。医生与患者的对立关系使看病图式的发生成为可能。医生可分为西医师、中医师、中西医结合医师三大类。

6.1.2.2.1 西医

现代社会中，看病主要以看西医为主，诊断的思路和治疗的手段也都是西医的方式。例如例6-5：

例6-5：《中国话》第七课2.1看西医

进了诊室，医生先问她病情说：

医生：你怎么不舒服？

小关：这两天有点儿发烧、恶心，吐了几次。

医生：试过表吗？多少度？

小关：昨天夜里38度5。

医生：张开嘴！

小关：啊——

医生：嗓子倒没事。

小关：我是不是得了肝炎？

医生：放心吧，不像肝炎，就是感冒了。

小关：要不要打针？

医生：用不着打针。我给你开点儿药，过两天再来。

在患者就医的过程中，西医会根据患者的症状做一些辅助检查，对病情做出诊断，同时给处置和治疗意见。

6.1.2.2.2 中医

留学生既然是来到了中国学习汉语，必定会对包括中医在内的中国文化有一定的了解，有不少外国学生在生病的时候愿意通过中医的手段来进行治疗。例如：

例6-6：《普通话2》第三十四课《中医门诊》

林大木去看中医。

大夫：我替你诊诊脉吧，把手伸过来。

（林大木把手伸过去）

大夫：你这是肠胃失和导致的腹泻。

林大木：什么是肠胃失和？是什么原因？

大夫：饮食没有规律、精神长期紧张、过度劳累，或者季节温度变化，都可能导致肠胃失和。

林大木：要不要紧？

大夫：不要紧。我给你开一副中药，你吃了就会好的。

中医一般通过传统的"望"、"闻"、"问"、"切"等手段，来为患者查找病因、进行诊断，通过开中药、针灸、刮痧、推拿等手段来为患者治疗疾病。

6.1.2.2.3 中西医结合

中西医结合是将西医的检查手段和中医的治疗方法相结合的诊疗方法，而不同的治疗方式则会影响到看病的图式结构。西医的检查手段是指医生通过高科技仪器将患者身体内部看不见摸不着的病灶显现出来；中医的治疗方法是指采用传统中医的治疗手法以期达到标本兼治的目的。中西医结合的诊疗方法是先进的西医和博大精深的中医相融合的产物。

下面例子中的医生采用了中西医结合的方法为患者进行治疗：

例6-7：《汉语启蒙》第二册（对泰）第七课《医院服务》

医生：化验一下血吧。

（化验完回来）

医生：这是化验结果。

沾她父母：我女儿的病严重吗？

医生：不严重，只是感冒。吃点儿药，再打几针，就好了。

沾她父母：您给开点儿药吧。

医生：有中药，也有西药。这是药方。回去以后好好休息，按时吃药，多喝开水。

沾她：谢谢您！

例6-8中的医生让患者依据自己的喜好来选择治疗方式，患者选择了中医治疗：

例6-8：《新实用汉语课本》1第十二课《我全身不舒服》(二)

医生：你哪儿不舒服？

马大为：我头疼，全身都不舒服。

医生：我看一下。你嗓子有点儿发炎，还有点儿发烧，是感冒。

丁力波：他要不要住院？

医生：不用。你要多喝水，还要吃点儿药。你愿意吃中药还是愿意吃西药？

马大为：我愿意吃中药。

医生：好，你吃一点儿中药，下星期一再来。

6.1.2.3 陪同人员

在看病图式中，患者常常由于对医院的恐惧、不熟悉、病情的严重性等原因，需要在他人的陪同下前去就诊；或者是患者亲友出于关心，主动要求和患者一起去医院就诊。陪同人员可以是一人，也可以是多人。有时陪同人员的多少，与患者所患疾病的严重程度有关系。

6.1.2.3.1 一人陪同

患者可以是由一名陪同人员陪同的，如例6-9：

例6-9：《新实用汉语课本1》第十二课《我全身不舒服》(二)

丁力波：你在这儿休息一下，我去给你挂号。

马大为：好。

医生：8号，8号是谁？

丁力波：我是8号。

医生：你看病还是他看病？

丁力波：他看病。

医生：请坐吧。你叫马大为，是不是？

马大为：是，我叫马大为。

医生：你今年多大？

马大为：我今年22岁。

医生：你哪儿不舒服？

马大为：我头疼，全身都不舒服。

医生：我看一下。你嗓子有点儿发炎，还有点儿发烧，是感冒。

丁力波：他要不要住院？

在例6-9中，丁力波是陪同人员，他帮助患者马大为挂号，并替他向医生询问是否需要住院。

6.1.2.3.2 多人陪同

在患者病情较严重的情况下，陪同人员可能不止一人。例6-10中，王晓兰是患者，周文、李波、宋杰都是陪同人员。其中，陪同人员起到了描述病情、帮助患者办住院手续、买食物等作用。

例6-10：《创智汉语》中学生课本第六册（对泰）第一课《我觉得很不舒服》

在内科

大夫：同学，你怎么了？

周文：大夫，她病了，嗓子疼得很厉害。

大夫：我检查一下，先量量体温。你咳嗽吗？

王晓兰：有一点儿咳嗽。

大夫：你张开嘴，我看看。

王晓兰：啊——。

大夫：你的嗓子很红，发炎了。我看看体温表，你发高烧了，三十九度八。你必须住院、打针。

王晓兰：大夫，我不敢打针，太疼了！

大夫：别怕，我们的护士打针打得很好。你吃东西了吗？

王晓兰：我没吃。

大夫：那不行，你必须吃了东西再输液、打针。

王晓兰：我的嗓子很疼，疼得饭也不想吃。

大夫：你尽量吃点儿吧。

李波：晓兰，我去办住院手续，宋杰去给你买吃的，周文陪你在这儿休息一会儿，好不好？

王晓兰：好的，谢谢你们！

下面的例子中，沽她父母都是陪同人员，他们在沽她看病的过程中，起到了关心、嘱托的作用。

例6-11：《汉语启蒙》第二册（对泰）第七课《医院服务》

医生：化验一下血吧。

（化验完回来）

医生：这是化验结果。

沾她父：我女儿的病严重吗？

医生：不严重，只是感冒。吃点儿药，再打几针，就好了。

沾她母：您给开点儿药吧。

医生：有中药，也有西药。这是药方。回去以后好好休息，按时吃药，多喝开水。

沾她：谢谢您！

6.1.2.3.3 陪同人员的功能

通过以上的简单分析我们可以看出，陪同人员虽然是非必有参数，但是一旦存在，会对整个看病的过程起到重要的作用，如帮助患者挂号、向医生描述患者病情，有时甚至对患者的病情进行补充性的描述，或者对患者不恰当的描述进行修正。在患者需要做检查或者住院的时候，陪同人员更是会帮忙缴费、开单据等等。在就诊结束后，陪同人员还会就患者的情况进行进一步的咨询，或者向医生询问后续的治疗和预防方法。陪同人员的功能主要有：

1）功能一：陪伴患者。例如：

例6-12：《创智汉语》中学生课本第六册（对泰）第二课《你的嗓子很红》

李波：晓兰，我去办住院手续，宋杰去给你买吃的，周文陪你在这儿休息一会儿，好不好？

2）功能二：送患者去医院。例如：

例6-13：《创智汉语》中学生课本第六册（对泰）第一课《我觉得很不舒服》

大夫：你吃药了吗？

王晓兰：妈妈让我吃药，但我没吃，药太苦了！

大夫：可能着凉了，你昨天该吃点儿药。三十九度五！我们得赶快送你去医院！

李波：大夫，应该送哪家医院呢？

大夫：送附近的红十字会医院吧，我给你们叫一辆出租车。

3）功能三：挂号。例如：

例6-14：《创智汉语》中学生课本第六册（对泰）第二课《你的嗓子很红》

在红十字会医院

周文：您好，我挂个号，挂内科。

上面的例子中，周文是陪同人员，他帮助患者王晓兰挂号。

4）功能四：向医生描述患者的情况。例如：

例6-15：《创智汉语》中学生课本第六册（对泰）第二课《你的嗓子很红》

在内科

大夫：同学，你怎么了？

周文：大夫，她病了，嗓子疼得很厉害。

5）功能五：办住院手续。例如：

例6-16：《创智汉语》中学生课本第六册（对泰）第二课《你的嗓子很红》

李波：晓兰，我去办住院手续，宋杰去给你买吃的，周文陪你在这儿休息一会儿，好不好？

6）功能六：为患者买吃的。例如：

例6-17：《创智汉语》中学生课本第六册（对泰）第二课《你的嗓子很红》

李波：晓兰，我去办住院手续，宋杰去给你买吃的，周文陪你在这儿休息一会儿，好不好？

7）功能七：询问医生患者病情。例如：

例6-18：《汉语启蒙》第二册（对泰）第七课《医院服务》

医生：这是化验结果。

沾她父：我女儿的病严重吗？

医生：不严重，只是感冒。吃点儿药，再打几针，就好了。

8）功能八：请医生为患者开药。例如：

例6-19：《汉语启蒙》第二册（对泰）第七课《医院服务》

沾她母：您给开点儿药吧。

医生：有中药，也有西药。这是药方。回去以后好好休息，按时吃药，多喝开水。

9）功能九：询问医生患者是否需要住院。例如：

例6-20：《新实用汉语课本1》第十二课《我全身不舒服》（二）

丁力波：他要不要住院？

医生：不用。

10）功能十：询问医生患者是否需要打针。例如：

例6-21：《体验汉语口语教程1》第10课《你哪儿不舒服？》对话三

山本：我头疼，咳嗽。

医生：试一下体温。

山本：好。

医生：三十八度八，你发烧了。

欧文：用打针吗？

医生：得打一针，我再给他开点儿药。

综上，可将现有语料中陪同人员的身份、功能和人数整理如表6-3：

表6-3：陪同人员情况说明表

编号	课文	陪同人员身份	陪同人员功能	陪同人员人数
1	《创智汉语》中学生课本第六册（对泰）第一课《我觉得很不舒服》	患者的同学	送患者去医院	1
2	《创智汉语（中学生课本）》第六册（对泰）第二课《你的嗓子很红》	患者的同学	挂号 向医生描述患者的情况 办住院手续 为患者买吃的 陪伴患者	3

续表

编号	课文	陪同人员身份	陪同人员功能	陪同人员人数
3	《汉语启蒙》第二册（对泰）第七课《医院服务》	患者的父母	询问医生患者病情 请医生为患者开药	2
4	《新实用汉语课本1》第十二课《我全身不舒服（二）》	患者的同学	挂号 询问医生患者是否需要住院	1
5	《体验汉语口语教程1》第10课《你哪儿不舒服？》对话四	患者的朋友	向医生描述患者的情况 询问医生患者是否需要打针	1
6	《医用汉语教程2入门篇》第4课《她病得挺厉害的》	患者的同学	挂号 询问医生患者病情 询问医生患者是否需要住院	1

从表格中我们可以看出，陪同人员以患者的同学为主。教材编者可能考虑到了留学生的校园生活环境，才安排患者的陪同人员是同学身份。但是在实际生活中，患者的父母、其他亲属、好友，甚至中国朋友、汉语老师都有可能成为陪同人员。

6.1.2.4 其他人员

其他人员指护士及其他医务工作者。在医院就医，挂号、取药、打针、做检查等活动难免会和医院的护士及其他相关工作人员打交道。在下面的几个例子中，护士及医院工作人员都起到了帮助患者挂号的作用。其中，会涉及到要求初次就诊的患者填写病历卡、对如何填写病历卡进行指导、对所挂科室提出建议、收取挂号费、提示就诊地点等等。

护士为患者挂号，指导患者填写病历卡、量体温的例子如：

例6-22：《你说.我说.大家说》第二册《日常口语》第六课《看病》语段1

格林：小姐，我挂号。

护士：你是初诊吧？请把病历卡填一下。

格林：请看一下，我这样填行吗？

护士：您是外国人，得把国籍也填上。

格林：哦，我忘记写了。我头疼，该挂内科吧？

护士：对，请付五元挂号费。

格林：内科是在对面吗？

护士：是在对面，把病历卡带上，先去量量体温，等会儿才能看病。

医院职员为患者挂号并说明就医位置的例子，如：

例6-23：《医用汉语教程2入门篇》第4课《她病得挺厉害的》

马萨：你好，挂个内科。

医院职员：挂号费3块，内科在3层。

医院工作人员指导患者挂号、填写病历本的例子，如：

例6-24：《综合教程（第一册）》第二十一课《我感冒了》语段二

山田：您好！我挂个号。

工作人员：您挂哪个科？

山田：我不知道。感冒了挂哪个科？

工作人员：内科。请出示您的病历本。

山田：对不起，我没有病历本。

工作人员：这是病历本，请填上您的姓名、性别和年龄。

山田：好的。

工作人员：挂号费八元，病历本一元，一共九元。

山田：给您十块。

工作人员：找您一元。这是您的挂号条，请拿好。

医院工作人员提醒患者填写病历卡、说明具体就医位置的例子，如：

例6-25：《听说教程（第一册）》第八课《你哪儿不舒服？》对话一《去医院看病》

（预检处）

山田：大夫，挂个内科。

工作人员：请先填写病历卡。

山田：这样可以吗？

工作人员：可以。请到二楼三号诊室。

在本文所搜集的文本语料中，一般只涉及到为患者挂号的工作人员，较少提及护士或给患者做检查的医务工作者。但是在实际的看病场景中，如挂号、分诊、付款、取药、做检查等等，留学生们都无法避免和这些人员打交道。工作人员的用语，也会影响到学生们的理解，进而有可能影响到看病的整个过程。

根据学生需要掌握和理解运用的程度，按照语言的输入与输出，可将学生与护士及其他医务工作者的言语交际要求分为以下两类：

①要求学生既能理解又能进行语言交流：挂号、医患交流、做检查；

②要求学生能理解即可：分诊、取药、付款。

当前对外汉语教材中这一部分的缺失，是看病图式教学的一处缺陷，希望能够引起大家的注意。在实际教学中，教师要向学生提供不同的看病情景，并指明在不同的情境中会产生的交际图式，以便让学生们在实际应用中获益。

6.1.3 参数之二：症状

患者的症状是看病图式的必有参数。患者存在无症状和有症状两种情况。"无症状"是指患者的身体没有明显的不适，只是参与所在单位或组织机构的体检，或者是为了自身的健康考虑而进行的体检。但是在大多数情况下，都是患者感觉到了身体的不适，才去医院做的进一步检查。如下面的两个例子：

例6-26：《轻松学中文2》第六课《生病》Text 2

A：你哪儿不舒服？

B：我嗓子疼。

A：你发烧吗？

B：发烧，三十九度二。

例6-27：《祝你成功（生活交际篇）》第10课《医院》

大夫：你哪儿不舒服？

马丁：从昨天晚上起头疼，发烧38度。

大夫：咳嗽吗？

马丁：不咳嗽，可是嗓子有点儿疼。

以上两个例子中，患者都是感觉到了身体的不舒服，有了一定的症状，才去医院就诊的。其中，"有症状"的患者，又可分为慢性疾病和急性疾病两类。

6.1.3.1 慢性疾病

慢性疾病治疗过程缓慢，也比较难治愈，可能需要患者多次前往医院就诊。如：

例6-28：《中国话》第七课2.2看中医

病人：我咳嗽好几天了，口渴，嗓子疼。

医生：让我号一下儿脉。你是不是觉得有痰，可是吐不出来？

病人：嗯。

医生：大便干，小便颜色有点儿红，是不是？

病人：是的。

医生：没事，你就是有一点儿上火。我给你开三服汤药。别吃鱼虾，别吃辣的。现在不要吃生冷。平常应该多吃梨、萝卜、藕、西瓜。

上例中，患者有数天不适后，前去中医问诊。一般情况下，中医比较擅长治疗慢性疾病。

6.1.3.2 急性疾病

急性疾病一般情况下发病比较突然，症状比较明显或强烈。如：

例6-29：《体验汉语》口语教程2第10课《你感冒了吧？》

医生：你哪儿不舒服？

玛莎：我拉肚子。

医生：从什么时候开始的？

玛莎：昨天夜里。

医生：先检查一下吧。

玛莎：医生，是什么病？

医生：是急性肠胃炎。

玛莎：严重吗？

医生：不严重，我给你开点儿药。

在上例中，患者得了急性肠炎，夜里开始拉肚子，因此前去医院就诊。

6.1.3.3 常见症状

语料中出现的患者常见症状主要有：感觉不舒服、恶心、头疼、发烧、嗓子疼、鼻子不通气、咳嗽、头晕、肚子疼、胃不舒服、流鼻涕、呕吐、拉肚子、厌食等等。

例6-30：《汉语口语教程初级A种本下》第五课《在医院》（一）

A：你哪儿不舒服？

B：我头疼，咳嗽。

上例中，患者有头痛、咳嗽的症状。

例6-31：《当代中文》第十课《她去医院了》第二个语段

王英：医生，我肚子疼。

医生：你是不是吃了不干净的东西？

王英：没有啊。

医生：今天早上吃了什么？

王英：吃了几片面包，喝了一杯牛奶。……不过，昨天晚上朋友请客，我们去了学校附近的一个饭店，我吃了很多生鱼片。

上例中，患者的主要症状是肚子疼。

例6-32：《中国话》第七课2.1看西医

进了诊室，医生先问她病情说：

医生：你怎么不舒服？

小关：这两天有点儿发烧、恶心，吐了几次。

医生：试过表吗？多少度？

小关：昨天夜里38度5。

医生：张开嘴！

小关：啊——

医生：嗓子倒没事。

上例中，患者小关的症状是发烧、恶心、呕吐。

根据所收集到的文本语料，可将常见症状整理如表6-4：

表6-4：患者常见症状一览表

编号	症状	在文本语料中出现的次数	所占比率
1	头痛	16	50%
2	发烧	16	50%
3	咳嗽	13	40%
4	嗓子疼	13	40%
5	拉肚子	4	12.5%
6	肚子疼	3	9%
7	吐	3	9%
8	恶心	2	6.25%
9	流鼻涕	2	6.25%
10	鼻子不通	1	3%
11	头晕	1	3%
12	胃疼	1	3%
13	睡眠不好	1	3%
14	全身无力	1	3%
15	口渴	1	3%

各个症状在教材中所占的比例可用饼形图展示如图6-2：

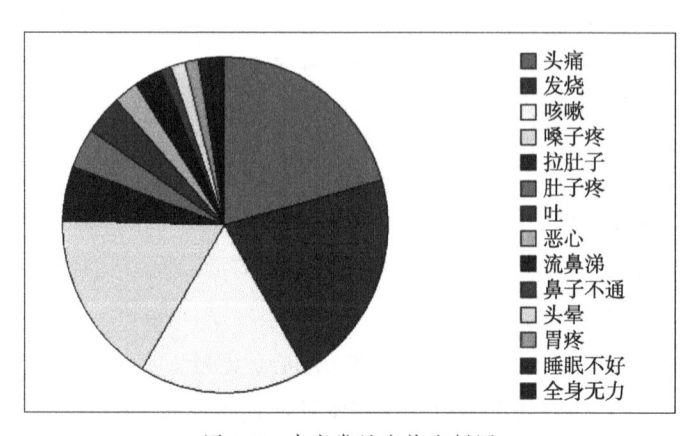

图6-2：患者常见症状比例图

从以上的分析中我们可以看出来,在疾病的出现频率上,国际中文教材中大部分以头痛、发烧、咳嗽、嗓子疼为主,很多留学生可能会得的常见疾病类型并没有涉及,如水土不服和一些传染病,对于外伤也没有说明。

6.1.4 参数之三:就医地点

就医地点是看病图式的必有参数。顾名思义,看病图式的发生地点基本是在医院,可大致分为三类:校医院、大医院、小诊所。在本文搜集到的教材语料中,明确说明就医地点的课文分布比例如图6-3:

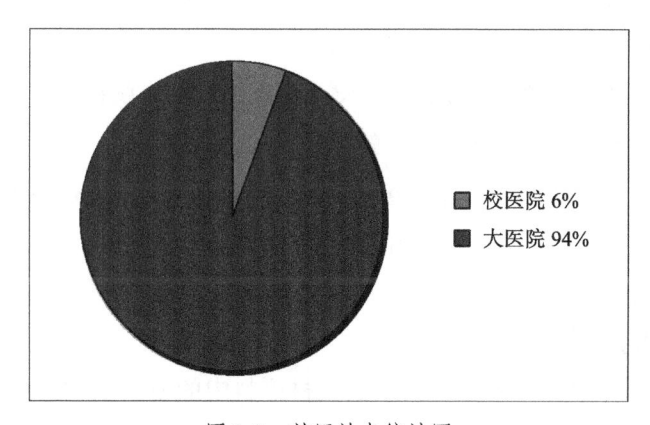

图6-3:就医地点统计图

而在实际生活中留学生到校医院就诊的频率应该比去大医院的频率高,在教材编写中应注意这一点。

6.1.4.1 在校医院就诊

我国的留学生大多住在大学校园里,生病的时候去校医院就诊是最方便、最省钱的。例如:

例6-33:《创智汉语》中学生课本第六册(对泰)第一课《我觉得很不舒服》

在医务室里

大夫:同学,你哪儿不舒服?

王晓兰：大夫，我鼻子不通，还恶心、头疼，嗓子也疼得很厉害。我从来没有这么难受过。

大夫：先量一量体温吧。

王晓兰：好的。

大夫：你什么时候开始不舒服的？

王晓兰：我昨天晚上和朋友去游泳，回家后就觉得有点儿不舒服。

大夫：你吃药了吗？

王晓兰：妈妈让我吃药，但我没吃，药太苦了！

大夫：可能着凉了，你昨天该吃点儿药。三十九度五！我们得赶快送你去医院！

李波：大夫，应该送哪家医院呢？

大夫：送附近的红十字会医院吧，我给你们叫一辆出租车。

不过，校医院在方便留学生就诊的同时，也存在着一定的局限性，如没有大型仪器辅助患者进行检查、对一些较为复杂或严重的疾病不能进行诊断和治疗等等。上例中就体现了由于患者高烧，校医决定转送患者去大医院就诊的情况。

6.1.4.2 在大医院就诊

如前文所述，在大医院就诊是教材语料中的留学生们主要的看病地点。例如：

例6-34：《创智汉语》中学生课本第六册（对泰）第二课《你的嗓子很红》

在红十字会医院

周文：您好，我挂个号，挂内科。

例6-35：《实用汉语教程》第二册第十二课 二、你感冒了

（玛丽在医院看病）

大夫：你怎么了？

玛丽：我头疼、咳嗽。

大夫：几天了？

玛丽：两天了。

大夫：你吃药了吗？

玛丽：吃了一次。

大夫：张开嘴，我看看。嗓子有点儿红。量量体温吧。

玛丽：好。

大夫：三十八度二，你发烧了。

玛丽：我得的是什么病？

大夫：你感冒了。

玛丽：不要紧吧？

大夫：不要紧。按时吃药，多喝水，休息休息就好了。

玛丽：谢谢您。

大夫：不用谢。

6.1.4.3 在小诊所就诊

这里的小诊所一般指社区的卫生所、私人诊所（包括中医、西医、牙医等等）、专科医院。一般情况下，留学生较少去这类小诊所就诊，教材语料中也没有涉及这方面的内容。一方面，从方便程度来讲，近距离的校医院是首选；另一方面，从治疗效果来看，正规的大医院更受青睐。当前教材语料中，有很多都没有提及患者的具体就医地点，具体分布如图6-4：

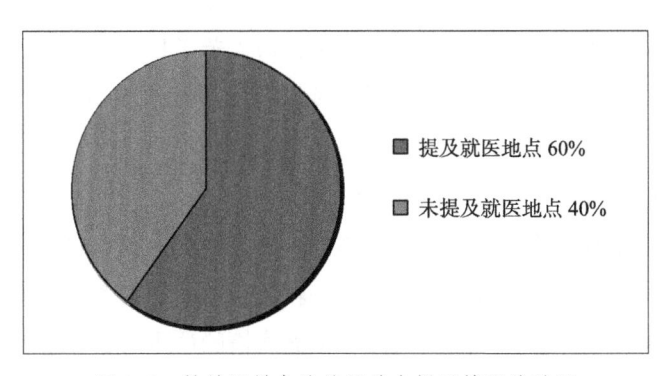

图6-4：教材语料中的就医地点提及情况统计图

但是在现实生活中，考虑就医地点是看病图式中必不可少的参数。因此在课堂教学中，教师应该发现教材的不足之处，向学生说明就医地点，因为就医地点的不同，很有可能会导致整个就医环节的变化。同时，我们也希望在以后的教材编写中，要考虑到就医地点这一参数的重要性，更加全面地向学生展示看病环境，让学生能够在恰当的情境中运用语言。

6.1.5 参数之四：交通方式

去医院就诊的交通方式是非必有参数。在搜集到的教材语料中涉及到交通工具的语料仅有一则：

例6-36：《创智汉语》中学生课本第六册（对泰）第一课《我觉得很不舒服》

在医务室里

大夫：同学，你哪儿不舒服？

王晓兰：大夫，我鼻子不通，还恶心、头疼，嗓子也疼得很厉害。我从来没有这么难受过。

大夫：先量一量体温吧。

王晓兰：好的。

大夫：你什么时候开始不舒服的？

王晓兰：我昨天晚上和朋友去游泳，回家后就觉得有点儿不舒服。

大夫：你吃药了吗？

王晓兰：妈妈让我吃药，但我没吃，药太苦了！

大夫：可能着凉了，你昨天该吃点儿药。三十九度五！我们得赶快送你去医院！

李波：大夫，应该送哪家医院呢？

大夫：送附近的红十字会医院吧，我给你们叫一辆出租车。

在实际生活中，患者一旦决定要去就医，就必然会考虑到怎么去的问题。一般情况下，患者及陪同人员会根据病情的严重与否和急缓程度来选择前往就医地点的交通方式。这些交通方式主要包括：救护车、出租车、公共交通（公交车和地铁）、自行车、步行。

患者可能采取某一种交通方式，也可能根据实际情况采取多种交通工具相结合的方式。比如，患者得了慢性病，症状不急，而且想去治疗效果好但距离较远的医院，那么就有可能先坐地铁再转公交，或者转两次公交等等。

在这里我们主要介绍叫救护车的相关内容。叫救护车是在患者病情严重时要去医院所需要采取的有效手段，但是在所收集到的国际汉语教材语料中并没有涉及到。在这里对其进行一下简单的介绍。叫救护车的急症范围是：

①意外灾害：触电、溺水、各种创伤和挤压伤；
②各种急性中毒：食物中毒、药物中毒、农药中毒和服毒等；
③严重的中暑和烧伤；
④意识丧失等昏迷状态、冷汗淋漓、脉搏微弱等休克状态；
⑤严重的心绞痛、心肌梗塞、急性心力衰竭、严重的心律失常等；
⑥严重的脑出血、蛛网膜下腔出血等脑血管疾患；
⑦严重的呼吸窒息和异物阻塞；
⑧大咯血、大呕血；
⑨在路途中或半夜就要分娩的产妇。

当病人的病情在急症范围内时，就要争分夺秒地给该市急救医疗指挥中心打电话。中国的急救中心电话号码为120，急救中心会就近派出医护人员进行救护工作。在电话中要讲清患者的症状、患者和打电话人的姓名、地址、联系电话及候车地点。在救护车还未到之前，陪同人员决不能坐等，更不能惊慌失措地胡乱摇动病人的身体，必要的现场急救对抢救病人的生命是十分有益的。救护车一般在20分钟内会到达患者所在地。叫救护车的价格不等，一般来说比较昂贵，有的地方需要上百元，并且所收取的费用与患者和所前往医院的距离成正比。

6.1.6 参数之五：就医时间

就医时间在看病图式中的意义不大，因此是非必有参数。一般情况下，白天就医的流程是基本一样的；在夜间就诊一般属于急诊范畴，急诊的有关内容，会在下文的相关研究中进行介绍。

6.1.7 小结

通过以上分析，我们了解了"看病"交际项目图式的主要参数，即：患者、医务工作者以及陪同人员（WHO）；症状（WHAT）；就医地点（WHERE）；就医时间（WHEN）；患者和陪同人员前往就医地点所采用的交通方式（HOW）。本文对每一个参数都进行了细致的分类，并以当前比较流行的教材内容为例，举例说明各个参数，意在明确表达看病图式的参数内容，为具体交际图式的描写做好铺垫。现将本章看病参数总结如表6-5：

表6-5：看病图式参数总结表

参数大类	具体参数	例证
参数一 WHO	WHO1 患者	留学生
	WHO2 医生	西医
		中医
		中西医结合
	WHO3 陪同人员	一人陪同
		多人陪同
		陪同人员的功能
	WHO4 护士及其他医务工作者	护士
参数二 WHAT	症状	慢性疾病
		急性疾病
		常见的症状
参数三 WHERE	就医地点	在校医院就诊
		在大医院就诊
		在小诊所就诊
参数四 HOW	前往就医地点所采用的交通方式	叫救护车
参数五 WHEN	就医时间	半夜

6.2 看病总图式与常用图式

6.2.1 看病总图式

"总体图式结构"是指在某一图式中可能发生的所有环节。"看病"的总体图式结构大致如图6-5[①]：

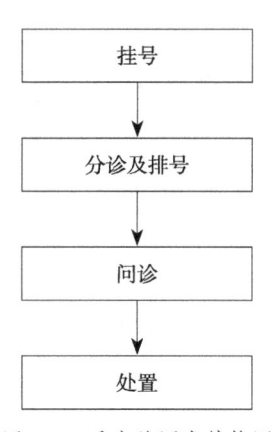

```
挂号
 ↓
分诊及排号
 ↓
问诊
 ↓
处置
```

图6-5：看病总图式结构图

其中，挂号、问诊及处置是必有环节，在任何"看病"的图式中都必然会出现这两个环节；分诊及排号是非必有环节，有的情况下会出现，有的情况下不会出现。比如，挂号的情况很多，有的语料中较复杂，有的则较简单；有的单列出来了，有的和分诊或问诊连在一起呈现。例6-37中挂号与问诊是紧密相连的；例6-38就分段展示了：

例6-37：《新实用汉语课本1》第十二课《我全身不舒服》（二）

丁力波：你在这儿休息一下，我去给你挂号。

马大为：好。

医生：8号，8号是谁？

丁力波：我是8号。

医生：你看病还是他看病？

---

① 其实现实生活中还应该有"复诊"环节，因留学生不常用，故此处省略了。

丁力波：他看病。

医生：请坐吧。你叫马大为，是不是？

马大为：是，我叫马大为。

医生：你今年多大？

马大为：我今年22岁。

医生：你哪儿不舒服？

马大为：我头疼，全身都不舒服。

医生：我看一下。你嗓子有点儿发炎，还有点儿发烧，是感冒。

丁力波：他要不要住院？

医生：不用。你要多喝水，还要吃点儿药。你愿意吃中药还是愿意吃西药？

马大为：我愿意吃中药。

医生：好，你吃一点儿中药，下星期一再来。

例6-38中的第一部分是挂号环节，第二部分是问诊及处置环节。

例6-38：《你说.我说.大家说》第二册《日常口语》第六课《看病》

1

格林：小姐，我挂号。

护士：你是初诊吧？请把病历卡填一下。

格林：请看一下，我这样填行吗？

护士：您是外国人，得把国籍也填上。

格林：哦，我忘记写了。我头疼，该挂内科吧？

护士：对，请付五元挂号费。

格林：内科是在对面吗？

护士：是在对面，把病历卡带上，先去量量体温，等会儿才能看病。

2

医生：请坐。你哪儿不舒服？

格林：不知怎么搞的，头疼得厉害。

医生：体温是39度，你发烧了。不舒服有几天了？

格林：从星期二开始，有三天了。

医生：怎么不早点儿来看？

格林：开始不厉害，想不到现在厉害了，还有点儿咳嗽。

医生：请把嘴张开，让我看看喉咙。

格林：喉咙也疼得厉害。

医生：请把衣服解开，让我检查一下。

格林：大夫，我得的是什么病？

医生：是感冒。吃点儿药，打几针，再休息几天，就会好的。

格林：要是还不好呢？

医生：还不好的话，就再来看一下。这是药方。

格林：谢谢您，大夫。

医生：不用谢。欸，别忘了把病假单拿走。

格林：哎呀，怎么搞的，我把病假单忘了。

6.2.2 看病常用图式

此处阐述的是简单看病常用图式结构，指整个看病的过程单一、简便，不存在复杂的看病过程，所有的环节都是必有环节。具体图式结构如图6-6：

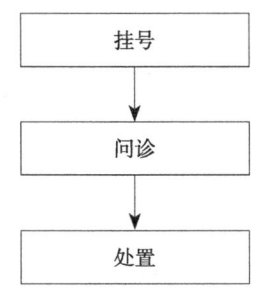

```
挂号
 ↓
问诊
 ↓
处置
```

图6-6：简单看病常用图式结构图

看病常用图式结构是看病图式中最基本的图式环节，所涉及到的参数是最简单的，其环节也比较完整，具有系统性。一般情况下涉及到的参数是：患者、医务工作者、症状、就医地点。基本图式最为简单常见，而且易于理解，因此是在实际教学中留学生最应该熟练掌握的部分。

例6-39：《听说教程（第一册）》第八课《你哪儿不舒服？》对话一

去医院看病

（预检处）

山田：大夫，挂个内科。

工作人员：请先填写病历卡。

山田：这样可以吗？

工作人员：可以。请到二楼三号诊室。

（诊室内）

医生：你哪儿不舒服？

山田：我头疼、咳嗽，不想吃饭。

医生：睡眠好吗？

山田：对不起，请再说一遍。

医生：你晚上睡得好吗？

山田：不太好。

医生：什么时候开始的？

山田：大概两三天了。

医生：发烧吗？

山田：好像是。

医生：那你先去量一下体温吧。

（过了一会儿）

山田：大夫，39.5度。

医生：你感冒了，要打针。

山田：大夫，我不想打针。可以吃药吗？

医生：也可以。我给你开些药。

（接过药方）

山田：这药怎么吃？

医生：一天三次，一次两粒。要多喝开水，好好休息。

山田：好的。谢谢大夫！

下面我们来详细讨论"看病"图式的各个小环节。

6.2.3 环节之一：挂号

在"挂号"这一环节又可分为去挂号窗口挂号、付款并领取挂号单两个小部分。

去挂号窗口挂号 ——→ 付款并领取挂号单

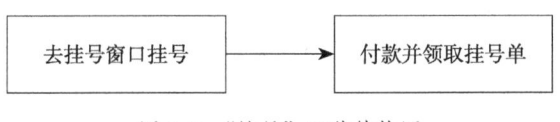

图6-7："挂号"环节结构图

6.2.3.1 去挂号窗口挂号

去挂号窗口挂号是去医院看病的第一步。在窗口挂号时，一般要说明要挂哪个科室看病。例如：

例6-40：《创智汉语》中学生课本第六册（对泰）第二课《你的嗓子很红》

在红十字会医院

周文：您好，我挂个号，挂内科。

例6-41：《医用汉语教程2入门篇》第4课《她病得挺厉害的》

马萨：你好，挂个内科。

医院职员：挂号费3块，内科在3层。

上例中，负责挂号的医院职员还向前来挂号的马萨说明了就诊地点。又如：

例6-42：《听说教程（第一册）》第八课《你哪儿不舒服？》对话一

去医院看病

（预检处）

山田：大夫，挂个内科。

工作人员：请先填写病历卡。

山田：这样可以吗？

工作人员：可以。请到二楼三号诊室。

在医院就诊时，有时会涉及到简单的问路环节。患者若分不清楚挂号科室，也会向挂号员询问。

例6-43：《综合教程（第一册）》第二十一课《我感冒了》

山田：请问，挂号处在哪儿？

陌生人：在那儿，前面就是。

山田：谢谢。

陌生人：不客气。

山田：您好！我挂个号。

工作人员：您挂哪个科？

山田：我不知道。感冒了挂哪个科？

工作人员：内科。请出示您的病历本。

山田：对不起，我没有病历本。

工作人员：这是病历本，请填上您的姓名、性别和年龄。

山田：好的。

工作人员：挂号费八元，病历本一元，一共九元。

山田：给您十块。

工作人员：找您一元。这是您的挂号条，请拿好。

在一些比较传统的地区和医院，可能会要求先填写病历本再挂号，这种情况在以前的教材中也很常见。但是从本质上讲同办理就诊卡是一致的。在地方医院病历本上有时会有"就诊指导"，介绍就诊的流程和医生出诊情况，有时还会附有院长的公开信、医院简介和医院位置交通示意图等信息。

尽管在实际生活中，挂号是必有环节（急诊等特殊情况除外），但在部分教材中却根本不涉及"挂号"部分。这样一来，如果学生真的在中国的医院就诊，就必然会茫然无措，因为这一部分知识学生并没有学习和了解过。作为普通的一线教师，如果我们无法改变教材编写的现状，那么我们就应该尽力去弥补教材编写上的不足，尤其是和学生实际生活紧密相连的部分。所以在实际教学中，教师应当补充讲解"挂号"这一环节，帮助学生建立完整的"看病"基本图式。

6.2.3.2 付款并领挂号单

这里主要是指支付挂号费，同时领取挂号单或挂号条，有时挂号费中包含了病历本的钱，因此去挂号的人会拿到一个病历本，进而再前往诊室就诊。如：

例6-44：《综合教程（第一册）》第二十一课《我感冒了》

工作人员：挂号费八元，病历本一元，一共九元。

山田：给您十块。

工作人员：找您一元。这是您的挂号条，请拿好。

6.2.3.3 高频词语和常用语句

高频词语和常用语句均是从所搜集的文本语料中归纳出来的，其中可替换部分用"**"表示，括号中的词语表示可参考的替换内容。

6.2.3.3.1 高频词语

具体内容详见表6-6：

表6-6："挂号"环节常用词语表

编号	环节	高频词语
1	去挂号窗口挂号	挂号、挂个号、挂、内科、头疼、诊室、初诊、看病
2	付款并领取挂号单	挂号费、元、找、挂号条（挂号单）

6.2.3.3.2 常用语句

具体内容详见下表：

表6-7："挂号"环节常用语句表

编号	环节	常用语句
1	去挂号窗口挂号	1.您好，我挂个号，挂**（内、外）科。 2.我挂号。 3.你好，挂个**（内、外）科。 4.我**（头疼），该挂**（内、外）科吧？ 5.大夫，挂个**（内、外）科。
2	付款并领取挂号单	1.挂号费**（五）元，病历本**（一）元，一共**（六）元。 2.挂号费**（五）块，内科在**（二）层。

6.2.4 环节之二：问诊

"问诊"环节是指医患双方就患者的疾病所展开的话题。患者对医生描述自己的不适和症状，医患双方通过交流来帮助医生进行下一步的治疗。例如：

例6-45：《你说.我说.大家说》第二册《日常口语》第六课《看病》2

医生：请坐。你哪儿不舒服？

格林：不知怎么搞的，头疼得厉害。

医生：体温是39度，你发烧了。不舒服有几天了？

格林：从星期二开始，有三天了。

医生：怎么不早点儿来看？

格林：开始不厉害，想不到现在厉害了，还有点儿咳嗽。

医生：请把嘴张开，让我看看喉咙。

格林：喉咙也疼得厉害。

医生：请把衣服解开，让我检查一下。

这一环节主要包含下面几个部分：患者描述病情、常见的小检查。如图6-8所示：

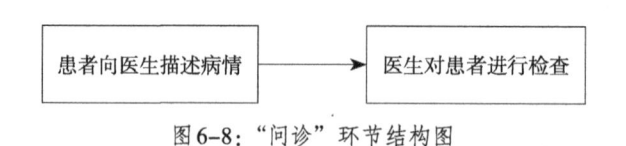

患者向医生描述病情 → 医生对患者进行检查

图6-8："问诊"环节结构图

6.2.4.1 患者描述病情

在这一环节中，医生根据患者对自身症状的描述和对患者病情的检查，从而对患者进行诊断。有时患者是主动详尽地叙述病情的，如：

例6-46：《创智汉语》中学生课本第六册（对泰）第一课《我觉得很不舒服》

（在医务室里）

大夫：同学，你哪儿不舒服？

王晓兰：大夫，我鼻子不通，还恶心、头疼、嗓子也疼得很厉害。我从来没有这么难受过。

大夫：先量一量体温吧。

王晓兰：好的。

大夫：你什么时候开始不舒服的？

王晓兰：我昨天晚上和朋友去游泳，回家后就觉得有点儿不舒服。

大夫：你吃药了吗？

王晓兰：妈妈让我吃药，但我没吃，药太苦了！

例6-46中患者对自己的病情进行了详尽地描述，还有一定的情感色彩。而也有很多情况是患者在医生的提示下对病情进行描述的，如：

例6-47：《对韩汉语口语教程（初级2）》第六课《我感冒了》对话2

A：你哪儿不舒服？

B：我最近正在复习考试，连着好几天熬夜。昨天下午开始咳嗽、流鼻涕。

A：嗓子疼不疼？

B：嗓子也很疼，声音都变了。

上述例子中患者先是对自己的病情进行了部分描述，然后在医生的提示下说出了自己嗓子也很疼的症状。

6.2.4.2 常见的小检查

常见的小检查，是指医生可以亲手操作的、简单易执行的小型检查。不包括另需付费的、需涉及其他医务人员的检查。医生通过检查来判断患者症状的情况主要有：

（1）试体温：

例6-48：《体验汉语（口语教程1）》第10课《你哪儿不舒服？》

四

欧文：医生，我的朋友病了。

医生：怎么了？

山本：我头疼，咳嗽。

医生：试一下体温。

山本：好。

医生：三十八度八，你发烧了。

上例中医生通过试体温了解患者的症状，进而给患者确诊。

（2）看嗓子：除了测体温，看嗓子也是医生了解患者症状重要手段之一。

例6-49：《汉语会话301句》第34课《看病》

大夫：你怎么了？

玛丽：我头疼，咳嗽。

大夫：几天了？

玛丽：昨天上午还好好的，晚上就开始不舒服了。

大夫：你吃药了吗？

玛丽：吃了一次。

大夫：你把嘴张开，我看看。嗓子有点儿红。

玛丽：有问题吗？

大夫：没什么。你试试表吧。

玛丽：发烧吗？

大夫：三十七度六，你感冒了。

（3）听诊：医生用听诊器为患者检查内脏也是了解患者症状的方式。如：

例6-50：《普通话2》第三十三课《西医门诊》

王静生病了，到医院看病。

医生：你怎么了？

王静：我头疼、咳嗽。

医生：从什么时候开始的？

王静：昨天晚上。可能是因为昨天下午下雨的时候，我没带伞，淋了雨。

医生：先量个体温吧。

王静：好的。

医生：我给你听一下诊。吸气、呼出来，再来。好，我看一下体温计。37度4，还好，有一点低烧。

4.查体：下例中的中医还对患者林大木进行了查体，这也是一种检查方式：

例6-51：《普通话2》第三十四课《中医门诊》

林大木去看中医。

大夫：你哪里不舒服呀？

林大木：不知为什么，我今天早上一起来，就感到肚子疼。

大夫：你躺下来，我摸一摸。具体是哪个部位疼？

林大木：就是这个地方疼。

6.2.4.3 高频词语和常用语句

6.2.4.3.1 高频词语

常用词语参见表6-8：

表6-8："问诊"环节高频词语表

编号	环节	高频词语
1	几种常见的小检查	检查、量体温、体温计、张开嘴、张嘴、体温表、试试体温、试表、度、看嗓子、嗓子、化验血、化验结果、体温、听诊、听诊器、吸气、呼气、诊脉、号脉、胸透
2	几种常见症状	症状、病、不舒服、鼻子不通、流鼻涕、恶心、头疼、头痛、嗓子疼、难受、咳嗽、头晕、发烧、严重、厉害、肚子疼、拉肚子、腹泻、大小便、喉咙、吐、呕吐、担心、声音、低烧、胃、睡眠、没劲儿、口渴、痰、大便

6.2.4.3.2 常用语句

（1）几种常见的小检查：

具体内容详见表6-9：

表6-9:"几种常见的小检查"常用语句表

编号	环节	常用语句
1	测体温	1.先量一量体温吧。**（三十八）度**（七）！ 2.我检查一下，先量量体温。 3.我看看体温表，你发高烧了，**（三十八）度**（七）。 4.试试体温吧，五分钟以后给我。 5.时间到了，给我体温表。 6.我看一下体温计。**（三十七）度**（三），还好，有一点低烧。
2	看嗓子	1.请把嘴张开，让我看看喉咙。 2.你张开嘴，我看看。你的嗓子很红，发炎了。 3.看看嗓子。很红，嗓子发炎了。 5.嗓子有点儿红。 5.你把嘴张开，我看看。 6.来，张开嘴。说"啊——"。
3	查体	1.你躺下，先检查一下。 2.请把衣服解开，让我检查一下。 3.你躺下来，我摸一摸。 4.具体是哪个部位疼？ 5.就是这个地方疼。
4	听诊	1.我给你听诊一下。吸气、呼出来，再来。好。

（2）几种常见症状：

A.医生常用句：参见表6-9。

B.患者常用句：具体内容详见表6-10：

表6-10:"几种常见的症状"的患者常用语句表

序号	症状	备注
1	我有点儿不舒服。	
2	大夫，我**（鼻子不通、发烧）还**（恶心、头疼），**（嗓子、肚子）也疼得很厉害。	
3	我从来没有这么难受过。	
4	我头疼、发烧，晚上疼得更厉害。	
5	不知怎么搞的，头疼得厉害。	
6	我**（头疼、恶心、发烧），全身都不舒服。	
7	我感到**（头痛、恶心），胃里不舒服。	

第六章　现代汉语看病图式研究

续表

序号	症状	备注
8	我头疼得厉害，全身没劲儿，嗓子也不舒服。	
9	有一点儿**（咳嗽、发烧）。	
10	**（喉咙、肚子）也疼得厉害。	
11	我的嗓子很疼，疼得饭也不想吃。	
12	嗓子也很疼，声音都变了。	
13	医生，我肚子疼死了。	
14	我咳嗽好几天了，口渴，嗓子疼.	
15	不知为什么，我今天早上一起来，就感到**（肚子疼、胃疼）。	
16	医生，我胃不舒服，我想**（打针、吃药、针灸）。	
17	我昨天晚上和朋友去游泳，回家后就觉得有点儿不舒服。	
18	我最近连着好几天熬夜。昨天下午开始**（咳嗽、流鼻涕）。	
19	从**（前天）开始头疼的，一会儿疼，一会儿不疼。	
20	妈妈让我吃药，但我没吃，药太苦了！	
21	吃了**（一）次。	
22	不发烧。	
23	**（发烧、呕吐）倒没有，不过早上已经拉了三次了。	
24	**（两）天了，**（昨天早上）开始的。	
25	从**（星期二）开始，有**（三）天了。	
26	**（昨天上午）还好好的，**（晚上）就开始不舒服了。	
27	开始不厉害，想不到现在厉害了，还有点儿**（咳嗽、发烧）。	
28	一点点。	
29	我什么东西都不想吃。	
30	这是化验结果。	
31	没有，只是觉得**（头痛、恶心、不舒服），不想吃东西。	
32	就是这个地方疼。	
33	正常。	
34	不太好。	

6.2.5 环节之三：处置

"处置"环节是在医生和患者对疾病进行沟通后，医生提出的治疗方案。这一环节包括诊断、处置、"注意事项"及"致谢"三个小环节，如图6-9：

```
[诊断] → [处置] → ["注意事项"及"致谢"]
```

图6-9："处置"环节结构图

6.2.5.1 几种常见诊断

常见诊断即常见疾病。通常情况下，在患者叙述了自己的病情、医生对患者进行了检查以后，医生都能够为患者进行诊断。其中，发烧、感冒、急性肠胃炎（坏肚子）、胃病等常见病是在当前汉语课文中最为常见的几种疾病。

（1）发烧：下例中医生对患者做出的诊断是"发烧"。虽然发烧是感冒的一个表现，但是由于在日常生活中，只要我们出现了"发烧"的症状，我们都说"发烧了"而不是"感冒了"。因此，我们将其单列成一类。例如：

例6-52：《快乐学中文（对泰）》课本第九册第七课《去医院》小对话

医生：你觉得哪儿不舒服？
病人：我头疼，头晕。
医生：咳嗽吗？
病人：有一点儿。
医生：什么时候开始的？
病人：昨天晚上。
医生：嗓子疼吗？
病人：不疼

医生：三十八度五，你发烧了。

（2）感冒：有时患者虽然发烧，但还伴有流鼻涕、头疼、咳嗽等症状，医生还是会将其归为"感冒"。如：

例6-53：《汉语会话301句》第34课《看病》

（第一个语段）

大夫：你怎么了？

玛丽：我头疼，咳嗽。

大夫：几天了？

玛丽：昨天上午还好好的，晚上就开始不舒服了。

大夫：你吃药了吗？

玛丽：吃了一次。

大夫：你把嘴张开，我看看。嗓子有点儿红。

玛丽：有问题吗？

大夫：没什么。你试试表吧。

玛丽：发烧吗？

大夫：三十七度六，你感冒了。

玛丽：要打针吗？

大夫：不用，吃两天药就会好的。

当然，也存在患者只感冒不发烧的情况，如：

例6-54：《汉语口语教程（初级A种本下）》第五课《在医院》第一段对话

A：你哪儿不舒服？

B：我头疼，咳嗽。

A：什么时候开始的？

B：昨天晚上。

A：我想你是感冒了。吃点儿药吧。

（3）急性肠胃炎：医生为患者诊断为"急性肠胃炎"的例子，如：

例6-55：《体验汉语口语教程2》第10课《你感冒了吧？》：

医生：你哪儿不舒服？

玛莎：我拉肚子。

医生：从什么时候开始的？

玛莎：昨天夜里。

医生：先检查一下吧。

玛莎：医生，是什么病？

医生：是急性肠胃炎。

（4）胃病：医生将患者诊断为"胃病"的例子如：

例6-56：《实用汉语（一日一课基础篇2）》第十九课《针灸治胃病很有效果》

医生：怎么啦？哪里不舒服？

麦克：我感到头痛，胃里不舒服。

医生：什么时候开始的？

麦克：昨天夜里开始的。

医生：吐了没有？

麦克：没有，只是觉得头痛，不想吃东西。

医生：昨天晚饭吃什么了？

麦克：因为给同学过生日，所以我喝了点啤酒。

医生：是冰啤酒吗？

麦克：是的，两瓶冰啤酒都被我喝光了。

医生：是胃病，冰啤酒喝多了。

麦克：大夫，严重吗？我担心不能去上课。

医生：问题不大，这是受凉引起的。

此外，还存在以下两种情况：

（5）出于担心，患者会对自己的病情进行猜测，如：

例6-57：《中国话》第七课的2.1《看西医》

进了诊室，医生先问她病情说：

医生：你怎么不舒服？

小关：这两天有点儿发烧、恶心、吐了几次。

医生：试过表吗？多少度？

296

小关：昨天夜里38度5。

医生：张开嘴！

小关：啊——

医生：嗓子倒没事。

小关：我是不是得了肝炎？

医生：放心吧，不像肝炎，就是感冒了。

（6）有时医生没有明确说明对患者的诊断，但即便如此，医生本人已对患者的疾病做出了判断，进而进行处置或治疗。如：

例6-58：《体验汉语（口语教程1）》第10课《你哪儿不舒服？》：对话三

医生：你哪儿不舒服？

欧文：早晨我吐了两次。

医生：拉肚子吗？

欧文：有点儿。

医生：你昨天吃了什么？

欧文：吃了很多肉，还喝了啤酒

医生：我给你开点儿药。

欧文：怎么吃？

医生：一天三次。一次一片。

当前汉语教材中虽然讲解了感冒、发烧、拉肚子等常见疾病，但是还是缺乏一定的针对性。比如，不少外国留学生来中国后都会产生由于水土不服引发的过敏，但现有教材中并没有与过敏有关的内容。这也是教材编者、一线教师们需要注意的地方。

6.2.5.2 几种常见处置

在看病图式的语料中，由于患者大多患有常见的疾病，如感冒、发烧、急性肠胃炎等，因此医生为患者进行的处置也都是比较常见的，如吃药、打针；再严重则需住院。根据收集的文本语料，常见处置如图6-11：

表6-11：常见处置的出现频率表

编号	处置	在文本语料中出现的次数	所占百分比
1	吃药	24	75%
2	打针	4	12.5%
3	住院	1	3.125%
4	转院	1	3.125%
5	针灸	1	3.125%

可用饼形图表示如图6-10：

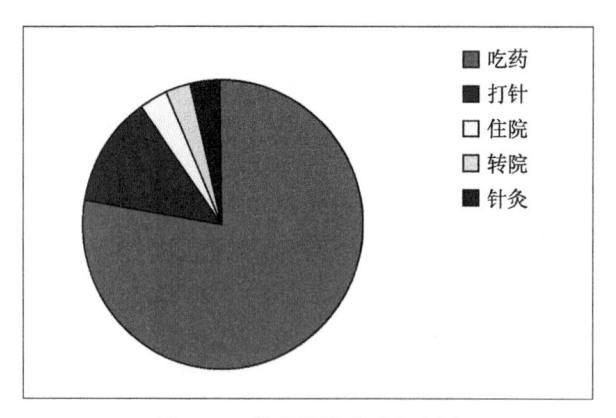

图6-10：常见处置出现频率图

这一部分的内容比较琐碎，现分情况讨论如下：

（1）最为常见的处置：吃药

从表6-10中我们可以看出，在搜集到的32篇文本语料中有24篇提到了"吃药"这一处置，所占比率高达75%，可见吃药是生活中最常见的处置。下例中医生作出的诊断是"感冒"，对患者进行的处治是"吃药"，同时叮嘱患者要多喝水、多休息。

例6-59：《实用汉语教程（第二册）》第十二课第二个语段《你感冒了》

（玛丽在医院看病）

大夫：你怎么了？

玛丽：我头疼、咳嗽。

大夫：几天了？

玛丽：两天了。

大夫：你吃药了吗？

玛丽：吃了一次。

大夫：张开嘴，我看看。嗓子有点儿红。量量体温吧。

玛丽：好。

大夫：三十八度二，你发烧了。

玛丽：我得的是什么病？

大夫：你感冒了。

玛丽：不要紧吧？

大夫：不要紧。按时吃药，多喝水，休息休息就好了。

（2）用法与用量：

这一部分主要有两种情况：

A.一般情况下，医生都会向患者说明药物的用法与用量，例如：

例6-60：《汉语口语教程（初级A种本下）》第五课《在医院》第一个语段

A：你哪儿不舒服？

B：我头疼，咳嗽。

A：什么时候开始的？

B：昨天晚上.

A：我想你是感冒了。吃点儿药吧。

B：这药一天吃几次？

A：一天吃三次，一次吃两片。

B.有时则是取药处的工作人员向患者说明药物的用法与用量，如：

例6-61：《走进中国（初级汉语口语）》第九课《你哪儿不舒服？》

情节：在药房拿药

明子：请问，这药怎么吃？

医生：这里写着，每天两次，一次四片儿。

明子：知道了，谢谢！

（3）去药房拿药：

需要我们注意的是，关于去药房拿药部分的内容在课文中很少涉及到，但是在实际生活中，去看病的人最后十有八九都会买些药回来。因此，这一部分的重要性可想而知，也是需要教师们在教学中需要说明的部分。

例6-62：《走进中国（初级汉语口语）》第九课《你哪儿不舒服？》

情节：在药房拿药

明子：请问，这药怎么吃？

医生：这里写着，每天两次，一次四片儿。

明子：知道了，谢谢！

（4）关于药物过敏：

在实际生活中，医生除了要向患者说明用法与用量，还应了解患者是否对此类药物过敏，并说明服用这类药物的注意事项。虽然在搜集的文本语料中没有出现相关的内容，但是这部分知识学生应当适当理解。

（5）转院：有时，患者在规模较小的医院就诊时，会出现医生无法救治的情况，这时需要患者转院，医生也会向患者推荐合适的医院。例如：

例6-63：《创智汉语》中学生课本第六册（对泰）第一课《我觉得很不舒服》

（在医务室里）

大夫：同学，你哪儿不舒服？

王晓兰：大夫，我鼻子不通，还恶心、头疼，嗓子也疼得很厉害。我从来没有这么难受过。

大夫：先量一量体温吧。

王晓兰：好的。

大夫：你什么时候开始不舒服的？

王晓兰：我昨天晚上和朋友去游泳，回家后就觉得有点儿不舒服。

大夫：你吃药了吗？

王晓兰：妈妈让我吃药，但我没吃，药太苦了！

大夫：可能着凉了，你昨天该吃点儿药。三十九度五！我们得赶快送你去医院！

李波：大夫，应该送哪家医院呢？

大夫：送附近的红十字会医院吧，我给你们叫一辆出租车。

（6）患者的主观意见：

有时，患者还会主动提出某种处置方案。例如：

例6-64：《实用汉语（一日一课基础篇2）》第十九课《针灸治胃病很有效果》

医生：是胃病，冰啤酒喝多了。

麦克：大夫，严重吗？我担心不能去上课。

医生：问题不大，这是受凉引起的。

麦克：针灸治胃病很有效果，是吗？

医生：是的，用针灸治疗胃病效果较好，你可以去针灸。

6.2.5.3 "注意事项"及"致谢"

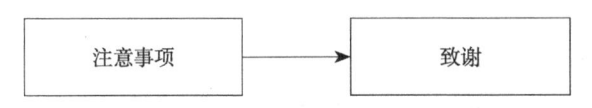

图6-11："注意事项"及"致谢"环节结构图

在"处置"这一环节中，医生会顺带说明患者的注意事项，并鼓励患者，使其增加康复的信心。患者则会对医生表示感谢。例如：

例6-65：《儿童汉语》第5册，第六课《你哪儿不舒服？》

医生：你怎么了？

病人：我有点儿不舒服。

医生：你哪儿不舒服？

病人：我头疼、发烧，晚上疼得更厉害。

医生：你感冒了。回去按时吃药，多喝水，好好休息。过几天就好了。

病人：谢谢医生。

在"看病"图式中，可能发生的常见状况有很多，无法——穷尽，但求尽可能地对发生概率较高的情况进行说明。需要我们注意的是，实际看病过程是很复杂的，医生做出处置后，患者还要去缴费、拿药，或者做检查等等，那么就需要接触不同的医务人员、涉及不同的词语和语句。

6.2.5.4 高频词语和常用语句

6.2.5.4.1 高频词语

具体内容详见表6-12：

表6-12："处置"环节高频词语表

编号	环节	常用词语
1	几种常见诊断	着凉、受凉、发炎、发高烧、感冒、胃病、急性肠胃炎、肠胃失和、肺炎、肝炎、上火
2	几种常见处置	开药、吃药、感冒药、住院、打针、输液、开药、西药、中药、药方、针灸、效果、担心、出血、苦、副作用、内科疾病、服用、治疗、交费处、缴费、交费、药房、取药、拿药、开汤药
3	"注意事项"及"致谢"	按时、休息、吃、水果、蔬菜、多、喝水、喝开水、饭后、饭前、注意、谢谢、病假单、预防、生冷、服

6.2.5.4.2 常用语句

（1）几种常见诊断：具体内容详见表6-13：

表6-13："几种常见诊断"的常用语句表

内容	例句
A.医生常用句	1.可能**（感冒）了，你昨天该吃点儿药。 2.你必须**（住院、打针）。 3.**（三十八）度**（六），你发烧了。 4.你**（发烧、感冒）了。 5.问题不大，这是**（受凉）引起的。 6.我想你是**（感冒）了。 7.是**（急性肠胃炎）。 8.不严重，你**（感冒）了，吃点药就行了。 9.你这是**（肠胃失和）导致的**（腹泻）。 10.放心吧，不像**（肝炎），就是**（感冒）了。

续表

B.患者常用句	1.我得的是什么病？ 2.我是不是得了**（肝炎）？ 3.大夫，严重吗？我担心不能去上课。 4.医生，是什么病？ 5.严重不严重？要**（打针）吗？ 6.大夫，我得的是什么病？

几种常见处置：具体内容详见表6-14：

表6-14："几种常见处置"的常用语句表

内容	例句
	内容	例句
A.医生常用句	1.我给你开点**（中、西）药。 2.你吃药了吗？ 3.不用，吃两天药就会好的。 4.吃点儿药吧。 5.得打一针，我再给他开点儿药。 6.你愿意吃中药还是愿意吃西药？ 7.不用打针，吃这种药就可以。 8.吃点儿药，打几针，再休息几天，就会好的。 9.有中药，也有西药。这是药方。 10.这里写着：每天**（三）次，一次**（一）片儿。 11.一天**（三）次，一次**（一）片，先吃**（一个星期）。 12.**（饭后半个小时）吃。 13.是的，用**（针灸）治疗**（胃病）效果较好，你可以去针灸。 14.还不好的话，就再来看一下。这是药方。 15.不要紧。我给你开**（一副中药），你吃了就会好的。 16.别担心，吃点儿药就好了。 17.**（饭后）吃。 18.今天打一次，明天打一次。
B.患者常用句	1.妈妈让我吃药，但我没吃，药太苦了！ 2.要不要**（打针）？ 3.一天吃几次？请您再说一遍。 4.我愿意吃**（中药）。 5.要是还不好呢？ 6.**（针灸）治**（胃病）很有效果，是吗？ 7.要**（打针）吗？ 8.这药一天吃几次？ 9.您给开点儿药吧。 10.饭前吃还是饭后吃？ 11.要住院治疗吗？ 12.什么时候吃？ 13.请问，这药怎么吃？

303

（3）"注意事项"及"致谢"：具体内容详见表6-15：

表6-15："注意事项"及"致谢"环节的常用语句表

A.医生常用句	1.不严重，吃点儿药，休息几天就好了。 2.你必须吃了东西再输液、打针。 3.多吃**（水果、蔬菜），多喝水。 4.不要紧。按时吃药，多喝水，休息休息就好了。 5.回去按时吃药，多喝水，好好休息。过几天就好了。 6.回去以后好好休息，按时吃药，多喝开水。 7.按时吃药，多喝水，好好儿休息，大概一个星期就能好。 8.不厉害，按时吃药，好好儿休息，很快就会好的。 9.注意休息，多喝水，多吃点儿水果。 10.没问题，回去多休息。 11.回去好好休息，多喝水。 12.要多喝开水，好好休息。
B.患者常用句	1.严重吗？ 2.吃东西要注意什么？ 3.不要紧吧？ 4.我的病厉害吗？ 5.大夫，我的感冒多长时间能好？ 6.很快能好吗？ 7.谢谢医生。 8.谢谢您！

6.3 看病变化图式

由于变式较基式复杂，种类繁多、变化多样，因此对留学生汉语水平的要求也会较高。下面我们将留学生实际"看病"过程中最常见的变式一一说明。

6.3.1 "挂号"环节的变式

如今，我国的很多大医院都实行使用就诊卡挂号的制度，患者在挂号前都需要办理就诊卡。另外，为了缓解和解决"挂号难"的问题，预约挂号和加号也应运而生。

6.3.1.1 办理就诊卡

通过实际观察发现，在北京的各大医院多为先办理就诊卡，再持就诊卡到挂号窗口进行挂号，但是在其他一些城市则可以办卡和挂号一并在挂号窗口进行。

随着科技的发展和信息时代的到来，中国的城镇医院基本采用办理各个医院的就诊卡挂号，一患一卡。而这张就诊卡虽然是在挂号的时候办理，但是其用处不仅限于挂号。一方面患者可以永久保存就诊卡，随时看病随时用卡挂号；另一方面，医生为患者开的药物处方和化验处置等信息都会保存在就诊卡内，这部分信息可通过医院内部网络和就诊卡的芯片进行传递，使整个就诊环节变得方便快捷。

在办卡时，患者需要在医院提供的单子上填写个人信息，一般含姓名、年龄、性别、出生日期、家庭住址等信息，因医院而异。如果患者能提供身份证，有的医院则可通过患者身份证办理就诊卡，省去填写表单环节。对没有中国身份证的留学生而言，应在表单上按要求填写个人信息，方可办理就诊卡，如例6-66：

例6-66：《你说.我说.大家说》第二册《日常口语》第六课《看病》

格林：小姐，我挂号。

护士：你是初诊吧？请把病历卡填一下。

格林：请看一下，我这样填行吗？

护士：您是外国人，得把国籍也填上。

格林：哦，我忘记写了。我头疼，该挂内科吧？

护士：对，请付五元挂号费。

6.3.1.2 预约挂号及加号

6.3.1.2.1 预约挂号

由于患者众多而号的数量有限，从而设定了预约挂号这一挂号方式。但这类挂号仅限于有一定规模的大医院。以北京地区为例，预约挂号的方式主要有三种：

（1）电话预约：主要通过12580、114来进行电话预约。患者拨通电话以后，向接线员说明打算预约的医院、科室、医生姓名，即可按照指定的时间前去就诊。

（2）银行卡预约：可使用中国工商银行银医卡进行预约挂号。患者可前往工商银行的自动查询机进行办理，插入银医卡后，按照提示进行选择即可。

（3）网上预约：通过某医院网、挂号网等网站，患者可以挂普通号、专家号、特需门诊等。在这些网站进行实名注册后，患者可以选择医院和医生进而挂号。以北京某医院为例预约成功后，患者会收到网站发来的手机短信。在去医院就诊之前，患者应通过电话或者网络进行确认，以保证此次预约挂号名额没有被浪费。患者按照短信说明在指定的时间来到诊室，医生会凭借短信给患者加号，患者再持加号单进行挂号。

预约挂号主要是为了解决看病难的问题。在一些规模比较大的医院，还专门设立了"国际医疗部"解决国际友人的就诊问题。国际医疗部的医生英语水平都比较高，可以和患者用英文进行沟通，但是挂号费也比较贵。以北京**医院为例，普通门诊挂号费为5元，而国际医疗部为200元。

6.3.1.2.2 加号

患者凭就诊卡去医生办公室，请医生加号。经医生同意后，凭医生的加号单在挂号处挂号、付款。

预约挂号和加号这两种变式均未在课文中出现，这部分内容对留学生而言也有一定的难度，但也确实可能发生在留学生身上，因此在实际教学中应该进行简单的介绍。

6.3.2 分诊

分诊环节是指，医院将挂号的患者安排到各个诊室就诊，患者再按照顺序分别就诊。

例6-67：《听说教程（第一册）》第八课《你哪儿不舒服？》对话一
去医院看病
山田：大夫，挂个内科。
工作人员：请先填写病历卡。
山田：这样可以吗？
工作人员：可以。请到二楼三号诊室。

下面的例子中出现了医生叫号的环节：

例6-68：《新实用汉语课本1》第十二课《我全身不舒服》第二个语段

丁力波：你在这儿休息一下，我去给你挂号。

马大为：好。

医生：8号，8号是谁？

丁力波：我是8号。

随着时代的进步，医院的分诊及排号系统日臻完善。表6-16的几所医院的分诊及排号流程是通过实地考察所得：

表6-16："分诊及排号"环节实地考核记录表

编号	地点	分诊及排号流程
1	中日友好医院	挂号后去所挂科室的护士台登记（刷就诊卡），在候诊大厅等待分诊器叫号，如：请98号杜X到1诊室外等候。同时电视屏幕显示医院、科室、当前时间、各诊室的候诊患者名单、过号患者名单。同时，会有电子声音提示：过号重新叫号；请没有刷卡的患者到护士台刷卡登记。患者进入诊室候诊区，医生按按钮叫号，如：请98号患者杜X到1诊室1诊台就诊。电子屏幕显示医院、当前时间、诊室内的诊台、医生及各医生的患者候诊队列。
2	北京协和医院	挂号以后去所挂科室的分诊台登记，医务人员会在患者的挂号单或者病历本上写上编号。患者在候诊大厅候诊，等待医务人员叫号。被叫到的患者到诊室门口再次排队，按顺序就诊。
3	北京积水潭医院	挂号单上标明了就诊诊室，在看病人数较少的情况下，患者可直接前往诊室就诊，无需分诊或排队。
4	天坛医院	挂号之后，前往所挂科室分诊台，将挂号单交给医务人员，医务人员会按照挂号顺序召唤患者前去就诊。叫到名字的患者到诊室门口再次排队，按顺序就诊。

续表

编号	地点	分诊及排号流程
5	空军总医院	挂号后,患者持挂号单到所挂诊室的分诊台登记,医务人员扫一下挂号单上的条形码,然后告诉患者大约几点来就诊。候诊大厅有告示板,提示患者就诊注意事项: 因XX科病人较多,为了改进服务,我院启用新的呼叫系统,请您按以下步骤就诊:1、请听广播序号到护士站报道;2、等待语音叫号,看屏幕提示;3、听到语音叫号后,到诊室门口等候(有屏幕)。 候诊大厅设有电子屏幕提示所在科室、患者名单和相应的就诊诊室。提示音如:王XX请到军人11诊室门口等候。在诊室门口另设有电子屏幕,显示患者就诊顺序。
6	海淀医院	挂号后,患者持挂号单到所挂科室分诊台,将挂号单交给分诊台医务人员后,等待医务人员叫名字。一般情况下医务人员会一次叫20人左右,这些患者在指定诊室门口等候,等待医生叫名字。由于一个诊室内有多位医生,所以要分辨清楚自己在哪个诊位就诊。
7	哈尔滨医科大学附属第一医院	挂号后,患者到所挂诊室就诊,诊室前设有电子屏幕,会呼叫患者就诊,如:请张XX到1诊室就诊。
8	黑龙江省中医研究院	挂号后,可直接前往所挂诊室就诊。挂号单上会说明就诊诊室的房间号。如诊室内正有患者看病,可在诊室外稍作等候。

分诊及排号环节在教材中非常少见,对于当今的电子叫号系统更是缺少相关的介绍。这也同样需要一线汉语教师们向学生进行适当的介绍,以减少学生们在实际生活中可能会遇到的麻烦。我们还可以将学生所在国家的就诊环节同中国的看病环节进行对比,以加深学生的印象。

6.3.3 就医地点的相关变式

就医地点的变化也会导致"看病"环节的差异,如去校医院门诊部和去大医院就诊有很大不同。去校医院就诊应持校医院的医疗证,留学生的校医院医疗证如图6-12和6-13:

第六章 现代汉语看病图式研究

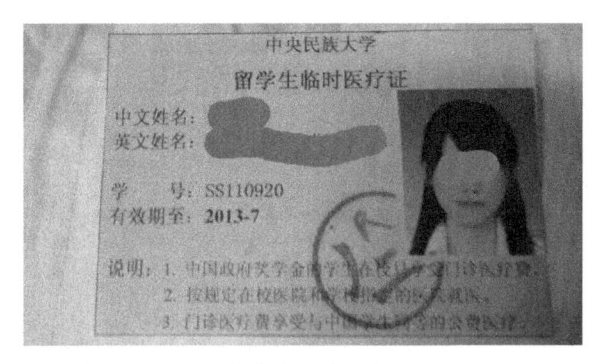

图6-12：留学生临时医疗证正面图

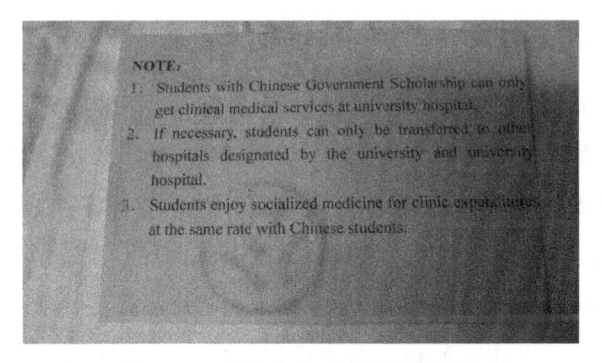

图6-13：留学生临时医疗证背面图

如果留学生需要住院治疗，可使用保险卡进而减少医疗费用。但是来华留学生保险服务卡是只有奖学金生才有资格使用的，如图6-14和6-15：

图6-14：来华留学生保险服务卡正面图

图6-15：来华留学生保险服务卡背面图

6.3.4 患者需要做复杂检查

如果医生难以通过患者的症状进行确诊，就需要进行比较复杂的检查。复杂检查不同于量体温、看嗓子等简单的检查。在大医院里，患者做完这类复杂检查后不会马上得到检查结果，因此患者需要在指定日期再次前往医院取检查结果。在患者人数较多的医院，甚至连做检查都要预约很长时间才可以排上队。领完检查结果后，有时患者需要再次挂号，请大夫帮助分析病情，进而完成整个看病过程。而在一些医院，患者则不需要再次挂号，直接去医生诊室问诊即可。这类复杂检查如：验血、心电图、CT、X光、胸透、B超、彩超、核磁共振等等。例如：

例6-69：《汉语启蒙》第二册（对泰）第七课《医院服务》

医生：你怎么了？

沾她：头疼、发烧。

医生：几天了？

沾她：两天了，昨天早上开始的。因为前天晚上很晚才睡觉。第二天起床就开始了。

医生：试试体温吧，五分钟以后给我。

（五分钟后）时间到了，给我体温表。38.2度。看看嗓子。

沾她：啊—

医生：很红，嗓子发炎了。咳嗽吗？

沾她：一点点。

医生：吃饭怎么样？

沾她：我什么东西都不想吃。

医生：大小便正常吗？

沾她：正常。

医生：化验一下血吧。

（化验完回来）

医生：这是化验结果。

沾她父：我女儿的病严重吗？

医生：不严重，只是感冒。吃点儿药，再打几针，就好了。

沾她母：您给开点儿药吧。

医生：有中药，也有西药。这是药方。回去以后好好休息，按时吃药，多喝开水。

沾她：谢谢您！

当前教材中涉及到的检查，多为做完以后马上就能取结果的这一类。又如例6-70：

例6-70：《医用汉语教程2入门篇》第4课《她病得挺厉害的》

马萨：你好，挂个内科。

医院职员：挂号费3块，内科在3层。

（马萨和罗西到3层的内科）

医生：你哪儿不舒服？

罗西：我头疼、咳嗽。

医生：先量一下体温。让我听听。

（医生用听诊器检查）

马萨：怎么样，医生？

医生：给我看看体温表，39度。可能是感冒引起的肺炎，你去做个胸透吧。

马萨：要住院治疗吗？

6.3.5 "处置"环节的变式

我们之前讨论的开药、打针是最为常见的处置。但在实际的"看病"图式中，医生的处置常常不会那么简单。现对下面三种常见状况进行简要的说明。

6.3.5.1 来院诊疗

指定时来医院治疗——以打针、针灸等治疗手段为主要治疗方法的处置，虽然不需要患者住院，但却要求患者定期来医院接受治疗。

6.3.5.1.1 打针

"打针"是除开药以外常见的处置之一，而且通常不只需要打一针，如：

例6-71：《EEC中文快易通》第二十六课《看医生》

语段3

A：你哪儿不舒服？

B：嗓子疼。

A：我看看。你有点儿感冒。

B：要打针吗？

A：要。今天打一次，明天打一次。

B：在哪儿打针？

A：就在这儿。

另外，还有以下几点需要我们注意：

（1）"打针"一般都是伴随着"吃药"的，如：

例6-72《你说·我说·大家说》第二册《日常口语》第六课《看病》

语段2

格林：大夫，我得的是什么病？

医生：是感冒。吃点儿药，打几针，再休息几天，就会好的。

（2）患者如果是需要住院的病人，那么一般都需要打针，而且多以输液为主，医生有时会对惧怕打针的患者给予安慰，如：

例6-73：《创智汉语》中学生课本第六册（对泰）第二课《你的嗓子

很红》第二个语段

（在红十字会医院）

大夫：你的嗓子很红，发炎了。我看看体温表，你发高烧了，三十九度八。你必须住院、打针。

王晓兰：大夫，我不敢打针，太疼了！

大夫：别怕，我们的护士打针打得很好。你吃东西了吗？

王晓兰：我没吃。

大夫：那不行。你必须吃了东西再输液、打针。

王晓兰：我的嗓子很疼，疼得饭也不想吃。

大夫：你尽量吃点儿吧。

（3）有时，患者会主动向医生询问是否需要打针。

A.患者讯问后，医生说需要打针的例子如：

例6-74《体验汉语（口语教程1）》第10课《你哪儿不舒服？》

对话四

医生：三十八度八，你发烧了。

欧文：用打针吗？

医生：得打一针，我再给他开点儿药。

B.患者询问以后，医生说不需要打针的例子如：

例6-75《中文听说读写level1-part2》第十五课《看病》

医生：你吃蛋糕把肚子吃坏了。

病人：要不要打针？

医生：不用打针，吃这种药就可以。一天三次，一次两片。

C.本文认为患者询问是否需要打针的原因有二，一是患者比较担心自己的病情，若需打针就表明比较严重了，二是有的患者可能比较畏惧打针，是出于恐惧才进行询问的。因此，也有医生要求患者打针但是患者希望避免的情况，例如：

例6-76：《听说教程（第一册）》第八课《你哪儿不舒服？》

去医院看病

山田：大夫，39.5度。

医生：你感冒了，要打针。

山田：大夫，我不想打针。可以吃药吗？

医生：也可以。我给你开些药。

6.3.5.1.2 针灸

我国传统中医的针灸疗法一般以疗程为单位进行治疗，因此患者需要多次前往医院进行针灸，例如：

例6-77：《实用汉语》一日一课基础篇2第十九课《针灸治胃病很有效果》

（麦克去了针灸医生那里）

麦克：医生，我胃不舒服，我想针灸。

医生：我看看……行，马上给你扎针。

麦克：啊，这么长的针？

医生：你不要担心，别动，一个小时就好了。

（一个小时后）

麦克：医生，时间到了吗？

医生：到了。针取出来后，你休息一下再走。

麦克：出血了！

医生：叫针扎的，按一下就好了。

麦克：还要再来吗？

医生：针灸一般要十次才行。

麦克：这么说每天都要来吗？

医生：每天来或者两天一次都可以。

麦克：好，明天见！

医生：明天见！

6.3.5.2 住院治疗

患者的病情较严重时，如需通过静脉注射，甚至是手术来治疗，那么就需要患者住院。当前搜集的课文语料中的内容不多涉及住院的具体内容，仅到医生提出住院建议为止。例如：

例6-78：《创智汉语》中学生课本第六册（对泰）第二课《你的嗓子

很红》

在红十字会医院

周文：您好，我挂个号，挂内科。

在内科

大夫：同学，你怎么了？

周文：大夫，她病了，嗓子疼得很厉害。

大夫：我检查一下，先量量体温。你咳嗽吗？

王晓兰：有一点儿咳嗽。

大夫：你张开嘴，我看看。

王晓兰：啊——

大夫：你的嗓子很红，发炎了。我看看体温表，你发高烧了，三十九度八。你必须住院、打针。

有些情况下，患者或者患者的陪同人员会向医生主动提问患者是否需要住院，如：

例6-79：《新实用汉语课本1》第十二课《我全身不舒服》的第二个语段

医生：你哪儿不舒服？

马大为：我头疼，全身都不舒服。

医生：我看一下。你嗓子有点儿发炎，还有点儿发烧，是感冒。

丁力波：他要不要住院？

医生：不用。你要多喝水，还要吃点儿药。

6.3.5.3 小手术

小手术指即做即走、无需住院的手术，如拔牙、近视眼手术、鼻息肉手术等。这部分内容在所搜集的语料中并没有涉及到，但也是一线教师们需要注意的地方。

6.3.6 由于患者个人原因引起的变式

6.3.6.1 患者放弃治疗

患者就诊后不对疾病进行干预的原因主要有：

（1）患者不认可医生的治疗方式，或者对医生的诊断有所怀疑。这种情况下患者可能会选择其他医院，或者干脆不对疾病进行治疗。

（2）患者认为治疗费用比较昂贵、治疗比较花费时间等等主观因素导致患者决定放弃治疗。

（3）患者的疾病是慢性、症状较轻、后果不严重的，去门诊问诊只是为了了解自己病情的轻重缓急。在这种情况下患者会选择回国后再接受治疗，在母语环境中患者可以更详尽、贴切地描述自己的症状，同时也是在自己最了解的环境中来完成看病图式。

6.3.6.2 患者没有实质性疾病

患者没有实质疾病的情况也时有发生。患者认为自己得了某种病，但去医院检查后医生说患者没有病，或者患者有一些小的症状完全不需要治疗即可自愈。例如：

例6-80：《EEC中文快易通》第二十六课《看医生》第2个语段

A：医生，我胃不舒服。

B：你吃什么了？

A：我吃了很多鸡蛋。

B：你吃的太多了。

A：要吃药吗？

B：不用。过两天就好了。

6.3.7 复诊

有时医生为了确保了解患者的恢复情况，会要求患者复诊，如下面的两个例子：

例6-81：《新实用汉语课本1》第十二课《我全身不舒服》（二）

丁力波：他要不要住院？

医生：不用。你要多喝水，还要吃点儿药。你愿意吃中药还是愿意吃西药？

马大为：我愿意吃中药。

医生：好，你吃一点儿中药，下星期一再来。

例6-82：《中国话》第七课2.1看西医

进了诊室，医生先问她病情说：

医生：你怎么不舒服？

小关：这两天有点儿发烧、恶心，吐了几次。

医生：试过表吗？多少度？

小关：昨天夜里38度5。

医生：张开嘴。

小关：啊——

医生：嗓子倒没事。

小关：我是不是得了肝炎？

医生：放心吧，不像肝炎，就是感冒了。

小关：要不要打针？

医生：用不着打针。我给你开点儿药，过两天再来。

（两天以后）

医生：怎么样？好点儿了吗？

小关：好点儿了，好多了。

医生：还烧吗？

小关：不烧了。

医生：你还哪儿不舒服？

小关：没有了，都好了。

也存在患者对治疗效果表示担心，进而医生提出可复诊的情况，如：

例6-83：《你说.我说.大家说》第二册《日常口语》第六课《看病》

医生：请坐。你哪儿不舒服？

格林：不知怎么搞的，头疼得厉害。

医生：体温是39度，你发烧了。不舒服有几天了？

格林：从星期二开始，有三天了。

医生：怎么不早点儿来看？

格林：开始不厉害，想不到现在厉害了，还有点儿咳嗽。

医生：请把嘴张开，让我看看喉咙。

格林：喉咙也疼得厉害。

医生：请把衣服解开，让我检查一下。

格林：大夫，我得的是什么病？

医生：是感冒。吃点儿药，打几针，再休息几天，就会好的。

格林：要是还不好呢？

医生：还不好的话，就再来看一下。这是药方。

格林：谢谢您，大夫。

医生：不用谢。欸，别忘了把病假单拿走。

格林：哎呀，怎么搞的，我把病假单忘了。

在实际生活中，也有许多患者主动复诊的情况，比如在病痛消失后再做一次血液检查以确保完全康复，或者向大夫咨询应如何预防复发。如果患者是在中医门诊就诊，也可能是找医生进行药方的调整。总之，"复诊"部分也是"看病"图式中很重要的一部分。

6.3.8 看中医

中医的挂号流程同西医一致，但是看中医和看西医的最大不同是，中医一般不借助现代化的检查手段、整个就诊过程浑然一体。中医一般以"望、闻、问、切"作为检查手段。望，指观气色；闻，指听生息；问，指问症状；切，指摸脉象。中医的治疗也不同于西医，以服用汤药和吃中成药为主，如下面的两个例子：

例6-84：《普通话2》第三十四课《中医门诊》

林大木去看中医。

大夫：你哪里不舒服呀？

林大木：不知为什么，我今天早上一起来，就感到肚子疼。

大夫：你躺下来，我摸一摸。具体是哪个部位疼？

林大木：就是这个地方疼。

大夫：有没有发烧、呕吐或者腹泻之类的症状？

林大木：发烧、呕吐倒没有，不过早上已经拉了三次了。

大夫：我替你诊诊脉吧，把手伸过来。

（林大木把手伸过去）

大夫：你这是肠胃失和导致的腹泻。

林大木：什么是肠胃失和？是什么原因？

大夫：饮食没有规律、精神长期紧张、过度劳累，或者季节温度变化，都可能导致肠胃失和。

林大木：要不要紧？

大夫：不要紧。我给你开一副中药，你吃了就会好的。

林大木：医生，中药是不是很苦啊？

大夫：我们中医有句话叫"良药苦口利于病"。中药副作用少，适合内科疾病。

林大木：这药怎么吃？

大夫：回家后，用文火煎1小时，然后趁热服用，饭后服用，每天两次，连续服两天。还有一句话，"中医重预防"。日后，要多注意预防。

例6-85：《中国话》第七课2.2看中医

病人：我咳嗽好几天了，口干，嗓子疼。

医生：让我号一下儿脉。你是不是觉得有痰，可是吐不出来？

病人：嗯。

医生：大便干，小便颜色有点儿红，是不是？

病人：是的。

医生：没事，你就是有一点儿上火。我给你开三服汤药。别吃鱼虾，别吃辣的。现在不要吃生冷。平常应该多吃梨、萝卜、藕、西瓜。

由于中医是中华文化的精华和瑰宝，因此有不少外国留学生愿意选择尝试中药治疗，如：

例6-86：《新实用汉语课本1》第十二课《我全身不舒服（二）》

丁力波：你在这儿休息一下，我去给你挂号。

马大为：好。

医生：8号，8号是谁？

丁力波：我是8号。

医生：你看病还是他看病？

丁力波：他看病。

医生：请坐吧。你叫马大为，是不是？

马大为：是，我叫马大为。

医生：你今年多大？

马大为：我今年22岁。

医生：你哪儿不舒服？

马大为：我头疼，全身都不舒服。

医生：我看一下。你嗓子有点儿发炎，还有点儿发烧，是感冒。

丁力波：他要不要住院？

医生：不用。你要多喝水，还要吃点儿药。你愿意吃中药还是愿意吃西药？

马大为：我愿意吃中药。

医生：好，你吃一点儿中药，下星期一再来。

上例中的医生表示可以开中药也可以开西药，这种情况下的中药多为中成药，与我们传统的"汤药"是不同的。有时医生开的药方里，既包括西药，也包括中成药。由于中医、西医的理念不同、治疗针对的对象不同，所以有"中西医结合疗效好"的说法。例如下例：

例6-87：《汉语启蒙》第二册（对泰）第七课《医院服务》

医生：你怎么了？

沾她：头疼、发烧。

医生：几天了？

沾她：两天了，昨天早上开始的。因为前天晚上很晚才睡觉。第二天起床就开始了。

医生：试试体温吧，五分钟以后给我。

（五分钟后）时间到了，给我体温表。38.2度。看看嗓子。

沾她：啊——

医生：很红，嗓子发炎了。咳嗽吗？

沾她：一点点。

医生：吃饭怎么样？

沾她：我什么东西都不想吃。

医生：大小便正常吗？

沾她：正常。

医生：化验一下血吧。

（化验完回来）

医生：这是化验结果。

沾她父母：我女儿的病严重吗？

医生：不严重，只是感冒。吃点儿药，再打几针，就好了。

沾她父母：您给开点儿药吧。

医生：有中药，也有西药。这是药方。回去以后好好休息，按时吃药，多喝开水。

沾她：谢谢您！

除了众所周知的中药以外，中医的治疗方法还包括针灸、刮痧、拔罐等物理疗法，如：

例6-88：《实用汉语》一日一课基础篇（2）第十九课《针灸治胃病很有效果》

医生：怎么啦？哪里不舒服？

麦克：我感到头痛，胃里不舒服。

医生：什么时候开始的？

麦克：昨天夜里开始的。

医生：吐了没有？

麦克：没有，只是觉得头痛，不想吃东西。

医生：昨天晚饭吃什么了？

麦克：因为给同学过生日，所以我喝了点啤酒。

医生：是冰啤酒吗？

麦克：是的，两瓶冰啤酒都被我喝光了。

医生：是胃病，冰啤酒喝多了。

麦克：大夫，严重吗？我担心不能去上课。

医生：问题不大，这是受凉引起的。

麦克：针灸治胃病很有效果，是吗？

医生：是的，用针灸治疗胃病效果较好，你可以去针灸。

（麦克去了针灸医生那里）

麦克：医生，我胃不舒服，我想针灸。

医生：我看看……行，马上给你扎针。

麦克：啊，这么长的针？

医生：你不要担心，别动，一个小时就好了。

（一个小时后）

麦克：医生，时间到了吗？

医生：到了。针取出来后，你休息一下再走。

麦克：出血了！

医生：叫针扎的，按一下就好了。

麦克：还要再来吗？

医生：针灸一般要十次才行。

麦克：这么说每天都要来吗？

医生：每天来或者两天一次都可以。

麦克：好，明天见！

医生：明天见！

中医作为中华文明的瑰宝，既受到了重视，也引发了争议。许多对中医感兴趣的留学生愿意通过中医的方法来治疗疾病，但是教材中所涉及的中医内容却少之又少，不能满足学生们对中医看病的理解和实践需要。另外，不可否认的是，也有不少人对中医持怀疑的态度。作为汉语教师的我们也要客观地对待这个问题，毕竟即使是中国人也有很多对中医理念提出质疑的。

6.3.9 急诊

紧急救治和抢救是紧急情况下的治疗。它的存在保证了患者在突发疾病、意外伤害时，能在最快时间内得到专业、科学的救治。外国留学生如果突发疾病，也会被送往医院急诊室救治，急诊与普通诊的最大区别是就诊环节简单，直接进入诊室抢救，无需挂号、排队，甚至连治疗费用都是在治疗后期结算的。很多医院将这样的就诊渠道称为"绿色通道"，急诊的就诊流程一般是：

①与院前急救紧密衔接，迅速接诊急危重症患者；

②直接进入急诊抢救室；

③急诊科医护人员实施紧急抢救；

④呼叫相关专业住院总医师等。

需要手术与否决定了接下来的治疗流程：

需手术者：初步决定手术方案→直接进入手术室。

无需手术者：组织力量就地抢救，必要时，直接住进ICU等相关科室。

当前搜集到的语料中并没有和急诊相关的内容。急诊患者一般不需要、也没有力气用言语表达什么，大多情况下是有他人陪同的。而且急诊患者的治疗是根据患者当前的状态进行的，不需要"问诊"，因此我们不要求留学生对这一部分有详细的了解。

6.3.10 "处置"环节残缺

有时，由于患者的症状较轻，或者是患了良性的疾病，医生可能不会为患者进行治疗，而是期望患者自身修复。这就造成了"处置"环节的残缺。

医生仅仅让患者好好休息的例子如：

例6-89：《轻松学中文2》第六课《生病》Text2

A：你哪儿不舒服？

B：我嗓子疼。

A：你发烧吗？

B：发烧，三十九度二。

A：你感冒了，今天不要去上学了。

B：我也不想去。

A：你要在家休息两天。

B：谢谢医生。

医生告诉患者不用吃药的例子如：

例6-90：《EEC中文快易通》第二十六课《看医生》第2个语段

A：医生，我胃不舒服。

B：你吃什么了？

A：我吃了很多鸡蛋。

B：你吃的太多了。

A：要吃药吗？

B：不用。过两天就好了。

6.4 小结

根据看病图式各个环节出现的频率，采取不同的组合方式，这一图式可在总体图式之下分为常用图式和变化图式。通过上文对看病图式环节的讨论我们可以了解到，看病的总体图式是挂号、分诊、问诊、处置四大部分。常用图式的环节主要包括挂号、问诊、处置这三大环节。本文就其中每一个大环节进行了讨论，针对课文语料和现实生活中的看病流程做了介绍，并附上课文语料有针对性地加以说明。就看病的变化图式而言，主要就10种常见变式进行了举例说明。主要内容总结如下。

"看病"的总图式结构：

```
┌─────┐    ┌─────┐    ┌─────┐
│ 挂号 │ ⇒ │ 问诊 │ ⇒ │ 处置 │
└─────┘    └─────┘    └─────┘
```

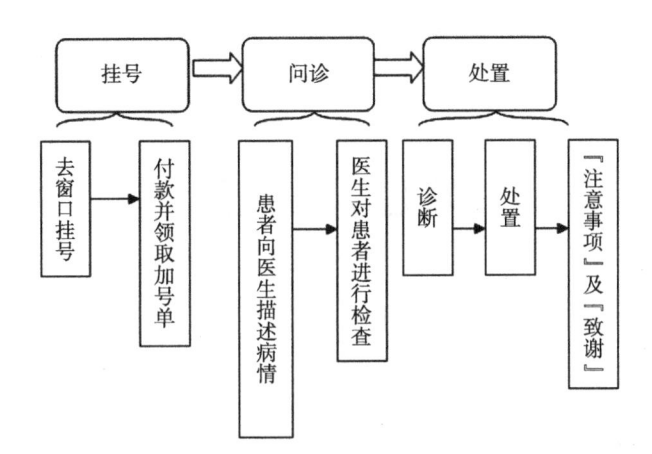

| 去窗口挂号 | → | 付款并领取加号单 | | 患者向医生描述病情 | → | 医生对患者进行检查 | | 诊断 | → | 处置 | → | 「注意事项」及「致谢」|

图6-16："看病"总图式结构图

看病的变化图式主要包括以下几部分：

表6-17："看病"变化图式环节表

编号	变式环节	变式环节下的小环节
1	挂号	办理就诊卡
		预约挂号及加号
2	分诊	
3	由就医地点的变化引起的变式	
4	患者需要做复杂检查	定时来医院治疗
		住院治疗
		小手术
5	由于患者个人原因引起的变式	患者放弃治疗
		患者没有实质性疾病
6	复诊	
7	看中医	
8	急诊	
9	"处置"环节残缺	

第七章 结论

7.1 全文总结

7.1.1 换钱图式结构

首先简要介绍汉语国际教育的蓬勃发展和本文的研究对象，对文中涉及到的各种语料也简单进行了描述。然后，主要介绍了初级汉语常用交际项目图式结构的研究现状。从图式理论的背景出发，说明现代图式理论本体方面的研究在国内外取得的成果，然后是现代图式理论在教学中的应用研究，包括英语教学和汉语教学。通过总结与思考，借鉴前人的经验与成果，找出还需要进一步研究的部分，从而说明对在华初级汉语水平者换钱这一常用交际项目图式结构研究的必要性。接着对所收集的有关换钱交际项目图式结构的语料进行分析，解决了换钱图式的参数有哪些、必有参数和非必有参数是什么以及如何界定各参数的权重和影响、参数为显性还是隐性等问题。再接着，在此前基础上将所有与换钱图式有关的参数和环节进行分析整理，以收集的语料为支撑，归纳出现代汉语中的简单换钱图式，并对每个图式结构的具体环节和环节中出现的常用词语和语句分类归纳。

7.1.2 就餐图式结构

首先，在搜集语料、综述文献和社会调查的基础上，对外出就餐这一常用交际项目进行了参数分析；然后在参数分析的基础上归纳出简单外出就餐图式的总体图式、变化图式和常用图式，并且描述了图式结构的各个具体环节以及环节内会出现的常用词语和语句。最后对前文内容做了总结，并提出了在教学上的一些思考。

7.1.3 购物图式结构

首先，在搜集语料、综述文献和社会调查的基础上，对购物交际项目进行了参数分析，指出"购物"交际项目的主要参数：人物、商品、价格、地点、方式、原因和时间。然后，据此描写了"购物"交际项目的总体图式、变化图式和常用图式，并总结出了总体图式各环节的常用词语和语句。

7.1.4 看病图式结构

首先，在搜集语料、综述文献和社会调查的基础上，对看病这一交际项目进行了参数分析，指出看病图式的必有参数包括患者、医生、症状和就医地点；非必有参数包括陪同人员、护士等其他人员、前往医院的方式以及就医时间等。其次，归纳了看病图式的总体图式结构：挂号–分诊–问诊–处置，其中"分诊"是非必有环节。最后描写了看病图式的常用图式结构：挂号–问诊–处置。这三大环节均为必有环节，其中又包含多个小环节。

7.2 后续工作

7.2.1 教学实践方面

由于时间、精力上的原因，本文只是对外国学生四大常用交际任务的图式结构进行了整理和研究，在实际教学上提出了一些建议，并没有详细地研究怎么教这个问题。下面是笔者针对上述常用行为图式教学上的一些初步的思考：

一是对于练习的设计。在汉语教学常用交际项目的练习中，学生输出的部分其实是相对简单的，并未完全覆盖常用图式结构。通过对本文收集的教材语料的分析可以发现，在上述交际项目的练习上，最多的是替换练习和完成对话。在练习的设计上，最重要的是要提供给学习者一定相对真实的语言环境，且越丰富越贴近实际生活越好。

二是对于相关教学专题的开设。河流、山川、地域差异形成了天然的屏障将世界各国分隔开来，各自形成了独具特色的习俗文化。中华文化博大精深，中华文化之下的图式结构也非常有特色，建议在教学过程中补充有关中华文化的内容。通过学习这些内容，可以使学生更深入地了解有关图式，有助于学生更深刻地理解和掌握图式，以便更好地应对交际。

7.2.2 教师培训方面

在教学中，教师所发挥的作用是很大的，教师应该对相关交际图式有深入的了解，能分阶段确定教学重点，并且能帮助学生建立丰富的图式内容，还能够引导学生激发已有图式等。可见，这一方面对教师有了更高的要求。笔者认为可以针对交际图式对教师进行一些相应的培训，帮助教师更透彻地理解交际图式相关内容，用以指导教学。

7.2.3 教材编写方面

（1）在现有教材中，涵盖此交际图式的内容并不全面，很多环节也不完整，笔者认为在教材编写中，可以考虑图式结构环节的完整性，如果无法在课文中都体现出来，也可以在练习题中有所提及。

（2）教材编写在考虑实际普遍性的同时还要考虑到特殊性。以餐点为例，现有教材中有关民族风味、地方风味和海鲜等餐点都没有语料提及，可见，现有教材在民族特色与地方特色方面表现略显不足。在教材编写中，可以充分结合中国各地的地域和民族特点。另外，还要以实际生活为依据，扩展相关内容。以就餐地点为例，教材语料中某些地点出现的频率和现实生活中出现的频率往往是相反的，如咖啡厅、西餐厅等，这些都是留学生在现实生活中经常会去的就餐地点，但是在教材语料中都没有这些地点，这可能会使学生无法真正掌握贴近现实生活的交际内容。因此，在教材编写中充分考虑现实性是非常必要的。

（3）国际汉语教学包括国内和海外两大块，但目前的教材基本上都是立足于国内留学生的汉语教学，其实还应考虑海外的情况，毕竟海外与国内在很多方面的情况都不同，比如在海外的就餐地点多以西餐店为主。

7.2.4 建立相关图式语料库

为了使学生更清晰明了、更集中、更系统地掌握交际项目，可以考虑为不同的交际项目建立相关的图式语料库。语料库的建立，对教师的教学和学生学习相关的交际项目都有益处。相关图式语料库可以包含常用词语、语句及出现的频率等数据，这样可以提高教学质量和学习效率。

限于个人水平与精力，本文只阐述了常用行为的图式结构，在不同水平上还有很多常用的交际项目等待我们去归纳、分析，在同一水平不同阶段同样有很多与交际项目相关的问题有待我们解决，笔者希望本文可以在交际项目图式结构方面给大家提供一个参考，以便进行更好更深入的研究。

参考文献

中文文献

期刊论文：

1. 曹俊峰.论康德的图式学说[J].社会科学战线，1994（6）：57-64.
2. 陈成辉，肖辉.图式理论、图式理论视域下的整体阅读教学原则及其实施[J].南京理工大学学报，2014（1）：63-69.
3. 陈晓姿.图式理论在对外汉语听力教学中的应用[J].北京教育学院学报，2014（2）：59-62.
4. 陈竹，朱文怡.对外汉语词汇教学中图式理论的应用[J].语言文学研究，2013（6）：19-20.
5. 戴雪梅.图式理论在对外汉语阅读教学中的应用[J].汉语学习，2003（2）：50-53.
6. 黄彩玉，朱淑洁.图式理论在对外汉语词汇记忆教学中的理论与实践[J].继续教育研究，2013（8）：149-151.
7. 惠莹.试论康德、皮亚杰和现代认知心理学的图式观[J].社会心理科学，2010（Z1）：23-30.
8. 蒋开天.图式特质论——基于康德、皮亚杰图式学说的历史考察[J].中南大学学报（社会科学版），2014（2）：49-55.
9. 康立新.国内图式理论研究综述[J].河南社会科学，2011（4）：186-188.

10. 娄开阳.试论程序性知识在第二语言教学中的应用——以汉语交际图式为例[J].民族教育研究，2008，19（6）：115-118.

11. 王辉.图式理论启发下的对外汉语阅读教学策略[J].汉语学习，2004（2）：66-69.

12. 徐曼菲，何安平.图式理论、语料库语言学与外语教学[J].解放军外国语学院学报，2004（6）：48-52.

13. 何美芳.图式理论与汉语第二语言写作教学[A].第七届北京地区对外汉语教学研究生论坛文集[C].2014.

学位论文：

1. 李玉.外国学生初级汉语常用交际图式结构研究——以问路为例[D].中央民族大学，2012.

2. 孙香凝.面向留学生的汉语常用言语图式研究——以"住店"交际项目为研究对象[D].中央民族大学，2015.

3. 王璐.面向留学生的汉语常用行为-言语图式研究——以"邮寄和收取"交际项目为研究对象[D].中央民族大学，2015.

4. 王霞.留学生常用交际项目图式研究——以"预订火车票"为例[D].中央民族大学，2014.

5. 杨佳宁.外国学生汉语常用交际项目图式结构研究——以"做客"为例[D].中央民族大学，2013.

专著：

1. 罗青松、刘川平、马箭飞：《高等学校外国留学生汉语教学大纲-短期强化》，北京：北京语言大学出版社，2005年，第19页。

2. 全军主编：《尔雅中文》(基础汉语综合教程Ⅰ上)，北京：北京语言大学出版社，2013，第206—214页。

3. 王立：《城市语言生活与语言变异研究》，北京：中国社会科学出版社，2009年，第12—24页。

4. 杨寄洲主编：《对外汉语教学初级阶段教学大纲2》，北京：北京语言大学出版社，1999年。

5. 曾琪：《汉语量词图解词典（汉英版）》，北京：商务印书馆，2012年。

外文文献

1. Dehghan, F. & Sadighi, F., On the cultural schema and Iranian EFL learners' reading performance: A case of local and global items, Pan-Pacific Association of Applied Linguistics 15 (2), 97-108, 2011.

2. Douglas L. Hintzman, "Schema Abstraction" in a Multiple-Trace Memory Model: Psychological Review 93, No. 4, 411-428, 1986.

3. Douglas Rhein & Parisa Sukawatana, Thai University Student Schemas and Anxiety Symptomatology: International Education Studies 8 (7), 108-126, 2015.

4. Ebrahim Khodadady, English Language Identity: Schema and Factor Based Approach, Journal of Language Teaching and Research 6 (4), 883-892, 2015.

5. Ferhat Ensar, Schema-based text comprehension: Educational Research and Reviews 10 (18), 2568-2574, 2015.

6. Mary L. Gick & Keith J. Holyoak, Schema Induction and Analogical Transfer, Cognitive Psychology 15, 1-38, 1983.

7. Pedro Macizo ; M. Teresa Bajo, Schema activation in translation and reading: A paradoxical effect, Psicológica 30, 59-89, 2009.

附录：在华留学生日常购物情况调查

亲爱的同学：

你好！

这是一次关于你日常购物情况的调查，旨在帮助我了解你的日常购物情况。以下选题均为单项选择，请在题目后面的横线上填写选项编号。本次调查的所有内容仅用于本人硕士论文写作之用，谢谢你利用宝贵的时间填写问卷！

性别：_____

年龄：_____

国籍：_____

班级：_____

在华时间：_____

1. 你买东西常常是一个人还是和朋友？_____
①一个人　②和朋友
2. 你常购买的东西是什么？_____
①服装　②饰品　③学习用品　④食品　⑤电器
⑥数码产品　⑦箱包　⑧鞋帽　⑨化妆品　⑩其它商品
3. 你常和卖方商议价格吗？_____
①是　②否　③偶尔会

4.你常去哪里买东西？_____

①购物中心　　②小卖部　　③小摊儿　　④超市　　⑤专卖店

⑥小店　　⑦网上商店

5.你经常购买下列哪种东西？_____

①急需的　　②别人推荐的　　③自己喜欢的

6.你更注重商品的细节还是价格？_____

①细节（比如：衣服的材质）　　②价格（比如：是否能降价）

③细节和价格

7.你常用的付款方式是什么？_____

①现金　　②信用卡　　③借记卡（比如：储值卡等）

④支付宝或微信等

8.购物后不满意，你会选择退换货吗？_____

①会　　②不会　　③偶尔会

填表时间：_____

The survey of foreign students' daily shopping in China

Dear students,

Hello! This is a survey about your daily shopping, which's designed to help me understand your everyday shopping. The following questions are the multiple choice items, please fill in the option number on the line behind the question. All the content of this survey are used only for my professional master's thesis writing. Thank you for using valuable time to fill in the questionnaire!

Gender：_____

Age：_____

Nationality：_____

Class: _____

Duration of stay in China: _____

1. Do you usually go shopping alone or with friends?_____

①Alone   ②With friends

2. What do you usually buy?_____

①Clothes   ②Accessories   ③School supplies   ④Food

⑤Electric appliance   ⑥Digital products   ⑦Bags

⑧Shoes and hats   ⑨Cosmetics   ⑩Other commodities

3. Do you often bargain with seller?_____

①Yes   ②No   ③Occasionally

4. Where do you usually go for shopping?_____

①Shopping mall   ②Canteen   ③Small stall   ④Supermarket

⑤Exclusive shop   ⑥Store   ⑦Online shop

5. What following staff do you usually buy ? _____

①What you need   ②What others recommend   ③What you like

6. Do you pay more attention to the details of the goods or the price ? _____

①Details（such as the material of clothes）

②Price（such as the price can be lower）   ③Details and price

7. What is your usual way of payment?_____

①Cash   ②Credit card   ③Debit card（such as prepaid cards）

④Alipay or Wechat payment

8. Will you replace and return the goods if unsatisfied? _____

①Yes   ②No   ③Occasionally

Fill-in Date: _____

后 记

拙著是教育部语合中心2021年度国际中文教育项目"面向外国学生的现代汉语常用言语行为图式结构研究（21YH56C）"的结项成果。本书由课题负责人娄开阳和课题组成员袁瑾、王银凤、张英和张可嘉共同完成，娄开阳负责全书的顶层设计及框架结构并负责指导各章的撰写，最后由娄开阳负责统稿。具体分工如下：

第一章绪论部分：由娄开阳负责撰写；

第二章文献综述：由娄开阳、张英负责撰写；

第三章换钱图式：由袁瑾、娄开阳负责撰写；

第四章就餐图式：由王银凤、娄开阳负责撰写；

第五章购物图式：由张英、娄开阳负责撰写；

第六章看病图式：由张可嘉、娄开阳负责撰写。

限于时间、精力和学力，拙著还存着诸多不足，在研究深度方面还有待于进一步加强，在研究广度方面还有待于进一步扩展，在研究水平方面还有待于进一步提高，恳请读者不吝赐教！

衷心感谢教育部语合中心，在课题申报、立项和研究的过程中得到了语合中心无微不至的关怀与帮助！

衷心感谢中央民族大学国际教育学院领导和同志们的大力支持！特别感谢国际教育学院在科研经费极其紧张的情况下愿意资助本书的出版！

感谢笔者的博士导师李宇明教授，这个研究系列是在李老师的指导之下完成的。没有老师的悉心指点，本课题很难顺利完成。

后　记

　　感谢参与本项目开题的专家姜丽萍教授、冯丽萍教授和王健教授，他们提出的中肯意见令课题组成员茅塞顿开！

　　还有很多给予课题组帮助的老师、朋友、同事和同仁，在此一并表示致谢！大家的理解、支持与帮助给了课题组莫大的鼓舞，课题组成员表示将不辜负大家的期望，在现代汉语图式结构研究的道路上继续努力前行！

　　最后但并非不重要，把这部拙著献给家父源岭公，拙荆李洁博士和小妹开建！没有他们长期以来的支撑与力挺，是不会有这本小书的。

姜自凯　谨识
2023-05-17